해동기
海東記

통신사 사행록 번역총서 5

해동기

海東記

장희춘 지음 윤현숙 옮김

보고사
BOGOSA

　『해동기(海東記)』는 1607년 제1차 회답 겸 쇄환사(回答兼刷還使)의 일원으로 일본에 다녀온 장희춘(蔣希春, 1556~1618)의 사행 기록이다. 저자의 후손인 장한성(蔣漢星), 장용석(蔣榕錫) 등이 1960년에 석판본으로 간행한 문집『성재실기(誠齋實紀)』에 실려 있다. 전체 4권 2책 중 권2에 「해동기 상」 84면, 권3에 「해동기 하」 85면이 수록되었다. 이 책은 1969년에 처음 소개되었지만 그 뒤로 연구[1]도 거의 없었고 번역도 이루어지지 않았던 터라 이번에 통신사 사행록 번역총서 중 한 권으로 번역 출간하게 되었다.

　장희춘[2]의 본관은 아산(牙山)이고, 자는 인경(仁敬), 호는 성재(誠齋)이다. 1592년 임진왜란이 발발하자 울산 기박산(旗朴山)에서 박봉수(朴鳳壽)·이경연(李景淵) 등과 창의거병에 가담하는 등 경주와 울산 지역 방어에 크게 기여하였다. 1594년에는 일본의 장군 가토 기요마사(加藤淸正)가 화친을 청할 때 이겸수(李謙受)와 함께 기토 기요마사의 부장 기하치로

1　金龍基, 「壬辰倭亂의 被擄人 刷還關係 新資料 「海東記」 考」, 『大丘史學』 1, 대구사학회, 1969; 우승하, 「장희춘의 「해동기」(1607) 사료 비판과 자료 해제」, 『비교민속학』 70, 비교민속학회, 2019.

2　장희춘에 대한 인물 정보는 한국학진흥성과포털《조선시대 대일외교 용어사전》(http://waks.aks.ac.kr/rsh/dir/rview.aspx?rshID=AKS-2012-EBZ-2101&callType=srch&dataID=7591@AKS-2012-EBZ-2101_DES)을 참고하였다.

(喜八郎)에게 접근하여 적의 진위를 파악하였으며, 이후 전쟁이 종식될 때까지 왜군과의 교섭을 맡거나 적정(敵情)을 탐색하는 데 큰 공을 세웠다. 이러한 전공(戰功)을 인정받아 정주판관(定州判官)에 임명되었고, 장기 현감 등을 거쳐 1606년 형조정랑에 올랐다. 『해동기』는 장희춘이 형조정랑에 오르고 제1차 회답 겸 쇄환사 일원으로 일본에 다녀온 뒤 쓴 일기이다.

1607년, 1617년, 1624년, 세 차례 일본에 파견한 회답 겸 쇄환사는 이름 그대로 일본에서 보낸 국서에 대한 회답과 포로의 쇄환이 목적이었다. 특히 그 첫 발을 뗀 1607년의 회답 겸 쇄환사는 임진·정유왜란 이후 국교 재개라는 의미까지 더해져서 두 나라가 모두 신중한 태도로 공조하였다. 제1차 회답 겸 쇄환사의 정사는 여우길(呂祐吉, 1567~1632), 부사는 경섬(慶暹, 1562~1620), 종사관은 정호관(丁好寬, 1568~1618)이고 장희춘은 종사관의 수행원이었던 것으로 추정된다.[3] 이 중 경섬의『해사록(海槎錄)』과 장희춘의『해동기』가 남아 있다.

세 번의 사행 중 1607년에 쇄환한 포로의 수가 가장 많았던 만큼 장희춘의『해동기』에는 포로로 잡혀가 이국에서 어렵게 살고 있는 사람들의 이야기가 자주 등장한다. 직접 만나거나 전해들은 사연을 일기 형식에 담아내면서 여전히 남아 있는 전쟁의 참상과 쇄환을 위한 적극적인 마음가짐을 드러내기도 하였다. 또, 책 말미에는 침략국 일본의 정세를 파악하여 보고하려는 의도가 엿보이는 13개 항목의 기록을 더해서 당시 일본의 사회상 및 생활문화를 알렸다. 이는 장희춘이 서두에서도 밝힌 바와 같이 신숙주의『해동제국기』전통을 이은 것이다.

---

3 '刑曹正郎臣蔣希春充從事官'

『해동기』 석판본 간행 이후 원본의 소장처를 알 수 없게 되었다고 하니 안타까운 일이다. 번역서의 출간을 계기로 이 책이 널리 읽히고 알려져 원본을 찾게 된다면 다행이고 감사할 일이다.

2020. 6. 18.

윤현숙

차례

일러두기

1. 국립중앙도서관 소장 석판본 『誠齋實紀』 4권 2책 중 권2, 권3 「海東記」(청구기호: 古2511-78-2-1-2)를 저본으로 번역하였다.

2. 번역문, 원문, 영인본 순서로 수록하였다.

3. 가능하면 일본의 지명을 일본어 발음으로 표기하였다. 단, 시문에 사용된 단어나 한국식 표현, 발음을 고증할 수 없는 고유명사는 한국 한자음으로 표기하였다.

4. 일본의 인명은 가능하면 본명을 찾아서 일본어 발음으로 표기하였다. 단, 시문에 사용된 인명이나 한국식 표현, 발음을 고증할 수 없는 경우는 한국 한자음으로 표기하였다.

5. 원주는 번역문에 【 】로 표기하고 본문보다 작은 글자로 편집하였다. 원문에서도 동일한 방식으로 편집하였다. 각주 및 간주는 모두 역자 주이다.

6. 인물 및 지명 정보는 주로 필자가 참여하고 한국학진흥사업성과 포털에서 제공하는 《조선시대 대일외교 용어사전》을 참고하여 작성하였다.

잡저 해동기 상
雜著海東記上

황명만력(皇明萬曆) 병오년(1606) 가을, 쓰시마도주(對馬島主) 소 요시 토시(宗義智)¹가 그 관하의 다치바나 도모마사(橘智正)로 하여금 서계(書契)를 가지고 가 (우리) 조정에 바치게 하였다. 그 내용은 다음과 같다.

"관백(關白)² 도요토미 히데요시(豊臣秀吉)³는 본디 촌야(村野)의

---

1 소 요시토시(宗義智, 1568~1615) : 일본 쓰시마섬(對馬島) 20대 도주(島主). 평의지(平義智). 1579년 형 소 요시즈미(宗義純)로부터 도주 자리를 물려받았으나, 나이가 어렸던 탓에 실질적인 도정(島政)은 선대 도주 소 요시시게(宗義調)가 맡았다.

2 관백(關白) : 일본 에도(江戶) 막부의 최고 권력자. 실질적인 공가(公家)의 최고위직이 며 경칭은 전하(殿下)이다. 조선에서는 도요토미 히데요시가 관백에 오르고 난 이후 관백을 일본의 최고 통치자라는 의미로 사용하였으며, 조선 후기에는 막부(幕府)의 정이대 장군(征夷大將軍)을 '일본국왕' 또는 '관백'이라고 부르는 것이 일반적이었다. 관백은 이른바 교린외교체제(交隣外交體制)에서 조선 국왕의 상대역이 되었다.

3 도요토미 히데요시(豊臣秀吉, 1536~1598) : 조선에서는 풍신수길(豊臣秀吉)·평수길 (平秀吉)·원면왕(猿面王)·원왕(猿王)·풍왕(豊王)·풍공(豊公)·태합왕(太閤王)·풍적(豊 賊)·평적(平賊)이라고도 하였다. 16세기 오다 노부나가(織田信長)가 시작한 일본통일의 대업을 완수했고, 해외침략의 야심을 품고 조선을 침략하였다. 1592년에는 명나라로 가는 길을 내달라는 구실로 임진왜란을 일으켰으며, 1596년 재차 조선을 침략하여 정유 재란을 일으켰으나 뜻을 이루지는 못하였다.

비부(鄙夫)로 마침내 권력을 얻었는데, 지난 용사(龍蛇)의 해[4]에 특히 그 부강한 형세로써 교린(交隣)의 의리는 생각지도 않고 감히 천조(天朝)를 토벌하겠다며 망령되이 벌과 전갈의 독을 뿜었습니다. 이에 여러 장수들을 으르고 협박해 함부로 군사를 일으킴으로써 오히려 무위(武威)의 덕을 손상시켰습니다. 또 이웃나라와 원수가 되어 그 화가 대방(大邦 : 조선)에 미쳐 칠묘(七廟)[5]가 몽진(蒙塵)하고 백성은 도탄에 빠지기에 이르렀습니다. 이는 실로 대방에게는 만세에 씻기 어려운 원수이니, 진실로 같은 천지에서 해와 달을 함께할 수 없음을 알고 있습니다. 그러나 이제는 하늘의 재앙이 평적(平賊)[6]에게 미쳐 갑자기 죽었고 그 아들은 아직 어리고 나약합니다. 그리하여 도쿠가와 이에야스(德川家康)[7]가 그 직책을 대신 이어받았는데, 지난 날 평적의 죄실(罪失)을 지극히 그르다고 여기며 대방에게 조빙(朝聘)하고자 합니다."【바친 서계는 여기에서 그친다.】

그러나 도이(島夷)는 예측하기가 어렵고 변사(變詐)가 무궁하며 정위(情僞)를 판별하기 어려우니, 그 시종[端倪][8]을 알 수 없다. 의정부에서

4　용사(龍蛇)의 해 : 1592년(선조25)에 일어난 임진왜란을 가리킨다. 용사(龍蛇)는 용과 뱀의 해, 즉 임진년(壬辰年, 1592)과 계사년(癸巳年, 1593)을 달리 표현한 것이다.

5　칠묘(七廟) : 태조의 종묘와 삼소(三昭)·삼목(三穆)의 총칭으로, 천자의 종묘를 이른다. 그러나 이 글에서는 조선의 종묘를 높여 지칭한 것으로 보인다.

6　평적(平賊) : 도요토미 히데요시를 낮추어 부르는 호칭.

7　도쿠가와 이에야스(德川家康, 1543~1616) : 일본 도쿠가와막부(德川幕府)의 제1대 장군. 도요토미 히데요시가 죽은 뒤 도요토미 가를 멸망시키고 전국을 통일하여 에도막부(江戶幕府) 260년의 기초를 확립했다.

8　시종[端倪] : 일의 시작과 끝. 본말(本末).

조정의 대책을 획책하여, 드디어 예조(禮曹)에게 이에 답하는 서계를
보내게 하였다. 그 내용에 말하기를, "귀국 관백(關白)의 뜻이 이와 같다
면 [결락] 신인(神人)의 분노가 화친을 허락하는 도에 있어서 무슨 상관이
있겠습니까 [결락] 공조참의(工曹參議)에게 명하여 [결락]"하였다.

　형조정랑(形曹正郎) 신(臣) 장희춘(蔣希春)은 종사관(從事官)[9]에 소속되
었다. 이듬해인 정미년(1607) 정월에 바다를 건너 왜도(倭都)에 이르기
까지 간토(關東) 8천 리를 두루 살펴보았고, 사명(使命)을 마치고 돌아
와 복명(復命)하였으니 진실로 장쾌한 유람이었다. 일행의 왕복 여정과
행동거지는 일기에 상세하다. 그리고 (일본의) 풍토에서 숭상하는 것
이나 온갖 사정에 대해 (내가) 보고 들은 것은 신숙주(申叔舟)의 『해동기
(海東記)』를 참조하여 더하거나 덜어낸 후 아래와 같이 별도의 조목으
로 나열하였다.

---

9 종사관(從事官) : 중국에 보내던 하정사(賀正使)나 일본에 보내던 통신사(通信使)를
수행하던 삼사(三使) 가운데 하나이다. 직무는 사행 중 정사(正使)와 부사(副使)를 보좌하
면서 매일 매일의 사건을 기록하였다가 귀국 후 국왕에게 견문한 바를 보고하는 것이다.
그래서 조선 전기 부경사행(赴京使行)의 기록관은 서장관(書狀官)이라고 하였으며, 정4
품에서 6품 사이의 관원이 1품상위(一品上位)로 결함(結銜)되었다. 종사관은 일행을 감찰
하고 도강(渡江)할 때에 일행의 인마(人馬)·복태를 점검하는 행대어사(行臺御史)를 겸하
였다. 일본에 파견되던 통신사에서는 문관 5·6품의 직계로 홍문관교리의 직함을 임시로
받았다. 임진왜란 후 1606년(선조 39) 9월 일본에 파견되는 사절단의 칭호를 회답 겸
쇄환사(回答兼刷還使)로 하면서부터 서장관의 칭호가 종사관으로 바뀌어 통용되었다.
이때의 종사관은 정호관(丁好寬, 1568~1618)이었다.

정미년(1607) 정월

15일. 기묘(己卯).

하직 인사를 올리고 3명의 신사(信使)를 따라 출발하였다.

16일. 경진(庚辰).

[결락]

17일. 신사(辛巳).

[결락]

18일. 임오(壬午).

[결락] 밤이 되어서야 비로소 파하였다. 나는 명숙(明叔), 영숙(永叔)
과 [결락]

19일. 계미(癸未).

이른 아침에 출발하였다. [결락]

20일. 갑신(甲申). 맑음.

수교(水橋)에서 이른 아침에 출발하였다. 새재[鳥嶺]를 넘었는데 그
높이가 하늘 높이 솟아 있고 관문으로 향하는 길[關路]은 위태롭고 험하
였다. 용추(龍湫)에 이르자 폭포 소리가 천둥소리와 같았고, 흐르는 못
은 깊이를 알 수 없었다. 두 개의 봉우리가 마주보고 있는데 암석이
기괴하였다. 참관(站官)^{10} 양사행(梁思行)이 술과 과일을 대접하였다. 삼

사(三使)가 물가에 정좌(鼎坐)[11]하여 바둑을 두었는데, 완연한 모습이 그림 속에 있는 것 같았다.

날이 저물어 문경현(聞慶縣)에 도착했는데, 십여 가구만이 쓸쓸하게 남아 있어, 전란 중 병화(兵火)로 인한 피해를 볼 수 있었다.

○ 비변사(備邊司)가 급히 파견한 차관(差官)이 와서 송운(松雲)[12]이 보내는 서찰 및 물건을 전하였다. 밤에 나와 영숙(永叔), 명숙(明叔)이 함께 잤다. 정사(正使)가 신충선(愼忠善)을 보내서 사관(舍館)이 편안한지 안부를 물었다.

○ 이날 저녁에 삼사가 모여앉아, 종행(從行) 중에 술을 잘 마시는 사람을 불러 큰 잔으로 마시게 했다. 첨지(僉知) 김효순(金孝舜)은 13잔이나 마셨다.

○ 내가 정경염(鄭景恬)[13]이 새재[鳥嶺][14]를 넘으며 용추(龍湫)를 보고

---

10 참관(站官) : 역참의 관리.

11 정좌(鼎坐) : 세 사람이 솥발 모양으로 마주 벌려 앉음.

12 송운(松雲) : 사명당(泗溟堂·四溟堂) 유정(惟政, 1544~1610). 호는 송운(松雲), 또는 종봉(鍾峯), 속성은 임(任), 자는 이환(離幻), 유정은 법명이다. 본관은 풍천으로 임수성(任守成)의 아들이고, 밀양 출신이다. 어려서 아버지를 잃고 명종 16년(1561) 승과에 급제, 묘향산에서 휴정(休靜)의 법을 이어받았다. 선조 25년(1592) 임진왜란 때 승병을 모집, 휴정의 뒤를 이어 승군도총섭이 되어 명군을 도와 평양을 수복, 이후 왜군과 수차에 걸쳐 화의를 담판했다. 초서를 잘 썼고, 밀양 표충사와 묘향산 수충사에 제향되었으며, 허균이 올린 사시(私諡)는 자통홍제존자(慈通弘濟尊者)이다.

13 정경염(鄭景恬, ?~?) : 정운(鄭澐)이다. 정운의 또 다른 이름은 정협(鄭浹)이다. 본관은 광주(光州), 아버지는 정인홍(鄭仁洪), 형제로는 정명(鄭溟, 1551~?), 정영(鄭濚, 1554~?), 정화(鄭沭, 1558~?)가 있다. 『선조실록』 39년(1606) 10월 10일 기사에, '회답사(回答使) 여우길(呂祐吉)이 아뢰기를, "신이 데려갈 군관으로, … 정운(鄭澐) … 등이 자망(自望)하였는데, 이들이 조관(朝官)·포수·별무사이므로 감히 아룁니다."하니, 윤허한다고 전교하였다.'고 하였으며, 『해사록(海槎錄)』 하권 「회답 겸 쇄환사 동사 원역록(回答兼刷還使同槎員役錄)」에서도, '군관(軍官) 6원 : 출신 정대남(鄭大男)·전 현감 정운(鄭澐)·한량(閑

지은 시 두 수에 화운하였다.

채찍 휘둘러 산마루에 오르려 하나	一鞭催拂上層巓
낭떠러지 절벽 앞에 말이 주저하네	斷麓懸崖馬不前
손을 들어 구름 가 해를 잡고자 하니	擧手欲攀雲際日
머리 돌려 고개 끝 하늘을 만질 듯하네	回頭如撫嶺邊天
유유한 모습은 난새 탄 나그네요	飄飄正以驂鸞客
아득한 모습은 학을 탄 신선이로다	杳杳還同駕鶴仙
북두성에 기댄 천제의 궁궐 바라보니	却望帝閽依斗立
먼 길 유람 수심이 지금 밀려오네	遠遊愁緒此時牽

하늘을 흔드는 우레 같은 폭포소리	掀天驚瀑響如雷
흘러내린 맑은 연못이 거울처럼 펼쳐졌네	流下澄淵鏡面開
운우의 신통한 자취 어느 곳에 숨어 있나	雲雨神蹤何處蟄
아름다운 풍경 빼어난 시구가 지어졌네	風烟傑句此時裁
거마를 잠시 멈추어 암굴을 엿보고	暫留車馬窺巖窟
술잔을 편히 쥐고 석대에 앉았네	便把杯觴坐石臺
때 묻은 갓끈을 씻으니 그윽한 흥취 일어	濯盡塵纓幽興發
인간의 일념이 절로 재가 되는구나	人間一念自成灰

21일. 을유(乙酉). 맑음.

새벽에 문경현(聞慶縣)을 출발하여 호계(虎溪) 역참(驛站)에 도착했다.

良) 신충선(愼忠善)·한량 한응룡(韓應龍)·한량 최애립(崔愛立)'이라고 하였다.

14 새재[鳥嶺] : 조령. 경상북도 문경시와 충청북도 괴산군 사이에 있는 고개.

정사(正使)와 종사관이 부사(副使)와 길을 나누어, 정사와 종사관은 경
상좌도 쪽으로 가고 부사는 경상우도 쪽을 향해 갔다가[15] 영천(永川) 역
참에서 만나기로 기약했다.

저녁에 용궁현(龍宮縣)에서 묵었다. 정사와 종사관은 상방(上房)에서
함께 자고, 나와 명숙(明叔)은 별채[別軒]에서 묵었다. 별채는 물가에 있
었는데 형세가 자못 높았고, 기둥 위에는 아직 수해(水害)의 흔적이 있었
다. 내가 이상하게 여겨 물어보니, 을사년(1605) 수해 때에 범람한 것이
라 한다.

정경염(鄭景恬)의 시에 화운하였다.

     드높은 누각이 산줄기 베고 누웠으니   巍然樓閣枕山根

     장강을 압도하는 형세 절로 높구나   形壓長江勢自尊

     지난날의 범람을 지금에야 알았으니   昔年氾濫今來識

     기둥 위 수해 흔적 뚜렷하구나   柱上分明水浸痕

22일. 병술(丙戌). 맑음.

사행이 용궁을 출발하려는데, 수령 이정혁(李廷赫)이 전별연(餞別宴)
을 베풀었다. 저녁에 예천군(醴泉郡)에서 묵었다.

---

15 부사는 경상우도 쪽을 향해 갔다가 : 당시 부사(副使) 경섬(慶暹)은 상주의 빙모(聘母)
를 방문하기 위해 일행과 잠시 길을 달리했다가, 1월 29일 영천에 도착하였고, 2월 1일
사행(使行)과 재회하였다. (경섬, 『해사록(海槎錄)』(上) 1월 21일, 1월 29일, 2월 1일 기사
참조.)

23일. 정해(丁亥). 맑음.

사행이 출발하려 할 때, 고을 수령 김용(金涌) 공이 관아 밖에 장막을 세우고 정사가 가마를 타는 곳에 서서 이별의 술잔을 권하였다. 공손하고 은근하여 정성스러운 마음을 볼 수 있었다.

안동부(安東府)의 풍산창(豊山倉)에서 점심을 먹었다. 어둠 속에서 횃불을 밝히고 바로 본부에 도착했는데, 정료(庭燎)¹⁶가 밝게 빛나고, 기녀[紅粉]들이 죽 늘어서서 절을 하였다. 정사와 종사관이 밤에 작은 술자리를 열었는데, 풍악을 울릴 악기가 모두 갖추어져 있었다. 병화(兵禍)의 뒤에도 오히려 이와 같으니, 평상시 문물(文物)을 미루어 짐작할 수 있다.

24일. 무자(戊子). 맑음.

그대로 머물렀다. 안동부사 김륵(金玏)¹⁷이 임기가 차 체직되어 촌사(村舍)로 옮겨 머무르고 있었다. 이날 저녁 사신을 찾아와 사행을 위로하는 술자리를 베풀었다.

25일. 기축(己丑). 맑음.

이틀째 묵었다. 송명숙(宋明叔)과 하루 종일 이야기를 나누었다. 정

---

16 정료(庭燎) : 나라에 큰일이 있을 때에, 밤중에 입궐하는 신하를 위하여 대궐의 뜰에 피우던 화톳불.

17 김륵(金玏, 1540~1616) : 본관은 예안(禮安). 자는 희옥(希玉), 호는 백암(柏巖). 이황(李滉)의 문인이다. 임진왜란 때 경상도 안집사(安集使)를 거쳐 1612년 하절사(賀節使)로 명나라에 가서 명나라 군사가 조선에 남아 있는 것처럼 꾸며 일본의 재침략을 막아 달라는 청을 올렸다. 안동부사로 나가 범람하는 낙동강의 재해를 막기 위해 제방을 수축해 후세에까지 칭송을 들었다.

경엽이 벗의 증별시(贈別詩)에 차운한 것에 화운하였다.

도성 밖에서 만나 다시 이별하며	相逢嶺外又相分
저물녘 역참에서 술 한 잔 나누네	日暮郵亭酒一樽
사무치게 아파함은 아녀자의 이별이니	惻惻悲傷兒女別
잠시의 이별은 말할 필요 없다네	暫時違手不須云

26일. 경인(庚寅). 비.

사행이 출발하려 할 때 주령(主令)[18]이 남쪽 누각에서 다시 전별연을 베풀었는데. 정의(情意)가 간곡하고 정성스러웠다. 일직(一直)에서 점심을 먹었다. 해질 무렵 비를 무릅쓰고 떠나 곧 의성현(義城縣)에 도착하여 머물렀다. 꿈에 덕랑(德娘)을 보았는데, 10년 전 병란의 와중에 헤어진 사람이다. 절구 한 수를 읊었다.

향산은 어이하여 유지를 놓아 보냈나[19]	豈是香山放柳枝
십 년을 못 봤는데 혜란의 자태 여전하네	十年相失蕙蘭姿
희미한 기억 더듬어 어젯밤 꿈을 얻으니	依稀記得前宵夢
검은머리 고운 얼굴 옛날과 다름없네	綠鬢韶顔似舊時

---

18 주령(主令) : 손님이 정3품 이상의 위치에 있는 주인을 높여 이르던 말. 이 글에서는 안동부사를 가리킨다.

19 향산은 어이하여 유지를 놓아 보냈나[香山放柳枝] : 향산은 당나라 시인으로 향산거사(香山居士)라 자호한 백거이(白居易)를 가리킨다. 그가 만년에 형부상서로 치사(致仕)하고 향산에 은거하며 애첩(愛妾)을 건사할 수 없게 되자, 〈양류지곡(楊柳枝曲)〉을 잘 불러 일명 '양류지'로도 불리던 애첩 번소(樊素)를 떠나보냈는데, 이때 그녀와의 정을 잊지 못하는 시를 읊었다.

이날 새벽에 엄명보(嚴明甫), 김여원(金汝遠)과 함께 정좌(鼎坐)하여
술을 흠뻑 마셨다. 마침내 한바탕 남가일몽(南柯一夢)이었음을 깨닫고
는 이에 전운(前韻)을 다시 사용하여 시를 지었다.

일찍이 남교 앞에서 유지와 이별했는데	曾向南郊別柳枝
꿈속에서나마 다행히 그 모습을 보았네	幸憑蝴蝶接風姿
술잔 앞에 앉아 이런저런 얘기 나누다가	鼎對樽前多少話
새벽 종소리에 놀라 깨니 견디기 어려워라	不堪驚罷曉鍾時

내가 도성을 나섰던 날 강 머리에 와서 전별하였기 때문에 시에서
아울러 언급하였다.

27일. 신묘(辛卯). 비 때문에 그대로 머물다.

의성(義城)에 머물렀다. 정사와 종사관이 상방(上房)에서 낮잠을 자거
나 바둑을 두며 시간을 보냈다.

28일. 임진(壬辰). 맑음.

의성에서 아침 일찍 출발하여 의흥현(義興縣)에 당도하였다. 정사가
장난삼아 종사관에게 절구 한 수를 지어 주었는데, 시의(詩意)는 오로
지 '화산에서 미인과 이별하다[花山別娥]'를 가리키는 것이었다. 내가
그 운에 차운하였다.

님 그리는 시름에 하루에도 아홉 번 돌아보니	戀主愁腸日九回
타향의 회포와 어려움이 펼쳐지네	異鄉懷抱苦難開

객창에서 무엇으로 한을 삭일 수 있으랴   客窓何物能消恨

화산의 나무 한 그루에 의지해 보노라   賴有花山一樹栽

29일. 계사(癸巳). 맑음.

의흥을 출발하여 신녕현(新寧縣) 객관(客館)에 당도했는데 유구헌(流
構軒) 가까이에 있었다. 유구헌은 기암(奇巖)을 마주하였는데 기암 위에
는 오죽(烏竹)이 무성하였다. 대나무 아래에는 넓은 바위가 있었는데,
10여 명 정도가 앉을 수 있었고 매우 정갈하였다. 송명숙(宋明叔)과 함
께 정사를 따라 나무를 부여잡고 벼랑을 타고 올라가 앉아 정담을 나누
었다.[20] 잠시 후 정사가 홀연 아름다운 풍광에 대한 감흥을 말하며 한편
으로 행역(行役)의 고단함을 깊이 탄식하였다.

---

20 앉아 정담을 나누었다 : 옛 친구를 만난 기쁨을 표현할 때 쓰는 말이다. 춘추시대
초(楚)나라 오거(伍擧)가 채(蔡)나라 성자(聲子)와 세교(世交)를 맺고 있었는데, 두 사람
이 우연히 정(鄭)나라 교외에서 만나 형초(荊草)를 자리에 깔고 앉아서[班荊] 옛이야기를
주고받았다는 고사에서 유래한 것이다. 《春秋左傳 襄公26年》

2월

초1일. 갑오(甲午). 맑음.

신년을 출발하여 영천군(永川郡)에 당도하였다. 정사·종사관과 부사가 만났다. 관찰사 유 상공(柳相公)[21]이 정사의 객관에 당도하였다. 종행(從行)으로 하여금 각 관의 기악(妓樂)을 명원루(明遠樓)에 모이게 하여 성대한 잔치를 베풀었다. 밤이 깊은 후에 잔치가 파하였다.

초2일. 을미(乙未).

[결락]

초3일. 병신(丙申).

[결락] 말을 달려서 경주부(慶州府)에 당도했다. 부윤(府尹)이 인근 고을 원과 함께 주연을 베풀어 영접해 주었다. 인물이며 풍류가 모두 영남(嶺南) 제일의 웅도(雄都)였다. 다음날 삼사(三使)를 따라 봉황대(鳳凰臺)에 올랐는데, 종행이 거문고, 북, 피리 등을 갖추어 따라왔다. 내가 취중에 정경염(鄭景恬)의 시에 화운하였다.

풍요로운 월성은 큰 고을인데	月城天府是雄州
신라의 의관은 한 무더기 흙뿐일세	羅代衣冠土一丘
흥폐는 어두운 구름 그림자를 볼 뿐이고	興廢但看雲影暗
번화함은 헛되이 흐르는 물소리 좇아가네	繁華空逐水聲流

---

21 관찰사 유 상공(柳相公) : 당시 경상도 관찰사는 유순지(柳詢之)였다.

거문고는 바로 이별의 정한 일으키고　　　　　瑤琴正撥離人恨

피리는 도리어 나그네 수심 돋우네　　　　　　玉笛還挑遠客愁

천 리 밖 제향[22] 소식 끊어졌으니　　　　　　千里帝鄉消息斷

석양 속 서글픔에 몇 번이나 돌아보았나　　　夕陽惆悵幾回頭

초4일. 정유(丁酉).

[결락]

초5일. 무술(戊戌). 맑음.

경주에서 아침 일찍 출발해서, 신원(新院)에서 점심을 먹은 후 울산부(蔚山府)에 당도했다. 병사가 도착했다. 병사(兵使) 정기룡(鄭起龍) 공과 통판(通判) 송광정(宋光廷) 공이 사행을 위해 밤에 술자리를 마련했는데 5경(五更)[23]이 되어 파하였다.

○ 이날 저녁 나는 정경엄, 송명숙과 함께 도산성(島山城)[24] 위에 올라가 두루 살펴보았다. 천장(天將 : 명나라 장수)이 승전을 놓치고 가토 기요

---

22 제향(帝鄉) : 임금이 있는 도성을 가리킨다.

23 5경(五更) : 새벽 3시부터 5시까지의 시각이다.

24 도산성(島山城) : 이 글에서 도산성은 정유재란 때인 1597년 12월 22일부터 1598년 1월 4일까지, 조(朝)·명(明) 연합군과 일본군이 싸운 전투지로서 등장하고 있다. 도산성은 1597년 왜장 가토 기요마사(加藤淸正)가 북진이 막히자 남해안에 주둔할 목적으로 1만6000여 명의 병사를 동원해 지은 일본식 성곽이다. 당시 전투에서 조선과 명나라 연합군 5만여 명은 도산성을 완전히 포위해 일본군 1만 6000여 명을 고립시켰고 이로 인해 왜군들은 흙을 끓여 먹고 말을 잡아먹으며 지내야 했다. 왜군 구원병이 도착했기 때문에 권율(權慄)과 마귀(麻貴) 등이 이끄는 조선과 명나라 연합군이 철수했지만 가토 기요마사가 도주하는 등 실질적인 왜군의 패배로 이어져, 도산성 전투는 임진왜란 종결에 결정적인 역할을 했다.

마사(加藤淸正)[25]가 도주하였던 일들을 생각하니 느낌이 있어 즉석에서 분연히 시 한 수를 지어 읊조렸다.

성 위에 오르니 이런저런 생각에 시름겹고　　　一上城頭思轉悠
깊은 밤 원통함에 마음이 심란하네　　　　　　夜深冤思鬧啾啾
적의 머리 양 궐 아래 아직 걸지 못했으니　　　賊首未懸雙闕下
나그네 부질없이 눈물만 흘리네　　　　　　　謾敎行旅淚橫流

초6일. 기해(己亥). 맑음.

삼사가 병사의 두 번째 전별연을 피하고자 아침 일찍 출발하도록 재촉하였다. 용당(龍塘)에서 점심을 먹고, 곧바로 동래(東萊)에 당도하였다.

○ 이날 새벽에 청하(淸河) 수령 박형준(朴亨俊)이 술을 가지고 나를 찾아왔고, 겸하여 행자(行資)[26]를 주었다. 감찰(監察) 김대관(金大寬)이 처자(妻子)의 쇄환을 부탁하기 위해 찾아왔다.

○ 쓰시마 왜인 후지 노부히사(藤信尙)가 서계(書契)를 가지고 바다를 건너 왔는데, 이는 대개 사신이 빨리 오도록 재촉하기 위한 것이었다. 송명숙이 유 감찰(柳監察)이 유배되어 있는 곳으로 가서 묵었기 때문에 처음으로 따로 자게 되었다.

○ 송상현(宋象賢)[27] 공이 일찍이 이곳 동래부의 수령을 지내다가 임

---

25 가토 기요마사(加藤淸正, 1562~1611) : 임진왜란 때 조선에 제2진을 거느리고 쳐들어와서 함경도로 북진, 임해군과 순화군 두 왕자를 사로잡았다. 정유재란 때 다시 침략해 와서 울산에 진치고 싸우다 도요토미 히데요시가 죽자 철수했다.

26 행자(行資) : 먼 길을 오가는 데 드는 돈. 노자(路資)라고도 한다.

27 송상현(宋象賢, 1551~1592) : 자는 덕구(德求), 호는 천곡(泉谷), 또는 한천(寒泉), 시호는 충렬(忠烈), 본관은 여산. 송복흥(宋復興)의 아들이다. 선조 9년(1576) 문과에 급

진 변란 초기 적의 칼끝에 의로운 죽음을 맞았다. 사인(士人)들이 그 충정을 추모하여 남문 밖에 사당을 세우고 소상(塑像)[28]을 만들어 제사를 지냈다. 내가 그 사당을 찾아 참배하고, 정경염의 시에 화운하였다.

선생의 사당에 참배하니	爲謁先生廟
영웅의 풍모 늠름하게 전해지네	英風烈烈吹
일편단심은 철과 같이 단단했고	丹心堅似鐵
평소의 절의는 검은 빛을 씻어내는 듯했네	素節沮河緇
잠시 거북과 용의 형상 바라보고	暫觀龜龍像
가만히 난새와 봉황의 자태 우러러보네	凝瞻鸞鳳姿
돌아간 이는 다시 살아올 수 없으니	九原難可作
새로운 시를 지어 조문을 마치노라	吊罷賦新詩

초7일. 경자(庚子).

[결락]

초8일. 신축(辛丑). 맑음.

비로소 부산에 도착하였다. 멀리 쓰시마를 바라보니 바람과 파도가 세차게 몰아쳤고, 고국(故國)을 돌아보니 운수(雲樹)[29]가 아득하였다. 이

제하여, 선조 24년(1591) 동래부사가 되었으며, 이듬해 임진왜란이 일어나 동래성에서 항전하다가 살해되었다.

28 소상(塑像) : 흙으로 만든 사람의 형상.

29 운수(雲樹) : 벗을 그리워하는 마음을 뜻하는 말로, 두보(杜甫)의 〈춘일억이백(春日憶李白)〉의 "위수 북쪽 봄날의 나무 한 그루, 장강 동쪽 해질녘 구름이로다.[渭北春天樹 江東日暮雲]"에서 유래한다.

때 나의 회포가 어떠하였겠는가.

초9일. 임인(壬寅). 맑음.

부산에 머물렀다. 들으니 삼사가 첨사(僉使)[30]가 있는 관아를 몸소 방문하였다고 한다. 나는 동행하는 여러 벗들과 함께 성 위 포루(炮樓)에 올랐다. 정경염의 시에 화운하였다. [결락]

삼면은 바다 일면은 산이니	三面滄溟一面山
성지의 형세 능히 오랑캐를 진압하네	城池形勢鎭夷蠻
따스한 날 원문[31]에 깃발이 나부끼고	轅門日暖旗旗動
맑은 바람 유막에는 고각 소리 한가하네	油幕風淸鼓角閑
장대한 계책 세워 적의 침입 막아야 하니	宜把壯猷能禦侮
흉악한 무리 교화하지 않으면 간악함이 일어나리	莫敎兇醜便生奸
동쪽 사신 먼 길 떠나 숙소에 머무는 지금	東槎遠客今投宿
한밤중 파도 소리에 귀밑머리 세려 하네	半夜潮聲鬢欲班

초10일. 계묘(癸卯). 맑음.

부산에 머물렀다. 송명숙이 동래로 돌아갔다. 나는 안질(眼疾)로 인해 이날부터 침과 뜸으로 치료를 받았다.

---

30 첨사(僉使) : 조선시대 종3품 서반 외관직(外官職).
31 원문(轅門) : 군영(軍營)이나 영문(營門)을 이르던 말.

11일. 갑신(甲申). 맑음.

부산에 머물렀다. 삼사가 상방(上房)에 모여 따로 작은 술자리를 마련하였다.

12일. 을사(乙巳). 맑음.

부산에 머물렀다. 바다를 건널 짐들을 정비하여 든든히 꾸렸다.

13일. 병오(丙午). 맑음.

송명숙이 동래에서 돌아왔다. 유 감찰(柳監察)이 형편에 맞추어 나에게 여름용 갓을 보내 전별하였다.

14일. 정미(丁未). 맑음.

부산에 머물렀다. 나는 침과 뜸 치료 때문에 문밖으로 나가지 않고 송명숙과 종일토록 한담(閑談)을 나누었다. 들으니 삼사가 풍악을 울리며 즐거워할 때에 첨사(僉使) 신경징(申景澄)이 그 첩(妾)을 데리고 방문하였다고 한다.

15일. 무신(戊申). 맑음.

부산에 머물렀다. 이날 수사(水使) 최강대(崔堈大) 공이 일행에게 성대한 잔치를 열어 대접하였고, 정원에서 가무(歌舞)를 베풀어 주었다. 이날 저녁 삼사가 접위관(接慰官) 김정남(金正男), 동래부사 이덕온(李德溫)과 함께 서헌(西軒)에서 술자리를 마련하였고, 밤이 깊어서야 파하였다.

16일. 기유(己酉). 맑음.

부산에 머물렀다. 들으니 종사관이 다시 부산첨사(釜山僉使)를 방문하였다고 한다.

17일. 경술(庚戌). 맑음.

정사가 치통(齒痛)으로 앓아누웠기 때문에 다만 부사, 종사관과 함께 태종대(太宗臺)에서 노닐었다. 거문고, 북, 피리 등을 선루[柁樓]에 싣고 돛을 올린 후 해안을 따라 동남쪽을 향해 나아갔다. 해질 무렵 태종대 아래에 도달하니, 두 잔 석 잔 마신 술에 이미 거나하게 취하였는데 천 길 높이의 벼랑은 깎아지른 듯하여 올라갈 수 없었다. 배를 매어 놓은 바위 언저리에서 좌우를 둘러보니 위태로운 산봉우리와 끊어진 듯한 절벽, 기괴한 나무와 아름다운 꽃들이 참으로 그림 속의 풍물 같았다. 내가 취한 눈을 들어 동쪽으로 쓰시마를 바라보니 탄환 한 알이 망망대해 속에 아득히 떠 있는 듯했다.

18일. 신해(辛亥). 맑음.

부산에 머물렀다. 내가 다시 성 위 포루(砲樓)에 올라 북쪽으로 낙성(洛城 : 한양)을 바라보며 절구 한 수를 지었다.

사람의 만남과 이별 흐르는 물처럼 부질없으니	人間離合水流空
만사를 어찌 한번 취중에 잊으리오	萬事寧忘一醉中
피리소리 몇 가락에 넋이 끊길 듯하니	玉笛數聲魂欲斷
견디지 못하고 낙성의 동쪽을 돌아보네	不堪回首洛城東

정사가 종사관에게 준 절구 2수에 삼가 차운하였다.

용안이 천 리 밖에 있음이 한스러울 뿐	只恨龍顔千里違
장부가 어찌 집 생각을 하리오	丈夫安得念閨闈
객창에서 꾸는 나비 꿈 덕분에	賴有客窓蝴蝶夢
새벽달 뜰 때마다 서쪽 향해 돌아가네	每懸殘月向西歸

크나큰 임금의 은혜 조금도 보답 못했는데	涓埃無補荷恩多
험난한 길에 어찌 집 생각을 하리오	涉險何須更憶家
천 리 바다와 산에 봄도 저물려하니	千里海山春欲暮
장쾌한 유람에 거듭 봄꽃 감상하네	壯遊聊復賞烟花

19일. 임자(壬子). 맑음.

삼사를 따라 몰운대(沒雲臺)에서 노닐었다. 붉은 치마에 분단장한 기녀들이 비파와 거문고를 탔다. 서쪽으로 우리의 지경(地境)을 바라보니 포구가 굽이쳤고 흰 모래가 은은히 비쳤다. 동쪽으로 해구(海口)를 바라보니 우뚝한 암벽이 구름 너머로 치솟아 있는데, 이른바 지주(砥柱)[32]가 이것인가 싶었다. 참으로 평생에 보기 드문 장관이었다.

---

32 지주(砥柱) : 하남(河南) 삼문협(三門峽) 동북쪽 황하 중심에 있는 산 이름이다. 황하의 물결이 아무리 거세게 흘러도 이 산을 무너뜨리지 못하고 이 지점에 와서 갈라져 두 갈래로 산을 싸고 흐른다.

20일. 계축(癸丑). 비.

송명숙이 삼사에게 하직하고 한양으로 돌아가려 하니, 일행이 [결락]
서쪽 누각에서 정경염이 증별시(贈別詩)를 지어 (송명숙에게) 주었는데,
내가 그 운에 화운하여 이어서 주었다.

남쪽으로 함께 온 나그네	南來同作客
일 마치고 홀로 바삐 돌아가네	底事獨歸忙
서글픈 수심 끝이 없어	惆悵愁千緖
한잔 술을 은근히 권하네	慇懃酒一觴
봉도[33] 밖 외로운 배	孤帆蓬島外
낙교[34] 옆 한 필 말	匹馬洛橋傍
반갑게[35] 만날 날 그 언제려나	幾日重靑眼
아름다운 기약은 아득하고 멀구나	佳期在渺茫

송명숙이 정사에게 시를 읊어 바쳤고, 나도 송 군의 시를 본받아 계
속 지었다. 【송 군은 정사의 사위이다.】

---

33 봉도(蓬島) : 선인(仙人)이 산다는 삼신산(三神山)의 하나로 동해 봉래산(蓬萊山)을
가리킨다. 여기에서는 동래(東萊)를 가리킨다.

34 낙교(洛橋) : 송별연을 베푸는 장소를 말한다. 한유(韓愈)의 조석(祖席) 시에 "낙교에
서 송별연을 베푸니, 다정한 친구들이 서로 슬퍼하네." 하였다.

35 반갑게 : 진(晉)나라 때에 죽림칠현의 한 사람이었던 완적(阮籍)이 상을 당하였는데,
혜희(嵇喜)가 찾아와 문상하자 흰눈으로 쳐다보았다. 흰 눈자위가 드러나게 흘겨본 것
인데, 백안시(白眼視)라는 말이 여기에서 나왔다. 그러나 그의 아우인 혜강(嵇康)이 술과
거문고를 가지고 찾아오자 푸른 눈으로 맞아들였다. 백안시와는 반대로 반갑게 맞는다
는 뜻인데, 원문의 청안(靑眼)도 여기에서 나온 말이다.

먼 길 떠나는 장인과	遠將舅氏往
장강[36]의 물가에서 이별하네	分袂瘴江湄
외로운 배 동쪽 향해 빠르게 나아가고	東去孤帆疾
한 필 말은 서쪽으로 느리게 돌아가네	西歸匹馬遲
만 갈래의 은근한 정	慇懃情萬緒
석 잔의 진중한 술	珍重酒三巵
삼천리 길 임금을 그리워하고	戀闕三千里
십이시 내내 부모를 생각하네	思親十二時
신의를 보전할 수 있을까를 생각할 뿐	可能存信義
어찌 처자식을 염려하리오	何必念妻兒
머리는 백발이나 마음은 장쾌하니	白髮心猶壯
단심 속 칼날은 혼자만 안다네	丹忱釰獨知
깃발로 해약[37]을 몰아내고	旌旗驅海若
고각으로 풍이[38]를 놀라게 하네	鼓角震馮夷
진심으로 복종하겠다는 뜻이 간절하고	納款從今切
때맞춰 번신으로 칭할 것을 기약하네	稱藩指日期
사사로운 은정을 어찌 돌아보고 애석해 하랴	私恩那顧惜
국맥이 이로 인해 유지되네	國脉賴扶持
이별 후 서로 그리울 때엔	別後相思處
저마다의 지역에서 초승달을 보리라	殊方月一眉

---

36 장강(瘴江) : 풍토병(風土病)이나 전염병 같은 독기가 서린 강(江). 여기에서는 변방이라는 뜻으로 썼다.

37 해약(海若) : 해약은 북해약(北海若)의 준말로서 북해 귀신의 이름인데, 경우에 따라서는 수신(水神)을 지칭하는 말로도 쓰인다.

38 풍이(馮夷) : 물귀신, 혹은 수신(水神) 하백(河伯)을 가리킨다.

21일. 갑인(甲寅). 맑음.

부산에 머물렀다. 정사와 부사가 숙소를 나와 배 위에 올라서 시험 삼아 앉아보고 누워 보았다. 내가 정사에게 추로주(秋露酒)를 조금 얻어 동래에 있는 송명숙을 방문하여 대화를 나누었다. 옥생(玉生)이 경주에서 당도하였다.

22일. 을묘(乙卯). 맑음.

삼사가 함께 해구(海口)에 나와 수사의 전함(戰船) 선루에 올라 바다로 나아가게 하고, 각 배마다 노를 저어 운행하며 그 빠르고 둔함의 상태를 살펴보았다. 통제사(統制使) 이운룡(李雲龍) 공이 연향(宴享)의 일로 삼사를 찾아왔다. 이날 나는 명숙, 유제유(柳濟孺)와 이별하고, 저녁 무렵 부산에 돌아왔다.

○ 이날 밤 생각나는 바가 있어 절구 한 수를 읊었다.

희미한 향촉을 끄고자 하는데	香燭殘欲滅
이별의 정한은 밤과 함께 깊어가네	離恨夜俱深
앉은 채로 삼경이 되니	坐到三更漏
가슴 속 시름을 시로 읊어 부치네	幽懷寄一吟

정사가 절구 한 수를 지었는데, 내가 화운하였다.

남쪽으로 오는 내내 거나하게 취했다가	南來日日醉醺醺
이제 배를 재촉해 해문[39]을 지나가네	更促征帆過海門
천 리 밖 용안을 꿈에서 자주 뵈니	千里龍顔頻入夢

깊은 밤 피리 소리 차마 듣기 어려워라　　　夜深長笛不堪聞

23일. 병진(丙辰). 비.

부산에 머물렀다. 통제사가 사행에게 성대한 잔치를 베풀어 주었다. 단장한 기생들이 줄을 이었고 풍악이 울려 퍼졌다. 비가 크게 쏟아져 일행이 삼사를 수행하였는데 밤새도록 오붓하게 즐겼다. 이날 밤 내가 종사관과 함께 통제사를 따라 기악(妓樂)을 데리고 거닐다가, 정사와 부사를 침소로 맞아들여 작은 술자리를 열었다. 4고(四鼓)^{40}가 되어 파하였다.

24일. 정사(丁巳). 맑음.

부산에 머물렀다. 삼사가 함께 통제사의 관사(館舍)를 방문하여 작은 술자리를 열었는데, 이 자리에는 접위관(接慰官)^{41}도 참여하였다. 이날 바로 배에 오르고자 하였으나 바람이 불지 않아 일이 이루어지지 못하였다. [결락] 작은 짐들을 실었다. 종사관이 배 위에 나아가 앉아 사사롭게 가져가는 물품을 적발하여 엄금하였다.

25일. 무오(戊午). 맑음.

부산에 머물렀다. 부사가 나와 여 첨사(呂僉使)에게 들어오라고 청하여 술과 떡을 대접하였다. 취하도록 마시고 배부르게 먹은 후 돌아왔다.

39　해문(海門) : 두 육지(陸地) 사이에 끼어 있는 바다의 통로(通路)를 가리킨다.
40　4고(四鼓) : 새벽 2시 전후를 가리킨다.
41　접위관(接慰官) : 조선시대 일본에서 오는 사신의 접대를 위해 파견되는 관원.

26일. 기미(己未). 맑음.

삼사가 수사(水使)·접위관(接慰官)과 함께 성 위의 포루(砲樓)에 올라 각 배의 종행(從行)으로 하여금 좌작(坐作)·행렬(行列)을 훈련하게 하였다. 아래에서 지켜본 후 이어 조그만 술자리를 열었다. 오후에 비로소 각 배에 올랐다. 이날 저녁 수사, 첨사, 접위관 등이 배 위로 올라와 위로했다.

27일. 경신(庚申). 맑음.

드디어 배가 출발하였다. 감만포(戡蠻浦)[42]에 정박하여 순풍을 기다렸다.

28일. 신유(辛酉). 비.

감만포에 머물렀다. 접위관, 첨사 등이 술을 준비하고 기녀를 데리고 삼사를 찾아와 인사하였다.

29일. 임술(壬戌).

첫새벽에 희생(犧牲)을 바쳐 해신(海神)에게 제(祭)를 지냈다.[43] 종사관이 제문을 지었다. 해 뜰 무렵에 비로소 순풍을 얻어 돛을 펼쳤다.

---

42 감만포(戡蠻浦) : 부산광역시 남구의 동남부 부산만에 연해 있는 감만(戡蠻) 1동과 2동에 있던 포구 이름이다. 감만이(戡蠻夷)는 '오랑캐를 이기다'는 뜻으로 임진왜란 때 조선의 수군이 부산포해전에서 왜적들을 이곳에서 물리쳤다는 의미에서 비롯되었다고 전한다. 그 이름이 오늘에 이른다.

43 해신(海神)에게 제(祭)를 지냈다 : 역대 통신사들이 영가대(永嘉臺)에서 해신제(海神祭)를 지냈다. 영가대는 광해군 6년(1614년)에 경상도관찰사 권반(權盼)이 부산진성 서문 밖의 호안이 얕고 좁아 새로 선착장을 만들면서 바다에서 퍼 올린 흙으로 작은 언덕이 생기자, 이곳에 나무를 심고 세웠던 정자이다. 장희춘 때에는 아직 영가대가 세워지지 않아 해신제를 지낸 장소 명칭을 밝히지 않았다.

배는 태종대의 왼쪽을 거쳐 쓰시마로 향하였다. 다치바나 도모마사(橘
智正)가 그 휘하의 군졸을 각 배에 보내 그들로 하여금 닻을 조정하여
길을 안내하게 하였고, 자신은 조그만 배를 타고 뒤에서 따라왔다.

　우리 배가 바다 한가운데에 당도하자 역풍이 크게 불어 파도가 하늘
까지 치솟았다. 노와 돛대가 전복되자 배 안의 사람들이 흉흉하고 두려
운 마음에 노련한 사공[篙師]들도 속수무책이었다. 이에 돛을 내리고
배를 돌리려 하였으나 풍파가 몰아쳐 나아갈 수도 물러날 수도 없었으
니, 다만 맡겨둘 뿐[舍達]⁴⁴ 어찌할 도리가 없었다.

　다행히 성상의 큰 은혜와 황천(皇天)의 보우하심에 힘입어 오후가 되
자 바람이 잦아들고 파도가 진정되어 쓰시마 풍기군(豐基郡)의 이즈미
우라(泉浦)에 배를 댈 수 있었다. 쓰시마도주가 이미 관하(管下)를 보내
그곳에서 기다리게 하였고, 또 10여 척의 배로 우리 배의 닻줄을 끌어
포구 안으로 들어오게 하였다. 천포에서 묵게 되었는데, 삼사가 종행
들에게 배에서 내리지 못하도록 엄금하였다. 일인(日人)이 양식과 여러
가지 반찬을 바치는 것이 이날 저녁부터 시작되었다.

　다치바나 도모마사는 바람에 휘말려 표류해 가는 바람에 어디로 갔
는지 알지 못했다. 바로 일본에 당도했거나 혹은 우리 지경으로 다시
돌아갔으리라 여러 추측이 있었지만 실제로 정확히 알지는 못했다. 상
선(上船)⁴⁵이 부서져 물이 무릎까지 차올랐는데 황급히 노를 보수하여

---

44 맡겨둘 뿐[舍達] : 송(宋)나라 이천(伊川) 정이(程頤)가 부릉(涪陵)에서 배를 탔는데,
풍랑이 극심하여 배 안의 사람들이 모두 정신을 잃었으나 정이는 신색(神色)이 자약하였
다. 배에서 내리자, 언덕 위에서 어떤 사람이 소리를 높여 정이에게 묻기를, "사(舍)해서
이러한가, 달(達)해서 이러한가?[舍去如斯 達去如斯]" 하였다. 여기서 사(舍)는 모든 것을
버린다는 뜻이고 달(達)은 모든 이치를 달관한다는 뜻이다.(『心經』卷2)

간신히 화를 면할 수 있었다. 바다를 건너오는 처음에 배의 정비가 완비되지 못한 것이 이와 같으니 한탄스럽다. 일행의 거의 반수가 뱃멀미나 어지럼증으로 인해 엎어지고 반쯤 혼이 나가 있었는데, 오직 종사관만은 늠름하게 홀로 선루[拖樓]의 호상(胡床)[46]에 앉아 노 젓는 이들을 엄히 독려하기를 시종일관 변하지 않았다.

30일. 계해(癸亥). 맑음.

바람이 순하지 않아 이즈미우라(泉浦)에 머물렀다. 풍기(豊基)의 사람들이 사신이 당도하여 정박했다는 소식을 쓰시마도주에게 달려가 보고하였다. 도주가 중군(中軍) 야나가와 가게나오(柳川景直)[47]에게 빠른 배[捷船]를 타고 와 사신에게 문안하게 하였는데 물길이 너무 멀어 저녁때가 되어서야 비로소 당도하였다. 삼사가 밤이 깊었다는 말로 사양하고 다음 날 오게 하였다.

---

45 상선(上船) : 상사(上使), 즉 정사(正使)가 탄 배를 가리킨다. 통신사의 선단(船團)은 여섯 척인데, 정사와 부사, 종사관 일행이 각각 나누어 탄 기선(騎船)을 제1, 2, 3선으로 부르기도 하고, 상선, 부선(副船), 종선(從船)으로 부르기도 한다. 정사·부사·종사관으로 구성된 통신사 일행은 3선단(船團)으로 편성하였다. 제1선단에는 국서(國書)를 받드는 정사를 비롯하여 그 수행원인 군관·상통사·제술관에서부터 격군까지 타고, 제2선단에는 정사를 받드는 부사를 비롯하여 수행원이, 제3선단에는 종사관을 비롯한 그 수행원이 탔다. 각 기선에는 복선(卜船) 1척씩이 부속되었는데 복선에는 사행에 필요한 짐들을 나누어 실었으며, 당상역관이 각각 2인씩 타고, 일행의 원역이 나누어 승선하였다. 일반적으로 기선과 복선은 수군통제사영과 경상좌수사영에서 제작하였다.

46 호상(胡床) : 등받이가 있는 휴대용 접는 의자를 말한다.

47 야나가와 가게나오(柳川景直, ?~1613) : 쓰시마도주(對馬島主)의 가신으로, 야나가와 시게노부(柳川調信)의 아들이며 야나가와 시게오키(柳川調興)의 아버지이다. 수직왜인(受職倭人)이며, 후에 수도서인(受圖書人)인 되었다. 조선과 일본 간의 외교에 큰 영향력을 행사했으며, 1609년에 사신으로 조선에 도래했다. 조선에서는 주로 평경직(平景直)으로 칭했다.

3월

초1일. 갑자(甲子). 비.

야나가와 가게나오(柳川景直)가 관하(管下)를 시켜 바람이 순하다고 고하였다. 삼사가 연안에서 노 젓는 이들을 재촉하여 배를 출발하게 하였는데, 수많은 배들이 닻줄을 끌어 선도하였다. 갑자기 큰 바람을 만났는데 풍랑이 크게 일어 부득이하게 니시도마리우라(西泊浦)[48]에 정박하였다. 포구 가에 사이후쿠지(西福寺)가 있다는 말을 듣고, 삼사가 연달아 가마에 올라갔고 나 또한 함께 갔다.

잠시 절 안에서 쉬며 좌우를 둘러보니 봄 잣[春柏]이 드리워져 그늘졌고 붉은 꽃이 어지러이 떨어졌으며, 기이한 새들이 가지 위에서 서로를 부르고 있었다. 진실로 불가(佛家)에서 말하는 서천복지(西天福地)[49]라 할 만하니, 대개 그 뜻을 취하여 절의 이름으로 삼은 것이다.

삼사가 비로소 야나가와 가게나오를 절 안으로 불러 보았다. 쓰시마 도주가 또한 그 조카를 시켜 등귤(橙橘)과 술, 떡을 가지고 와 바쳤다.

내가 보잘 것 없는 시를 지어 바쳤다.

봉래산 어느 곳이 바다로 통하느냐 물었는데   蓬山何處問通洋

서복사 앞에서 비로소 봄을 찾았네   西福寺前始頁春

조각배에 몸을 싣고 대마도에 머무는데   身逐片帆歸馬島

---

48 니시도마리우라(西泊浦) : 현재의 쓰시마시(對馬市) 가미쓰시마마치니시도마리(上對馬町西泊)에 속한다. 가미쓰시마(上對馬) 동북 해안에 위치해 있다. 1617년 2차와 1624년 3차 통신사행을 제외한 사행 때마다 조선 사신이 이곳에서 묵었다. 서박포(西泊浦).

49 서천복지(西天福地) : 서쪽의 천축국(天竺國).

새벽녘 꿈결에 우리 임금 찾아갔네 夢隨殘月到楓宸

첩첩산중에 안개가 자욱이 비끼고 烟橫岦嶠千重嶂

만경창파에 달빛이 은빛으로 비추네 日落滄波萬頃銀

언제나 의지할 것은 충과 신뿐이니 夷險只憑忠與信

우리의 인함으로 이국 풍속 교화함을 보리라 定看殊俗化吾仁

만 리 바다 푸른 물결 달이 외롭게 떠 있는데 滄波萬里月孤懸

고국은 아득하고 생각은 묘연하네 故國蒼茫思杳然

사인에게 우리를 기상 없다 말하지 마오 莫道詞人無瞻氣

그대 소매 안에 용천검⁵⁰ 숨겼음을 알고 있다오 知君袖裏秘龍泉

종사관이 시 두 수를 지었는데, 내가 그 운을 따라 공손히 지어 올렸다.

바람이 비단 닻줄 끄니 바다 안개 개이고 風牽錦纜海烟開

치솟는 물빛은 흰 구름 쌓인 듯하네 洶湧波光白雲堆

짧은 꿈결 멀리 하늘의 북극 찾아가고 片夢遠尋天北去

외로운 배 아득히 해 뜨는 곳 향해 왔네 孤帆遙向日邊來

문장은 외람되이 천 수 시를 부치고 文章謾寄詩千首

수심은 오로지 술 한 잔에 풀었네 愁思聊寬酒一盃

봄빛은 고향에 만연한데 몸은 나그네라 春滿故山身在客

저물녘 구름 어느 곳이 동래인가 暮雲何處是東萊

---

50 용천(龍泉): 풍성(豐城) 땅에 묻힌 용천이라는 보검이 밤마다 두우(斗牛) 사이에 자기(紫氣)를 발산하였다는 전설을 인용하여 상대방을 칭송하는 의미로 썼다.

행장은 흡사 뗏목을 펼친 듯한데	行裝恰似泛槎張
동쪽 부상[51]을 바라보니 뱃길이 길구나	東望扶桑鴟路長
나그네 시름 한정이 없는데	最是客愁無限處
물결은 아득하고 망망하네	統濤浩浩又洋洋

초2일. 을축(乙丑). 맑음.

니시도마리우라(西泊浦)에서 아침 일찍 배를 출발하였다. 배 앞에는 길을 안내하는 왜선(倭船)이 거의 70여 척이었다. 야나가와 가게나오 또한 비단으로 치장한 배[綵船]를 타고 뒤를 따르며 호위하였는데, 행렬의 앞에서 뒤까지의 거리가 10여 리였다. 깃발이 햇빛을 받아 빛나고 북과 나팔 소리가 하늘에 울려 퍼졌다. 나와 정사가 선루[拖樓]에 앉아 좌우를 돌아보니 파도가 세차게 일어 마치 만마(萬馬)가 다투어 달리는 듯하였고, 푸르고 아득한 바다가 하늘과 맞닿아 위아래가 같은 색이었다. 또한 붉은 벼랑과 푸른 절벽에 소나무·잣나무가 무성하고, 바위 위에 핀 꽃은 붉은 색을 토해내며, 해안의 버드나무는 푸릇푸릇하였다. 황홀하니 그림 속 풍광과 같아 봄의 풍광은 피차의 구별 없이 같음을 비로소 알게 되었다.

이날 저녁 쓰시마도주 소 요시토시(宗義智)가 배를 타고 후나코시(船越)의 포구(浦口)로 마중 나와 관하(官下)를 시켜 이를 알리게 하였다. 삼사가 먼저 쓰시마 부중(府中)[52]으로 돌아가도록 명하자,

---

51 부상(扶桑) : 동해(東海)에 있다는 전설상의 신목(神木). 그 밑에서 해가 떠오른다 하여, 해가 뜨는 곳이나 해를 가리키는데, 여기에서는 일본을 지칭하고 있다.

52 부중(府中) : 옛날에는 쓰시마국(對馬國)의 부(府)가 위치한 포구로, 15세기 후반 쓰시마도주 소 사다쿠니(宗貞國)가 쓰시마도주의 본거지를 사가(佐賀)에서 이즈하라로 옮겨

"사신이 배에서 내리기를 기다려 찾아뵙겠다."

하였다. 도주는 사신의 명을 따라 돌아가고, 우리 일행은 날이 저물어 바이린지(梅林寺) 앞에 배를 대고 머물렀다. 삼사가 절 안으로 들어가 쉬다가 다시 배로 돌아와 묵었다.

○ 이날 절 안에서 보니 매화는 이미 열매를 맺었고, 보리 이삭은 반 정도 누렇게 익었다. 또한 종려나무 잎을 보니 청포(青蒲)와 같은데 높이는 몇 길(丈)에 불과하였고 반드시 그 껍질을 벗겨내야 더욱 무성하게 된다고 하였다. 초여름에 꽃이 피는데, 매우 기이하고 아름다우며 그 목재는 가볍고 견고하여 창 자루의 재료로 가장 적합하다고 한다. 또 비파나무도 보았다.

○ 지나며 본 후나코시우라(船越浦)의 형세는 연안 한 곳에 봉우리 두 개가 서로 해협을 이루고 있어 배가 그 사이를 지나게 되는데, (그 폭은) 겨우 노 하나만 저어 지날 수 있을 정도로 좁았다. 또 암석을 보니 그 기이함이 비할 데가 없었다. 포구 안에 신사(神祠)가 하나 있는데, 그 아래를 지나는 배들은 반드시 재계(齋戒)하고 신에게 제(祭)를 올린 후에야 이롭고 길하다고 한다.

초3일. 병인(丙寅). 맑음.

미말(未末)[53]에 가이간지(海岸寺) 북쪽 류호인(流芳院) 앞에 배를 대었는데, 이곳이 곧 도주가 거처하는 부중(府中)이다. 도주가 이미 인마(人馬)

쓰시마의 중심이 되었다. 이즈하라항(嚴原港)은 에도시대 쇄국령이 내려졌던 쇄국시대에도 나가사키와 함께 대외무역항으로서의 기능을 한 곳이다. 12차례 통신사행 때마다 조선 사신이 이곳에 묵으면서 도주초연(島主招宴)을 베풀거나 망궐례(望闕禮)를 지냈다.

53 미말(未末) : 미시(未時)의 끝 무렵인 오후(午後) 세 시 직전의 시간을 말한다.

를 조발(調發)하여 포구에서 영접하게 하였다. 삼사가 질서 있게 배에서 내릴 것을 명하였다. 병위(兵威)를 성대하게 펼치고, 차례로 가마[轎]를 타고 함께 객관으로 들어간 다음 마침내 야나가와 가게나오의 처소에 예조의 서계(書契)를 예를 갖추어 전달하였다. 잠시 후 역관이 잘못 전하길 '겐소(玄蘇), 소 요시토시(宗義智), 야나가와 가게나오 등이 뵙기를 청하며 문밖에 와 있다'고 하였다. 이에 삼사가 바로 관복을 갖추어 입고 당상에 좌정한 후 들어오게 하라 명하였는데, 문밖에는 겐소와 가게나오만이 와 있었고, 도주 요시토시(義智)는 미처 당도하지 못하였다고 하였다. 들으니 관백(關白) 도쿠가와 이에야스(德川家康)가 새로운 수도를 창설하고 지난 해 겨울 초부터 산동에 머물러 있다고 한다.

○ 야나가와 가게나오가 저녁식사를 들일 것을 청하자 허락하였다. 음식을 올리는 법도가 대략 중국의 제도와 비슷하였다. 식사를 마치자 술을 올렸고, 상을 치우자 차를 올렸다. 과일 쟁반은 백색이었고 그릇은 홍색과 흑색이었는데, 모두 새로 만든 것을 사용하였다.

초4일. 정묘(丁卯). 맑음.

부중(府中)에 머물렀다. 도주의 간절한 초대로 인해 삼사가 도주의 집으로 향하였는데, 행렬을 구경하는 사람들이 길을 가득 메웠다. 마침내 도주 집 문 앞에 이르자 소 요시토시, 야나가와 가게나오 등이 계단 아래에서 영접하고 읍하였다. 상헌(上軒)의 관아는 병풍이 화려하고 아름다워 볼만하였다. 종행들은 서쪽 행랑[西廂]에 자리하였는데, 상을 치운 후 암수 공작이 정원을 천천히 노니는 모습을 처음으로 보았다. 긴 목과 날카로운 주둥이, 푸른 깃털과 검은 발 등 그 모습이 너무도 아름다웠다. 또한 앵무새는 알록달록한 깃털과 붉은 부리가 매우 사랑스러워, 진실로 속세 너머 신선이 타는 새[仙禽]라 할 만하였다. 삼사가 저녁 때 관사(館舍)로 돌아왔다. 종사관이 앵무새로 시를 지었는데 내가 차운하였다.

푸른 깃 붉은 부리 농서[54]에서 온 몸이	翠衣丹嘴隴西身
오랫동안 조롱 속에 갇혔으니 어찌 때가 묻었으랴	久閉雕籠幾染塵
입으로 따라 부르기를 잘하니 물아의 경계 더욱 없고	利口招尤無物我
그대를 마주하니 너무 영특하여 심히 놀랍구나	對君深警最靈人

초5일. 무진(戊辰).

부중에 머물렀다. 도주가 술과 떡을 보내고, 이어 삼사를 뵙기 위해 찾아왔다. 차를 두 순배 돌린 뒤 파하였다.

초6일. 기사(己巳). 맑음.

부중에 머물렀다. 삼사가 서문(西門)으로 걸어 나와 하치만구(八幡宮)[55]를 유람하였다. 무릇 그림 속의 인물은 모두 그 나라의 고적(故跡)을 형상화한 것이다. 도주가 감귤을 보내왔다. 해질 무렵 삼사가 당(堂) 가운데로 나와 좌정하고 일행 가운데 문자를 아는 사람들을 불러 모았다. 4운(韻)을 내고 글을 짓도록 하되 시간을 제한하여 독촉하는 것이 마치 과거 시험장에서 하는 것같이 하여 소일거리로 삼았다. 내가 마침

---

54 농서(隴西) : 지금의 감숙성(甘肅省) 서쪽, 황하 동쪽 지역에 해당하는 지역이다. 『금경(禽經)』에 의하면 "앵무새는 농서 지방에서 나오는데, 능히 말을 하는 새이다.[鸚鵡出隴西 能言鳥也]"라고 하였다.

55 하치만구(八幡宮) : 팔번신(八幡神)을 모신 별궁을 말하는데, '팔번신'이란 일본 고대의 궁시신(弓矢神)을 말한다.

1등을 차지하여 먹과 붓을 상으로 받고 즐거움을 돋우는 데 일조하였다.

이날 오후 야나가와 가게나오가 삼사를 간곡히 청하여 술과 음식을 대접하였는데, 소 요시토시와 겐소도 함께하였다. 파한 후 곧이어 류호인(流芳院)에서 노닐었는데, 이곳은 야나가와 시게노부(柳川調信)[56]의 원당(願堂)[57]이다. 또한 고쿠분지(國分寺)에 갔는데 조선을 위해 사축(祠祝)하는 절이다. 바위에 구멍을 뚫어 맑은 샘물을 창호의 안으로 끌어들였고, 비파나무, 소나무, 잣나무 등이 무성하게 어울려 문밖으로 그림자를 드리웠다. 또한 여러 그루의 귤나무도 보았다.

○ 이날 아침의 명제(命題)[58]는 '몸을 바르게 하고 앉아 북두성을 바라보네[危坐望北辰]'였다. 그 시는 다음과 같다.【짧은 시를 아울러 차례로 적는다.】

윤음[59]을 받고 와 바다 동쪽 유람하니	承綸來作海東遊
만 리 사신배 나뭇잎 하나 떠 있는 듯	萬里星槎一葉浮
성상의 용안을 짧은 꿈결에 뵈니	聖上龍顔憑短夢
하찮은 고신은 깊은 시름에 괴로워하네	孤臣蟻命惱深愁
마음은 고국을 그리며 붉은 충정 남음이 있고	心懸故國餘丹悃
몸은 이국에 있어 모두 다 백발 되었네	迹滯殊邦盡白頭
아득한 북극성 끝없이 바라보며	北極迢迢瞻不極

---

56 야나가와 시게노부(柳川調信, ?~1605) : 야나가와 가게나오(柳川景直)의 아버지이다. 임진왜란 전년인 1591년(선조 24)에 조선에 온 일본 사신으로 평조신(平調信)이라고도 하였다.

57 원당(願堂) : 죽은 사람의 명복을 빌던 법당.

58 명제(命題) : 시문의 제목을 정해 주는 것. 또는 그 제목.

59 윤음(綸音) : 임금이 신하나 백성에게 내리는 훈유(訓諭) 또는 그 문서.

깊은 밤 중선루[60]를 이리저리 거니네　　　　　　夜深徙倚仲宣樓

산 넘고 물 건너며 임금 향한 그리움에 시름겨운데　登臨常帶戀君愁
만 리의 외로운 이 몸 땅 끝에 닿았네　　　　　　萬里孤蹤地盡頭
아득한 북극성 멀리 눈에 들어오니　　　　　　　北極迢迢長入望
오색구름 어느 곳에 용루[61]가 있을까　　　　　　五雲何處是龍樓

북쪽을 바라보니 나라 떠나온 수심 견디기 어려운데　北望難堪去國愁
동쪽을 유람하며 어느새 머리는 백발이네　　　　東遊不覺雪蒙頭
소매 가득 딴 마름꽃을 부칠 데 없어　　　　　　蘋花滿袖無人寄
밤마다 부질없이 백 척 누각에 기대있네　　　　夜夜空憑百尺樓

초7일. 경오(庚午). 맑음.

부중(府中)에 머물렀다. 삼사가 전별 때 받은 별장[贐行別章][62]을 일일이 살펴보고, 각각 두꺼운 닥종이에 배열하여 하나의 시축(詩軸)을 만들었다.

○ 내가 꽃을 감상하고 싶다고 정사에게 고한 다음 여 첨사(呂僉使),

---

60 중선루(仲宣樓) : 호북성(湖北省) 당양현(當陽縣)에 있는 성루(城樓). 한(漢)나라 왕찬(王粲)의 자가 중선인데, 그가 일찍이 난을 피해 형주(荊州)의 유표(劉表)에게 의지해 있으며 이 누각에 올랐는데, 이때 고향에 돌아갈 것을 생각하며 진퇴 위구(進退危懼)의 심정을 서술한 「등루부(登樓賦)」를 지었던 데서 이후로 이 누각을 중선루라 지칭하였다.
61 용루(龍樓) : 임금이 거처하는 궁궐을 가리킴. 궁궐의 처마를 동룡(銅龍)으로 장식하는 데서 붙여진 이름이다.
62 전별 때 받은 별장[贐行別章] : 신행(贐行)은 먼 길을 떠나는 사람에게 주는 시문(詩文)이나 물건을 말하고, 별장(別章)은 이별의 정을 나타낸 시문(詩文)을 말한다.

정사우(鄭士遇) 등 몇몇 동행들과 함께 술과 과일, 피리[簫笛]를 지니고
용녀원(龍女院)에서 노닐었다. 용녀원은 푸른 산을 뒤로 하고 앞에는 푸
른 바다가 펼쳐져 있었다. 화초가 겹겹이 둘러 심어졌고 채소들이 밭두
렁에 가득했다. 주지승인 선린(善麟)이 기쁘게 영접해주었고 다과를 대
접해 주었다. 또한 우리나라 융경(隆慶)[63] 경오년(1570, 선조 3년)의 사마
방목(司馬榜目)[64]을 꺼내 보여주었다. 그와 더불어 이야기를 나누어보니
문자를 조금 아는 사람이었다.

또 포로로 끌려온 사람으로서 이름을 권립(權立)이라고 하는 이가 있
었는데 자칭 진주(晉州) 사족(士族)의 자제라면서 피리 소리를 듣고 따라
왔다고 하였다. 어떻게 포로가 되었는가를 물으니, 진주성이 함락되었
을 때 포로로 붙잡혀 일본에 끌려와 이리저리 팔려 다니며 일본 열도를
떠돌다가 고국으로 돌아가고자 도망쳐왔다고 하였다. 작년 가을부터
이 섬에 사행이 당도하기를 기다리고 있으며, 도주가 양식을 지급해주어
머물러 있다고 하였다. 한번 피리 소리를 들더니 비통함에 목이 메어
울먹임을 금하지 못하였다. 나 또한 그의 처지를 슬퍼하며 탄식하였다.

○ 이날 저녁 취기(醉氣)에 걸으며 피리를 불었다. 객관으로 돌아올
때 길 옆 높은 누각에 한 여인이 있었는데, 나이는 스물 두셋쯤이며,
생김새나 차림이 사뭇 고왔다. 처음 피리 소리를 들을 때에는 우두커니
서서 눈물을 흘리다가 곧 자기도 모르게 대성통곡을 하였는데, 갑자기
주인인 듯한 자가 꾸짖고 욕하며 끌고 들어가 다시 볼 수 없었다. 이
사람은 포로로 잡혀온 우리나라의 여인임이 분명했지만, 어느 지역 어

---

63 융경(隆慶) : 중국 명나라 목종 때의 연호(1567~1572).
64 사마방목(司馬榜目) : 조선시대 사마시(司馬試) 급제자의 명부.

느 누구의 딸인지는 알 수가 없다.

○ 다치바나 도모마사(橘智正)가 표류하여 나가토주(長門州)[65]까지 갔다가 지금에야 비로소 쓰시마 부중으로 들어오니, 부중 사람들이 모두 뛸 듯이 기뻐하였다. 이날 저녁 삼사에게 인사를 드리러 왔으나, 밤이 깊었다는 이유로 사양하고 내일 오라고 명하였다.

초8일. 신미(辛未). 비.

부중에 머물렀다. 아침 일찍 다치바나 도모마사(橘智正)가 삼사를 찾아뵈었다. 이날 오후 도주가 또 삼사를 초대하였다. 집 뒤의 작은 뜰을 지나 협문(挾門)에서 꾸불꾸불 이어진 좌우의 난간으로 인도하였는데 침향을 피워 향내가 코를 찔렀다. 난간 앞 가자(架子)[66] 위에는 비단을 잘라 만든 칡꽃[葛花]이 있었는데 생기가 있는 모습이 진짜 같았다. 또 한쪽 정원에 당도하자 황죽(篁竹)이 무성하였고 초목이 울창하였다. 돌샘이 잔잔히 흘렀고 연못의 물은 맑고 깨끗하였다. 지난번에 보았던 앵무새와 공작, 그리고 항상 온순한 오리와 기러기, 가마우지 등이 유유히 날아다니거나 헤엄치고 있었다.

이윽고 술과 음식을 내왔는데 지극히 정결하고 아름다웠다. 또한 어린 아이 두 명이 나와 예를 갖춰 절을 하였는데, 한 명은 도주의 아들이고, 또 한 명은 데려다 기르는 양가(良家)의 자제로 장차 도주의 사위가 될 아이라고 하였다. 모두 자못 영특하고 골상(骨相)이 비범하였다. 삼

---

65 나가토주(長門州) : 현재 야마구치 현 서쪽에 있던 율령제 하의 옛 지명. 에도시대 모리(毛利)씨의 하기번(萩藩)과 2개의 지번(支藩)이 설치되어 있었다.
66 가자(架子) : 초목(草木)의 가지를 늘어지지 않도록 밑에서 받치기 위하여 시렁처럼 만든 것을 말한다.

사가 객관으로 돌아가 두 아이에게 비단 필을 보내주었는데, 도주가
관하를 보내 고맙다고 인사하였다.

○ 이날 저녁 삼사가 중당(中堂)에 좌정하여 각 원역(員役)들을 불러
모아 조그만 술자리를 밤까지 베풀었다. 피리 소리를 듣기도 하고 차례
대로 노래를 부르기도 하였으며, 또한 임업(林業)에게 정희(呈戲)⁶⁷를 하
게 하여 즐거움을 돋우었다. 삼경이점(三更二點 : 밤 11시 30분)이 되어 파
하자, 돌아와서 〈회포를 적은 십삼운시[述懷十三韻]〉를 지었다.

하늘 끝에 노닐며 구름을 바라보고	天涯遊子看雲苦
당상의 편친 그리며 산에 자주 오르네⁶⁸	堂上偏親陟岵頻
아까울 것 없어라 하찮은 이 몸을 이역에 던져서	肯惜微身投異域
성명한 군주가 교린을 다지게 된다면	只緣明主重交隣
백발은 긁을수록 오히려 짧아지나	常時白髮搔猶短
나라 위한 단심은 결코 닳지 않는다네	許國丹心汨不磷
고래 파도 건너는 고생에 목숨도 가벼우나	險涉鯨波輕性命
호랑이굴 염탐하여 하문에 임하려네	窮探虎穴任咨詢
남자가 종사를 위해 죽지 않는다면	曾無男子殉宗社
조정에 진신이 있음을 그 누가 알아주랴	誰識朝廷有縉紳

---

67 정희(呈戲) : 조선시대 궁중무용(宮中舞踊)인 정재(呈才)와 비슷하되, 극적 요소(劇的
要素)가 보다 첨가된 악가무(樂歌舞)를 말한다.

68 척호(陟岵) : 어버이를 그리워하는 자식의 간절한 심정을 비유한 말이다. 〈척호〉는
효자가 부역을 나가서 어버이를 잊지 못하는 심정을 노래한 『시경』, 「위풍(魏風)」의 편
명인데, 그 첫째 장에 "저 민둥산에 올라가서 아버님 계신 곳을 바라본다. 아버님은 아마
도 이렇게 말씀하시겠지. '아, 내 아들이 부역에 나가서 밤낮으로 쉬지 못할 터인데,
부디 몸조심해서 죽지 말고 살아서 돌아오기만 해라.'[陟彼岵兮 瞻望父兮 父曰嗟予子行役
夙夜無已 上愼旃哉 猶來無止]"라는 말이 나온다.

성명께서 하찮은 이 몸을 멀리하지 않으심은	不是聖明疎薄劣
우리의 어짊으로 이국 풍속 교화하려 함이네	欲敎殊俗化吾仁
대장 깃발 삼산[69] 밖에서 나부끼고	搖搖大纛三山外
외로운 이 몸 만 번 죽을 뻔하였네	眇眇孤形萬死濱
화호함은 적자를 가엾이 여김이니	和好知是憐赤子
안위는 오로지 하늘만 믿을 뿐이네	安危聊仗恃蒼旻
봄바람은 이미 저무는데 몸은 여전히 나그네라	春風已老身猶客
아름다운 계절 공연히 다그치나 뜻 펴지 못하네	佳節空催志未伸
사물을 접해 상심함을 제어하기 어려우니	觸物傷心難制深
꽃을 보고 슬퍼함은 홀로 더하네	對花惆悵獨添中
가라앉으면 못 속의 교룡[70]을 일으키고	沈淪肯作池中物
돌아가면 초석 위의 귀한 옥[71]이 되리라	歸去當爲席上珍
해질녘 나그네 수심 다함이 없고	日暮覉愁知不盡
하늘까지 넘실대는 파도는 끝없이 넓구나	接天波浪濶無津
언제나 일이 끝나 도성으로 돌아갈까	何時竣事還京國
새 시를 읊고 나니 마음이 상쾌해지네	吟罷新詩更暢神

---

69 삼산(三山) : 봉래(蓬萊)·방장(方丈)·영주(瀛洲)의 삼신산(三神山). 일본을 가리키기도 한다.

70 못 속의 교룡[池中物] : 하늘로 날지 못하고 못 속에 잠긴 용이라는 말로, 하는 일 없이 칩거하는 사람, 혹은 남의 밑에 예속된 범용한 인간을 뜻하는 말로 쓰인다. 삼국시대 오(吳)나라 주유(周瑜)가 유비(劉備)를 경계해야 한다면서 "교룡이 비나 구름을 얻으면, 끝내 못 속의 물건이 아니게 될까 두렵다.[恐蛟龍得雲雨 終非池中物也]"라고 말한 고사에서 유래한 것이다.(『三國志』 卷54, 「吳書」, 周瑜傳)

71 초석 위의 귀한 옥[席上珍] : 초석(草席)에 놓인 귀한 옥이라는 뜻으로, 도덕이 고상한 선비가 훌륭한 도를 품고 등용을 기다리는 것을 말한다.(『禮記』, 「儒行」)

초9일. 임신(壬申). 맑음.

부중에 머물렀다. 삼사가 '하졸(下卒)들이 인가(人家)를 출입한다'는 말을 듣고, 나에게 적발하여 엄금하라고 청하였다.

○ 이날 저녁 달빛이 낮과 같이 환하여 잠이 들지 못하였다. 이에 동행과 함께 관사 처마 밖에 조그만 술자리를 마련하였다. 삼사가 이 얘기를 듣고 피리를 불고 노래하는 것을 허락해 주었다. 자리가 파하고 몇몇 벗들과 함께 문밖으로 나가 달 아래 거닐었다.

초10일. 계유(癸酉). 맑음.

부중에 머물렀다. 삼사가 각 배를 수리하는 곳으로 가 살펴보고 그곳을 나와 다시 류호인(流芳院)으로 가 노닐었다. 도주가 이 소식을 듣고 술과 음식, 등귤(橙橘) 등을 보내왔다.

○ 이날 삼사가 각각 여정 중의 일을 가지고 시를 지은 다음 종행에 게 모두 화운시를 짓게 하였다. 정경염이 1등이었고, 내가 2등이었다. 삼사가 각 배의 예방(禮房)으로 하여금 술과 음식을 내어 차례대로 자리에 차리게 하였다. 밤이 다하도록 즐긴 다음 어두워지자 달빛을 받으며 관사로 돌아왔다. 내가 화운한 시는 다음과 같다.

만 리 외로운 배 오직 바람에 맡기고	萬里孤帆只信風
꿈결에 부질없이 오운궁[72]을 찾아갔네	五雲宮闕夢魂空
난간에 기대 동쪽 바다 밖 바라보니	憑欄縱目東溟外

---

72 오운궁(五雲宮) : 오운은 오색(五色)이 찬란한 서운(瑞雲)을 말하는데, 이것이 길상 (吉祥)의 징조라 하여 흔히 제왕(帝王)의 거소(居所)라는 뜻으로 쓰인다.

안개 파도 시름에 잠겨 목로[73]가 통하였네　　　　　愁殺烟波木路通

소헌에 단정히 앉아 춘풍을 보내니　　　　　小軒端坐送春風
가지 위 남은 꽃 절반이 져 버렸네　　　　　枝上殘花一半空
이국 풍속 결국은 우리 교화 따를 테니　　　　　終知殊俗歸吾化
지금처럼 바다 밖에 신사가 오가리라　　　　　海外如今信使通

11일. 갑술(甲戌). 맑음.

부중에 머물렀다. 삼사가 우리나라의 술과 음식을 간략하게 준비하여 도주와 겐소(玄蘇), 야나가와 가게나오(柳川景直)를 초대하였다. 가게나오는 병으로 오지 못하였고, 도주와 겐소는 명을 받고 바로 왔다. 술이 거나하게 취하자 겐소가 흔연히 즐거워하며 삼사에게 청하여 말하기를,

"이제 두 나라는 일가(一家)를 이루게 될 것입니다. 귀국의 관동(關東) 산수가 절경이라는 말을 여러 차례 들어왔습니다. 원컨대 관동 한 귀퉁이 바위굴을 빌려 그곳에서 노후를 마치고 싶습니다."

라고 하였다. 삼사가 이에 답하여 말하기를,

"귀국이 만약 시종일관 변치 않는 정성으로 화호(和好)의 신의를 잃지 않는다면 하늘 아래 왕토(王土)가 아닌 곳이 없으니, 어디 간들 불가하겠습니까."

라고 하였다. 도주와 겐소가 모두 기뻐하며 동의하였다.

---

73 목로(木路) : 얕은 물에서 배가 다닐 만한 곳에 나뭇가지를 꽂아 그 진로를 표시한 뱃길.

12일. 을해(乙亥). 맑음.

부중에 머물렀다. 삼사가 서문(西門)을 나와 거닐다가 물가에 정좌하여 운(韻)을 부르고는, 종행으로 하여금 각각 시를 짓도록 하였다. 나도 그 운에 따라 시를 지었다.

외로운 성 원근에 저녁 구름 어둑하고	孤城遠近暮雲昏
계곡물은 흘러 내려 마을을 휘감았네	澗水潺湲帶小村
피리 한 가락에 동풍이 잦아들고	一聲長笛東風晚
은빛 달을 따다가 옥 술잔에 담았네	待取銀蟾倒玉樽

타향의 안개 달에 몽롱하게 취하니	他鄕烟月醉昏昏
옥절이 바닷가 마을에 머무네	玉節淹留海上村
생황 불고 북 치며 춤을 추니	吹笙伐鼓蹲蹲舞
곰과 범이 삼천이요 술이 백 동이라	熊虎三千酒百樽

정경염이 시를 지어 나에게 주었는데, 내가 그 시에 화운하였다.

나그네 가는 곳마다 붉은 문을 닫았는데	客行隨處掩丹扉
머리 위 시간은 나는 듯이 빠르네	頭上光陰疾若飛
이역의 봄 풍광에 마음이 답답하고	異域烟花情爵爵
고향 뜨락 송월[74] 생각 그리움이 간절하네	故園松月思依依
나라 걱정에 귀밑머리 서리를 더하고	身因憂國霜添鬢

---

74 송월(松月) : 소나무 위에 교교히 달이 떠 있는 정경을 말한다.

고향 생각에 흐르는 눈물 옷을 적시네 　　　　眼爲懷鄉淚濕衣

베갯머리 얼마간 꿈을 꾼 덕분에 　　　　　　賴有枕邊多少夢

매번 나비 되어 부모님 찾아 절을 하네 　　　每憑蝴蝶拜庭闈

13일. 병자(丙子). 맑음.

부중에 머물렀다. 격졸(格卒 : 사공) 두 사람이 사사로운 싸움을 벌여 매를 맞는 벌을 받았다.

14일. 정축(丁丑). 맑음.

부중에 머물렀다. 삼사가 바둑을 두며 소일하였다. 이날 저녁 나와 몇몇 동행이 물가 다리가 있는 곳으로 나가 거닐며 피리를 불고 달을 감상하였다. 밤이 되어 관사로 돌아오며 절구 한 수를 읊었다.

서쪽으로 장안[75]을 바라보며 눈물 하염없으니 　長安西望淚難收

천리 타향에 초나라 죄수[76]가 되었네 　　　　千里他鄉作楚囚

달 밝은 밤 마침 동풍이 불어오니 　　　　　　政是東風明月夜

흥에 겨워 피리 불며 강머리를 지나가네 　　　好吹長笛過江頭

---

75 장안(長安) : 한양 도성을 의미한다.

76 초나라 죄수[楚囚] : 곤경에 처해서 어찌하지 못하고 초나라 죄수가 울먹이듯이 눈물만 지을 뿐이라는 뜻이다. 진(晉)나라 때 왕도(王導)가 오호(五胡)의 난리에 나라를 잃고 쫓겨 온 인사들이 새로 지은 정자에 모여 현실을 슬퍼하며 눈물을 짓자 "힘을 다해 나라를 다시 찾을 생각은 않고 어째서 초나라 죄수처럼 울고만 있는가."라고 나무랐던 고사에서 나왔다. 초수(楚囚)는 초나라의 종의(鍾儀)가 진(晉)나라에 포로가 된 것을 인용한 말이다. 여기에서는 고향을 그리워하며 눈물짓는 자신을 초나라 죄수에 비유한 것이다.

15일. 무인(戊寅). 맑음.

부중에 머물렀다. 첫새벽에 망궐례(望闕禮)[77]를 행하였다. 도주가 성대한 잔치를 베풀었다. 삼사를 청하여 계단 아래에서 영접하고, 동벽(東壁)으로 안내하여 좌정하게 하였다. 서벽(西壁)의 맨 윗자리에는 겐소(玄蘇)가, 그 다음은 승려 슈쿠로(宿蘆)가, 그 다음은 도주와 야나가와 가게나오가 자리하였다. 슈쿠로라는 자는 일본의 고승(高僧)으로 장차 겐소의 직무를 대신할 자라 한다. 높은 관(冠)을 쓰고 도복(道服)을 입었으며 용모가 맑고 수려하였다. 나이는 가장 어렸으나 오히려 도주의 윗 좌석에 앉았으니, 불법(佛法)을 존숭하는 풍속을 볼 수 있다.

당(堂)의 오른쪽은 그림 병풍을 둘렀는데 채색 비단을 잘라 화려하게 장식하였다. 무릇 공경하고 삼가는 예의와 완상할 만한 물건들이 마치 우리나라가 중국 사신을 기쁘게 해주려는 것과 같았다. 뜰 앞에는 별도로 건물[軒] 하나를 지어 놓았는데, 모둔(茅芚)으로 덮어 놓았고 색색의 비단으로 처마를 둘렀으며 붉은색 모전[紅氈]으로 기둥을 감싸 지극히 아름답고 화려하였다.

술이 거나해지자 도주가 건물 아래에 그 지방[國]의 가무(歌舞) 공연을 준비해놓고 보기를 청하였다.

첫 번째 무리는 머리에 청색과 홍색의 머리띠를 둘렀는데 무릎까지 늘어져 있었다. 몸에는 갖가지 채색 문양의 비단 옷을 입었고 긴 옷자락이 땅에 끌렸는데 그 나부끼는 모습이 현란하였다. 약 10여 인이 동쪽 행랑으로부터 나왔는데 조그만 북과 짧은 피리로 무리를 선도하여 건물 아래로 왔다. 각각 금색 부채를 쥐고 일제히 긴 노래를 부르다가

---

77 망궐례(望闕禮) : 매월 초하루와 보름에 임금이 있는 궁궐 쪽을 향해서 배례하는 의식.

마침내 건물 위로 올라와 줄을 나누어 맞춰 서더니 몸을 흔들며 어지러이 춤을 추었다. 손으로는 춤을 추고 발로는 뛰면서 일제히 그 음악을 따랐는데 몇 차례 반복하지 않고 피리를 불어 춤을 멈추었다. 춤추는 무리들의 앞줄이 북을 치고 피리를 불 때 뒷줄은 천천히 걸어 다시 동쪽 행랑으로 들어갔다.

두 번째 무리는 머리 위에 우리나라 여인들이 쓰는 청립(靑笠) 같은 것을 썼는데, 비단을 잘라 만든 꽃들로 그 끈을 어지럽게 장식하였다. 허리로 춤을 추며 몸을 굽혔는데 한결같이 앞의 무리가 한 것을 그대로 따랐다. 이같이 하는 것이 여섯 무리에 이르렀는데, 나갔다 들어갔다 하는 것과 의복의 장식, 머리 보자기의 색 등이 매우 비슷하였다. 구경하는 남녀의 복색은 알록달록하여 흡사 호표(虎豹) 무늬와 같았는데 뭐라 형용하기 어렵다.

16일. 기묘(己卯). 맑음.

부중에 머물렀다. 삼사가 함께 의논하여 일행의 협사(挾私)[78]를 엄금하고 이를 재차 신칙(申飭)하였다. 일본의 미나모토노 노부야스(源信安)가 다치바나 도모마사(橘智正)와 함께 표류하였다가 지금에야 비로소 당도하였는데 그 연유를 알지 못하겠다. 그 사람이 은밀히 말하기를, '우리나라 호남(湖南) 상인 13명이 나가토주(長門州)에 표류해 왔는데 스오주(周防州)[79]의 태수 데루모토(輝元)가 매우 후하게 대접하는 한편 이에야스(家康)에게 보고하였다'고 한다. 나가토주의 태수는 히데모토(秀

---

78 협사(挾私) : 사사롭게 물품을 가져가 무역을 하는 행위를 말한다.
79 스오주(周防州) : 현 야마구치 현 동쪽에 있던 옛 지명으로, 율령제 하의 산양도(山陽道)에 속해 있었다.

元)인데, 그가 데루모토의 아들이므로[80] 나가토주 또한 스오주에 소속
되어 있다고 한다.

17일. 경신(庚申). 맑음.

부중에 머물렀다. 내가 고쿠분지(國分寺)의 수승(首僧) 만실(萬室)의
초대를 받아 정경염(鄭景恬), 양리일(楊理一)[81], 전불고(全不孤) 등과 함께
갔는데 모두 걸어서 절에 당도하였다. 한 아이가 만실에게 급히 소식을
전하자, 만실이 문밖까지 나와 맞아들여 후원 건물로 안내하였다. 즐
겁게 대화를 나누니, 정성스럽기가 예전에 알던 사람과 다름없었다.
문득 아이를 부르더니 차와 야채를 내오게 하였다. 매우 간절히 시를
구하기에 벽 위의 시에 차운하여 주었다.

산마루 만송 안에 절집을 열었으니　　　　　萬松嶺上開禪室

곡기를 끊은 모습 바다 학과 같구나　　　　　絕粒休糧海鶴形

조그만 창 마주하고 산어를 마치니　　　　　相對小窓山語罷

시 읊은 절집[82]에 저녁연기 푸르구나　　　　吟筇飛處暮烟靑

바다 위 절집으로 장로를 찾아가니　　　　　海上飛筇尋丈老

80　이 글의 원문은 "長門守則乃秀元而輝元之, 故長門亦屬於周防云"인데, 경섬의 『해사록
(海槎錄)』(上), 4월 23일(丙戌) 기사, "나가토노카미(長門守) 모리 히데모토(森秀元)는 바
로 데루모토(輝元)의 아들이다. 이 주(州)는 데루모토의 식읍(食邑)이었는데 그의 아들에
게 떼어 주었다 한다."에 의거하여 내용을 보충하였다.

81　양리일(楊理一) : 경섬, 『해사록(海槎錄)』(下), 〈回答兼刷還使同槎員役錄〉에 따르면
학관(學官)의 이름은 양만세(楊萬世)이다. '이일(理一)'은 호(號)인 듯하다.

82　절집[筇飛] : 원문은 지팡이가 난다는 뜻으로, 여기에서는 승려 또는 절집을 가리킨다.

동남의 유학자와 승려가 함께 형체를 잊었네	東南儒釋共忘形
내일 아침 노 저으며 멀리 이별하리니	進棹明朝成遠別
한잔 술로 반갑게 만날 날 그 언제일까	一樽何日眼重靑

18일. 신사(辛巳). 맑음.

부중에 머물렀다. 일행의 짐을 각 배에 다시 실었다. 삼사가 함께 포구에 앉아 사협(私挾)을 엄금하였다. 류호인(流芳院)에서 묵으며 동풍이 불기를 기다렸다. 일을 맡아 처리할 사람을 골라 기찰(譏察)하게 하였는데, 이는 배안의 간세(奸細)한 폐단을 막고자 함이다. 나는 정경엽, 양리일, 신진원(辛震元)과 (삼사를) 수행하여 류호인에서 묵었다. 종사관이 절구 한 수를 짓기에 내가 차운하였다.

진경을 찾아 신선 집에 올라오니	尋眞來陟羽人家
창 아래 맑은 샘이 난간 밖에 물결치네	窓下淸泉檻外波
저물녘 장안은 어디쯤에 있을까	日暮長安何處是
타향에서 시름이 지금 많이 깊어지네	異鄕愁思此時多

이날 밤 달빛이 처마를 엿보고 파도 소리가 귓전에 울렸다. 자려고 누웠으나 잠이 들지 않아 베개를 치우고 다시 옷을 입고 앉아 재차 전운(前韻)을 써 시를 지었다.

사신 배 언덕에 대고 절집에 머무는데	星槎繫岸宿禪家
베개 위로 멀리서 파도소리 들려오네	枕上遙聞碧海波
오늘 밤은 고향 꿈꾸기 어려우리니	今宵難做鄕關夢

골짜기 봉우리마다 온통 달빛 비추네　　　　　萬壑千峰月色多

19일. 임오(壬午). 맑음.

류호인(流芳院)에 머물렀다. 삼사가 도주의 전선(戰船)을 타고 노를 저어 포구를 출발했다. 노를 젓는 사람들이 일제히 노 젓는 노래를 불렀다. 포구 어귀에서 배를 돌렸는데 기이하게 생긴 바위가 있었다. 바위는 천 길 높이로 구름 너머 치솟아 있었으며 형태가 심히 기괴하였는데, 이름을 입구암(立龜巖)이라 하였다. 양리일(楊理一)이 그 바위를 두고 시 한 수를 읊었고, 내가 차운하였다.

흡사 거북 두 마리가 고개를 든 듯하니　　　　恰似雙龜共舉頭
나그네 배 타고와 구경하며 노니네　　　　　客來耽翫泛舟遊
천 길 그림자 교룡 굴에 잠겨 있고　　　　　千尋影蘸蛟螭窟
만 길 빛은 물새 나는 물가에 뻗쳐 있네　　萬丈光搖鷗鷺洲
강하에서 큰 거북을 얻어 바친[83] 날 언제였나　江河納錫知何日
낙수에서 상서를 바친[84] 일 옛 구주에 있다네　洛水呈祥在曩疇
세상의 헛된 일 끝내 헤아리기 어려우니　　世間虛應終難占

---

83 강하에서 큰 거북을 얻어 바친[江河納錫] : 『서경』, 「우공(禹貢)」에, "구강에서는 큰 거북을 얻으면 바친다.[九江納錫大龜]"라고 하였는데, 집전(集傳)에, "큰 거북은 1척 2촌으로 나라의 큰 거북이니 항상 얻을 수 있는 것이 아니다. 그러므로 일정한 공물로 삼지 않고 만약 우연히 얻으면 위에 바쳐 올리게 하는 것이다. 납석(納錫)이라고 말한 것은 아랫사람이 위에 올린다는 말이니, 그 일을 중히 한 것이다."라고 하였다.

84 낙수에서 상서를 바친[洛水呈祥] : 낙수에서 상서를 바쳤다는 것은 우(禹)임금이 홍수(洪水)를 다스린 뒤에 낙수에서 신귀(神龜)가 등에 무늬[文]를 지고 나와서 상서로운 조짐을 바친 것을 말한다. 우임금이 이것을 차례로 정리하여 홍범구주(洪範九疇)를 만들었다.

하늘의 기이한 형상 바다 위에 두었구나 空把奇形海上留

20일. 계미(癸未). 맑음.

류호인에 머물렀다. 삼사가 류호인의 문을 나와 산책하였는데, 작은 샘을 건너고 서쪽 기슭을 돌아 해안가의 산코지(三光寺)에서 노닐었다. 절은 매우 정갈하였으며 생기를 띤 대나무가 무성하였고 화초가 만발하였다. 내가 정경염의 시에 차운하였다.

무성한 대나무 햇볕을 가로막고 萊竹昭森礙日輝
푸르른 지란은 온통 향기롭구나 芝蘭交翠儘芳菲
남쪽으로 봉래산 찾아 이르렀으니 南來覓着蓬萊界
천 길 산 위에서 옷 먼지 털어내리라 千仞岡頭一振衣

이날 저녁 삼사가 시를 지어 서로 화운(和韻)하였는데 나에게 차운하라고 청하였다. 끝내 사양하지 못하고 보잘 것 없음을 잊은 채 지어 바쳤다.

경쾌하게 장풍 타고 큰 바다 건너왔는데 快駕長風涉大洋
봉루에서 돌아보니 눈물이 흐르네 鳳樓回首淚淋浪
일 마치고 서쪽으로 돌아갈 날 언제일까 竣事西還知幾日
꿈에서나마 임금의 풍모 자주 뵙는다네 夢中頻接袞龍光

21일. 갑신(甲申). 맑음.

첫새벽에 소 요시토시(宗義智), 야나가와 가게나오(柳川景直) 등이 바람의 형세가 매우 순하다고 고하였다. 삼사가 종행들에게 짐을 꾸릴 것을 재촉하고 함께 선루[拖樓]에 올랐다. 노를 젓고 닻을 올리니, 일본 배 30여 척이 비단 휘장으로 만든 돛을 펼치고 앞에서 길을 안내하거나 좌우로 호위하였다. 이날 바람은 비록 순하였으나 배가 바다 한가운데에 당도하자 파도가 솟구쳐 배 위의 판옥(板屋)이 이리저리 흔들려 서로 싸우는 듯했다. 각 배 종행들의 거의 반수가 어지러움에 엎어져 정신을 못 차리거나 엎드려 구토를 하였다. 해 질 무렵까지도 파도가 진정되지 않아, 이키노시마(一岐島) 가쓰모토우라(風本浦)[85]의 성문사(聖聞寺) 앞에 배를 배었다. 삼사가 죽과 술을 내려 종행들을 치료하라고 명하고는 배에서 내려 가마에 올라 관사(館舍)로 들어갔다.

○ 이키노시마의 도주 히라도호인(平戶法印)은 병으로 나오지 못하였다. 대신 그 동생을 보내 안부를 묻고, 소고기와 술, 쌀과 채소를 올렸다. 삼사가 사양하고 받지 않았다.

22일. 을유(乙酉). 맑음.

바람의 형세가 또한 순하였다. 돛을 올리고 바로 지쿠젠주(筑前州)[86]의 아이노시마(藍島)[87] 포구에 당도하여, 관사에 들어가 편안히 휴식을

---

85 이키노시마(壹岐島) 가쓰모토우라(風本浦) : 현재의 나가사키현(長崎縣) 이키시(壹岐市) 가쓰모토정(勝本町) 가쓰모토우라(勝本浦). 이키도(壹岐島)의 북부에 위치. 풍본포(風本浦), 가쓰모토우라(勝本浦)라고도 한다. 12차례 통신사행 때마다 조선 사신이 주로 이곳 류구지(龍宮寺)와 다옥(茶屋)에 묵었고, 이키를 관할하는 히라도(平戶) 도주(島主)의 접대를 받았다.

86 지쿠젠주(筑前州) : 일본의 지쿠젠노쿠니(筑前國)를 가리킨다. 현재 후쿠오카 현의 북서부를 차지하고 있던, 율령제 하의 옛 지명. 에도시대 세키가하라 전투 이후 구로다 나가마사(黑田長政)가 받아서 관할하였다.

취하였다. 무릇 장막을 설치하고 문안하는 예가 지극히 정성스러웠다. 비록 채소 반찬일지언정 기명(器皿)은 금·은을 섞어 만들었다. 소반 위의 그릇 하나에는 들새의 모습을 금으로 도장해 놓았는데 유유하게 날아오르는 형상이었다. 이 지역 사람들에게 물으니 그들의 풍속에서 지극히 존귀한 이에게 이와 같이 한다고 하였다. 병풍에는 수많은 화상(畵像)들이 그려져 있었는데 모두 중국의 역사서에 보이는 효자들이었으니, 그 풍속이 효행(孝行)을 숭상하고 있음을 볼 수 있다.

23일. 병술(丙戌). 맑음.

바람이 순하였다. 삼사가 막 배에 오르려 할 때 지쿠젠주(筑前洲) 태수 구로다 나가마사(黑田長政)[88]가 관하를 보내 문안하였다. 아울러 삼사에게 보검[寶釰] 각 한 자루, 은자(銀子) 각 30냥, 돼지 5마리, 술 10통씩을 보냈다. 삼사가 술 한 통씩을 받고 나머지는 모두 사양하고 받지 않았다. 드디어 각 배가 포구를 출발하였는데, 서쪽으로 한 곳을 바라보니 백사장이 은은히 비치고 수목들이 들쭉날쭉 울창하였다. 이 지역 사람들에게 물으니 하카타우라(博多津)[89]의 한 곳으로서 류큐(琉球), 남

---

87 아이노시마(藍島) : 현재의 후쿠오카현(福岡縣) 가스야군(糟屋郡)에 속하며 아이노시마(相島)라고도 한다. 통신사행 때 기항지 가운데 하나이다. 지쿠젠주(筑前州)에 속하였다. 12차례 통신사행 때마다 다옥(茶屋)에 묵었다.

88 구로다 나가마사(黑田長政, 1568~1623) : 아즈치모모야마시대(安土桃山時代)의 무장(武將). 임진왜란 때 제3군을 이끌고 황해도 방면으로 침공하였고, 정유재란 때에는 가토 기요마사(加藤淸正)와 고니시 유키나가(小西行長)와 함께 조선을 재공략하였으나 실패하고 돌아갔다. 도요토미 히데요시(豊臣秀吉)가 죽은 후 도쿠가와 이에야스(德川家康)에게 충성을 다하였다.

89 하카타우라(博多津) : 하카타(博多)가 있는 고장이라는 뜻이다. 하카타는 현재의 후쿠오카현(福岡縣) 후쿠오카시(福岡市)의 하카타(博多)항을 가리킨다. 조선에서는 하카타

만(南蠻)의 상선(商船)들이 모이는 곳이며, 토지의 비옥함이 온 나라 중 으뜸이라 하였다. 본도의 배 30여 척이 배의 전후로 호위하니, 이 또한 사신을 공경히 대접하는 예였다.

포구에 기이한 바위가 있었는데, 그 높이는 30여 길이었고, 가운데 큰 구멍이 있어 파도가 일렁이며 반짝이는 빛이 구멍을 관통하여 스며드니, 또한 하나의 절경이었다. 좌우의 섬들이 굽이굽이 끊이지 않는데 노를 재촉하고 돛을 올리니 배가 화살처럼 빠르게 나아갔다. 서쪽으로 적송진(赤松鎭)을 바라보며 부젠주(豊前州)의 오구라(小倉)[90]성에 들렀다. 여염집이 자못 많았고 누각이 높이 치솟아 있었다. 아카마가세키(赤間關)[91]에 거의 당도하였을 때 썰물이 매우 빠르게 밀려나가 잠시 배를 해안에 대고 조금 휴식을 취하다 포구로 들어가 아카마가세키 하치만구(八幡宮) 아래에 정박하였다. 구경하는 사람들이 언덕 위에 빽빽이 모여 있었는데, 그 중에는 작은 배를 타고 가까이 와서 보는 이들도 있었다. 삼사가 가마를 타고 아미다지(阿彌陀寺)에 투숙하였으니, 곧 나가토주의 초입 지역이다. 편비(褊裨)는 말을 타고 절에 들어갔는데, 말들은 모두 살찐 준마였고 안장은 금·은을 사용하여 만들었으며 안장에 까는 언치

와 음이 비슷하고 총독이 있던 곳이라 하여 패가대(覇家臺)라고 불렀다. 임진왜란 때 잡혀간 규슈 지방 조선인 포로 쇄환 때 주요 거점이었다.

90 오구라(小倉) : 현재 후쿠오카현의 동부에 있는 지명이다. 에도시대에는 세키가하라 전투의 공로로 호소카와 다다오키(細川忠興)에게 주어져 본격적으로 축성이 시작되었으며, 도시가 번성하였다. 호소카와씨가 구마모토(熊本)로 이봉된 후, 오가사와라 다다자네(小笠原忠眞)가 관할하기 시작하였다.

91 아카마가세키(赤間關) : 현재 야마구치현(山口縣) 시모노세키시(下關市)이다. 아카마가세키(赤馬關, 또는 세키바칸) 혹은 약칭으로 바칸(馬關)이라고도 일컬었다. 12차 통신사행을 제외한 나머지 사행 때마다 조선 사신이 주로 이곳 아미다지(阿彌陀寺)에서 묵었다.

[韉]까지도 수놓은 비단으로 만들었으니, 이는 그 나라의 풍속이었다.

　○ 이날 저녁 나는 정경염과 함께 삼사에게 고한 후 하치만구로 가 구경하였다. 궁은 높은 언덕에 있었는데 내려다보니 푸른 파도가 일렁이며 물결의 번쩍이는 빛이 울창한 수목 가운데로 스며들었다. 궁 안에는 수많은 화상(畫像)이 있었고, 궁 앞 조그만 누각은 아득히 구름 위로 솟아 있는데 그 높이가 얼마인지 알 수 없었다. 궁의 서쪽과 남쪽에는 각각 70개의 계단이 있었는데 서쪽 계단으로 올라가 남쪽 계단으로 내려오니, 진실로 절경의 땅이었다. 곳곳에 포로로 잡혀온 사람들이 있었는데, 모두 주인의 금령으로 인해 뜻대로 다가와 말을 건네지 못하였고, 얼굴을 가리고 울기만 하는 이도 있었다. 정경염의 시에 차운하였다.

동풍에 연달아 목란주[92]를 띄우니	東風連泛木蘭舟
퉁소와 북에 맞춘 노 젓는 노래가 슬프구나	簫鼓哀鳴發棹謳
처음으로 맑은 물결 좇아가며 한가롭게 노닐다가	始趁淸波遊汗漫
보름달 따라 방주(芳洲)에 묵는다네	又隨明月宿芳洲
귀밑머리 하얗게 세어 천 가닥이 빠졌는데	鬢邊衰髮千莖短
눈앞에는 먼 산 한 점으로 떠 있구나	眼底遙山一點浮
고국은 아득하여 소식 끊어졌는데	故國迢迢消息斷
어디선가 들리는 피리 소리가 시름을 더하는구나	一聲羌笛使人愁

---

92 목란주(木蘭舟) : 나무배. 춘추전국시대 오나라 왕 합려(闔閭)가 심양강(潯陽江)에 있는 목란주(木蘭洲)에 목란수(木蘭樹)를 많이 심었다고 한다. 궁전을 짓기 위해 심은 것인데 노반(魯班·魯般)이 목란으로 배를 만들어, 그 이후 시인들이 배를 아름다운 배를 목란주라고 일컫는다.

24일. 정해(丁亥).

비가 온 후 석우풍(石尤風)[93]이 불어 아카마가세키(赤間關)에 머물렀다. 삼사를 따라 다시 하치만구(八幡宮)에 가 노닐었다. 궁의 동쪽 행랑을 따라가다 포로로 잡혀온 여인을 보았는데, 나이는 30세 정도였으며, 용모가 자못 고왔다. 거주지와 성명을 물어보니 가만히 눈물을 흘리며 천천히 다가와 붉은 입술로 말하기를,

"저는 창원(昌原)의 기생으로 이름은 옥경(玉鏡)이라 합니다. 지난 정유년(1597)에 포로가 되어 일본 본도(本都)로 끌려와 이리저리 팔려 다니다 오구라(小倉)에 오게 되었습니다. 그러다가 지금 사신 행차 소식을 듣고 수레와 배를 빌려 고국 사람을 찾아뵈었으니, 부모, 친척의 생사 소식을 묻기 위해서입니다."

라고 하였다. 말을 마치자 목이 메어 얼굴을 가리고 울먹이는데 눈물이 비 오듯 흘렀다. 내가 '돌아갈 때 쇄환하여 가겠다'는 말로 위로하였다.

○ 이날 삼사가 쓰시마도주와 의논한 후 일행에게 경계하고 엄금하기를, '전명(傳命 : 국서를 전달함)하기 전이니 절대로 포로 쇄환(刷還) 등의 말을 발설하지 말라'고 하였다. 대개 우리가 우리나라 사람들을 다수 데리고 가면 (포로의 주인인) 권귀(權貴)들이 도쿠가와 이에야스(德川家康)에게 이간질할 수도 있다고 우려했기 때문이다. 또한 들으니 포로로 잡혀온 노인과 어린아이 4, 5명이 멀리서 배를 타고 당도했는데, 지키는 자들이 금하여 물리치니 각자 통곡하며 돌아갔다고 한다.

나가토주 태수 모리 히데모토(森秀元)가 관하(管下)를 보내어 문안하고, 오향주(五香酒)를 보내 왔다. 그 맛이 매우 달고도 맑았는데, 이 술은

---

93 석우풍(石尤風) : 거세게 부는 역풍(逆風).

오직 이 주에서만 생산되는 것이라고 한다.

이날 저녁 삼사가 표류해 온 사람을 불러오라 명하여 그 거주지를 물으니 나주(羅州) 사람 13명이었다. 표류한 이유를 물으니 지난해 초 겨울 생선을 팔기 위해 경상좌도로 향하던 중 갑자기 큰 태풍을 만나 돛대가 부러지고 돛이 찢어져 속수무책으로 배가 향하는 대로 두었더니 구사일생으로 간신히 이곳에 닿았다고 하였다. 이들에 대한 데루모토(輝元)의 후한 대접은 전에 들은 내용과 같았다. 학관(學官) 양리일(楊理一)의 시에 차운하였다.

생각나네 궁궐에서 윤음을 받들던 날	憶昔丹闕承綸日
어주에 조금 취해 궁궐을 나섰지	霞醞微醺出禁城
외로운 충정 해와 달처럼 드높아	耿耿孤忠懸日月
대장기 펄럭이며 봉영[94]을 향하네	搖搖大纛向蓬瀛
군왕의 명 욕되게 하여 구차한 삶을 사느니	偷生肯辱君王命
죽음에 맹세코 남자의 명예 지켜야 하리라	矢死當留男子名
용천검 손에 쥐고 만 리 길에 휘두르니	好把龍泉揮萬里
나라의 경중이 내 행동에 달려 있네	邦家輕重係吾行

25일. 무자(戊子).

[결락] 또 석우풍(石尤風)으로 인해 아카마가세키(赤間關)에 머물렀다. 들으니 옛날에 안토쿠천황(安德天皇)[95]이 있었는데 나이 겨우 여덟 살에

---

94 봉영(蓬瀛) : 봉래(蓬萊)와 영주(瀛洲)의 병칭으로, 방장(方丈)과 함께 바다 가운데 있다고 전하는 삼신산(三神山)을 가리킨다. 여기서는 일본을 가리킨다.
95 안토쿠천황(安德天皇, 1178~1185) : 일본의 제81대 천황. 1181년에서 1183년까지 재

대통(大統)을 이어, 그 신하 다이라노 기요모리(平淸盛)[96]가 전권을 쥐고 섭정하며 미나모토노 요리토모(源賴朝)를 산동(山東)으로 쫓아냈다. 미나모토노 요리토모는 앙심을 품고 군사를 일으켜 궁궐로 쳐들어갔고 다이라노 기요모리의 군사는 패하였다. 다이라노 기요모리가 서해(西海)로 도주하여 아카마가세키로 군사를 진격하게 하였으나 다시 대패하였다. 이에 안토쿠천황을 업고 바다에 뛰어들어 죽었다. 안토쿠천황의 조모인 시라카와황후(白河皇后)와 수십 명의 궁녀도 이어서 바다로 뛰어들어 죽었다. 후세 사람들이 이를 슬프게 여겨 이 절에 소상(塑像)을 만들어 지금까지 제사를 지내고 있다. 마침 오늘이 그 돌아간 날이라 절의 승려들이 재사(齋事)를 지냈다.

○ 이날 저녁 정경염과 아카마가세키 뒤 높은 봉우리에 올라 고국 쪽을 돌아보았다. 구름바다가 아득하였고 산의 붉은 꽃은 이미 졌으며 언덕의 녹음은 점점 무성해졌으니, 이역(異域)에 떨어진 이 몸의 심사가 어떠하겠는가.

26일. 기축(己丑).

계속해서 바람과 비가 크게 일어 아카마가세키(赤間關)에 머물렀다. 이날 쓰시마도주가 모란 한 그루를 병에 꽂아 보내왔다. 종사관이 먼저

위(在位)했다. 당시 평(平)·원(源) 두 성씨 사이에 세력 다툼이 치열했었는데, 다이라노 기요모리의 외손인 천황은 그 싸움의 희생물이 되었다. 그 싸움은 결국 미나모토노 요리토모의 승리로 돌아가, 미나모토노 요리토모는 1192년에 정이대장군이 되고, 가마쿠라 막부(鎌倉幕府)를 설치하였다.

96 다이라노 기요모리(平淸盛, 1118~1181) : 다카쿠라천황(高倉天皇, 재위 1169~1180) 말엽과 안토쿠천황(安德天皇, 1181~1185) 시 집정(執政) 대신.

시 두 수를 지었고 정사, 부사가 모두 화운하였다. 그리고 나에게 계속 지으라고 청하였는데, 사양하다 결국 보잘 것 없는 시를 지어 바쳤다.

고향 떠나왔는데 고운 자태 어찌 지니리오	離根那復有姸姿
반은 노쇠했고 반은 여위었네	半是衰容半瘦飢
미인이 먼 이별에 몸이 상하듯	恰似美人傷遠別
시름에 차 찡그린 채 옥루에 기대 있네	含顰愁倚玉樓時
일 년의 꽃소식 어느새 간 곳 없고	一年花信轉頭空
구십 일 석 달 봄이 순식간에 지나갔네	九十韶光瞥眼中
고맙게도 주인의 정이 정중하니	多謝主人情鄭重
늦봄[97]의 붉은 꽃을 꺾어 보냈네	折來相贈殿春紅

27일. 갑인(庚寅). 맑음.

순풍이 불어 돛을 올리고 배를 출발시키니 빠르기는 화살 같고 물결은 비단결 같았다. 이날부터 좌우의 연도(沿島)를 따라갔는데 배가 포구로 가던 중 산성(山城) 하나를 보았다. 성에는 날카로운 봉우리가 있고 까마득한 절벽이 두루 둘러졌으며, 치장(雉墻)과 분첩(粉堞)[98], 층층 누각과 나는 듯한 용마루가 하늘 위에 아득히 솟아 있었는데, 곧 히데모토(秀元)가 거처하는 곳이었다.

모토야마(元山), 미노시마(箕島), 이와무로(巖室), 무카이야마(向山)를

---

97 늦봄[殿春] : 음력 3월을 달리 이르는 말이다.

98 치장(雉墻)과 분첩(粉堞) : 성가퀴의 종류. 성가퀴는 성벽 위에 설치한 높이가 낮은 담으로, 몸을 숨기고 적을 쏠 수 있도록 만든 시설이다.

지나 수고무(愁古武)에 정박하였는데, 이곳은 데루모토(輝元)에게 소속된 스오주(周防州)의 초입 지역이었다. 날이 이미 저물어 언덕은 캄캄하고 여염집이 없었다. 이에 우리 배들과 우리를 호위하는 배들이 모두 포구에서 묵었는데, 우리나라 배 세 척만이 노 젓기가 둔하고 느려 맨 뒤에 떨어졌다. 캄캄한 밤이라 상선(上船)·부선(副船)이 정박한 곳을 알기 어려웠는데, 내 생각에 앞바다를 향해 나아갔음이 틀림없는 것 같았다.

28일. 신묘(辛卯). 맑음.

이날 바람이 불어 돛을 올리고 노를 재촉해 궁저(宮渚)에 당도했다. 배를 포구에 대고 물을 길어 실을 때 비로소 어제 행방을 잃었던 세 척의 배를 만났다. 쓰시마도주가 대오에서 이탈한 잘못에 노하여 길을 안내하는 일본인을 참하고자 하였다. 삼사가 이 소식을 듣고는 사람을 보내 그만두게 하였다. 가미노세키(上關)[99]에 당도하여 정박하고 관사에서 묵었다.

○ 데루모토(輝元)가 따로 관하를 보내어 종행(從行)에게 안부를 묻고 아울러 안장[鞍子] 30부와 생선, 술을 바쳤다. 삼사가 생선과 술 약간만을 받아 종행들에게 나누어주도록 명하고 안장은 사양하고 받지 않았다. 첩문(帖文)을 보내 표류한 이들을 후히 대해준 일에 대해 감사하였다.

---

99 가미노세키(上關) : 야마구치현(山口県) 동쪽 지방인 가미노세키정(上関町)을 지칭한다. 이곳은 해협을 가지고 있어 근대이전부터 해상교통의 요충지로 번영해 왔다. 해협을 사이에 둔 가미노세키(上関), 무로쓰(室津)는 헤이안시대(平安時代) 때 이미 항구도시로 발전하였고 에도시대(江戸時代) 때는 대륙과 항구를 잇는 중계기지로 발전하였다. 또한 조선통신사의 배 등 다양한 교류와 교통의 거점지로 번영하였다.

29일. 임진(壬辰). 맑음.

바람이 없어 노를 저어 배를 나아가게 했다. 고무로(小室)를 지나 고모리(小森)에 당도했다. 조류가 너무 빨라 잠시 곡포(曲浦)에 정박하였다. 포구 위에는 염사(鹽舍)가 몇 채 있고, 멍에를 맨 소가 논밭을 경작하고 있었는데 그 모습이 우리나라와 비슷하였다. 해질 무렵 서풍이 잠시 불고 파도가 조금 잔잔해져 돛 두 개를 모두 걸고 배를 재촉하였다. 진륜(津輪)을 지나 가마가리(鎌刈)[100]에 정박하니, 곧 아키주(安藝州)[101]의 초입 지역이다. 날이 이미 저물고 여사(閭舍)는 너무 멀어 일행이 가마가리에서 그대로 묵었다.

이날 저녁 정사와 종사관이 부사의 배로 방문하여 북을 치고 생황을 불며 잠시 즐거운 시간을 보낸 후 각자 본선으로 돌아갔다. 부사가 편비(褊裨)만을 거느리고 밤이 깊도록 북을 치고 피리를 불며 종사관의 흥을 돋우었다. 종사관이 선루[拖樓]에 누워 있었는데 부사가 기어이 북과 피리 부는 이들을 불러 모았고, 장난삼아 이들을 돌아가지 못하게 붙잡았다. 나는 종사관의 영(令)을 따라 몰래 작은 배를 타고 기회를 보다 도망하였다. 작은 배에서 내려 한 곡조를 부니, 부사가 신춘남(辛春男), 한사일(韓士逸) 등을 시켜 쫓게 하였으나 미치지 못하였다.

종사가 먼저 두 개의 운으로 시를 짓자 정사와 부사가 모두 화운하였

---

100 가마가리(鎌刈) : 포예(蒲刈), 포기(蒲碕), 가망가리(加亡加里)라고도 한다. 안예주(安藝州)에 속하고, 현재의 히로시마현(廣島縣) 구레시(吳市) 시모가마가리초시모지마(下蒲刈町下島)이다. 12차 통신사행 중 1차와 12차를 제외한 나머지 사행 때마다 조선 사신이 이곳에 묵었다.

101 아키주(安藝州) : 현재의 히로시마현(廣島縣) 서반부 지역에 있던 옛 지명. 율령제(律令制) 하에서는 산요도(山陽道)에 속하였다.

고, 나 또한 이어서 읊었다.

똑똑 물시계 소리 아득해 듣기 어려우니   迢迢難聽漏丁東

이역에 교화 펼치나 길은 끝이 없네   宣化殊方路未窮

성근 비 너머로 일말의 밝은 구름   一抹烔雲踈雨外

석양 속 물새 울음소리   數聲鷗鷺夕陽中

임금 생각에 그저 마음이 뜨거워지고   懷君但覺心如熨

술잔 잡으니 기개는 무지개를 토한 듯하네   把酒惟首氣似虹

장안이 여기에서 몇 리나 될까   此去長安知幾許

머리 긁적이며 서풍 맞으니 견디기 어려워라   不堪搔首立西風

동해의 동쪽에 다시 동쪽 있으니   東海之東復有東

언제나 동쪽 일 끝나 장쾌한 유람 마치려나   東歸何日壯遊窮

삼산은 아득하여 푸른 하늘 밖에 있고   三山縹渺靑天外

구도[102]는 희미하여 흰 물결 속에 있네   九島微茫白浪中

귀밑머리 쇠하여 희기가 눈과 같고   鬢上衰毛明似雪

허리에 찬 긴 칼은 늠름하기가 무지개 같네   腰間長釼凜如虹

사람들아 사신 길이 멀다 한하지 마오   傍人莫恨王程遠

신선 배 탄 박망후[103]가 열자풍[104]을 탔다네   博望仙槎列子風

---

102 구도(九島) : 일본 에히메현 우와지마항(宇和島港)에서 서쪽으로 3㎞ 떨어진 우와해(宇和海)에 있는 섬이다. 에도시대(江戶時代)에는 건너편 본토의 마을과 함께 구시마우라(九島浦)를 이루었으며, 그 후 구시마무라로 독립해 있다가 1935년 우와지마에 편입되었다.

103 박망후(博望侯) : 박망(博望)은 장건(張騫)의 봉호(封號)이다. 한(漢)나라 무제(武帝) 때 장건이 황하의 근원지를 밝히려고 뗏목을 타고 가다가 하늘 궁전에 이르러 견우와

봄바람 탄 목란주	春風理楫木蘭舟
배 위에 돛을 펼치니 물 흐르듯 빠르구나	舟上布帆急似流
경쾌히 교룡타고 자유롭게 노니니	快駕蛟龍遊汗漫
밝은 달 따라 창주[105]에 배 띄웠네	好隨明月泛滄洲
궁궐은 아득하여 빠르게 당도하기 어렵고	楓宸杳杳難徑迓
옥절은 흔들리며 잠시도 쉬지 않네	玉節搖搖不暫留
봉래섬 아래를 평온히 지나가니	此去穩過蓬島下
안기생[106]과 진훤이 서로 구할 만하구나	安期眞諼可相求

직녀를 만나고 왔다는 이야기가 장화(張華)의 『박물지(博物志)』에 실려 있다.

104 열자풍(列子風) : 열자(列子)가 바람을 타고서 속세의 시비 속을 시원하게 떠났다가 열흘하고도 닷새가 지난 후에야 돌아왔다는 고사를 말한다.(『莊子』, 「逍遙遊」)

105 창주(滄洲) : 물빛이 푸른 물가 또는 섬. 은자(隱者)가 사는 곳 또는 은거(隱居)를 뜻하기도 한다. 여기에서는 일본을 가리킨다.

106 안기생(安期生) : 진(秦)나라 때의 방사(方士). 진시황(秦始皇)이 동유(東游)할 때 함께 대화를 나누다가 자신을 보고 싶으면 수십 년 뒤에 봉래산(蓬萊山)으로 찾아오라고 한 뒤 자취를 감췄다는 선인(仙人)의 이름. 크기가 오이만 한 대추를 먹었다고 한다.

4월

초1일. 계사(癸巳). 비.

이날 해 뜰 무렵 배를 출발하여 단해(但海), 삼원(三元)을 지나 60여 리쯤 오자 큰 비가 내려 배를 곡포(曲浦)에 정박했는데, 사람이 살지 않는 곳이었다. 나와 정경엄은 종사관과 함께 작은 거룻배에 술과 북, 피리를 싣고 바다 한가운데로 가 기암(奇巖)을 구경했다. 바위의 높이는 100길이고, 여름 구름이 기이한 산봉우리처럼 솟아 있는 모양과 같았다. 바위 아래 닻줄을 묶고 바위를 타고 올라가 경관을 두루 살펴보고 작은 술자리를 가졌다. 얼마 후 쓰시마도주가 군관 한 명을 시켜 생복(生鰒)을 보내왔고, 또 야나가와 가게나오(柳川景直)에게 돌아오는 길에 마중하게 하였다.

저녁 후 비가 조금 개었으나 풍랑이 크게 일었다. 밤에 노 젓기를 재촉하여 전도(田島)에 정박하였으니, 바로 히고주(備後州)의 초입 지역이다. 후쿠시마(福島)의 태보(太輔)로서 이름을 마사노리(正則)라 하는 이의 관할 지역이다. 태보가 산 꿩 50마리와 음식을 만드는 데 필요한 잡물(雜物)을 보내왔다.

○ 이날 종사관이 어제 저녁 일을 가지고 장난칠 것을 모의하였다. 이에 신춘남(辛春男)을 불러 (어제 우리를) 잡으러 쫓아온 것을 지목하여 기롱하고, 반나절 만에 놓아주었다. 신춘남이 본선(本船)으로 돌아가 율시 한 수를 보내왔는데, 내용 중에 자못 희롱하는 말이 있었다. 종사관이 나에게 차운하기를 청하기에 장난친 일을 가지고 다시 응답하는 시를 읊었다.

간절히 돌아가고 싶어 하는 그대가 가여워	憐汝思歸圻
그대를 돌려보내 근심을 풀어주었네	遣送觧汝愁
나에게는 포용하는 도량이 있으나	包容吾有度
그대는 반측하기가 짝이 없구려	反側爾無儔
물고기를 삶으며[107] 잠시 장난쳤으나	烹魚雖暫戲
도망가기에 다시 잡아 가두었네	逃佛定還囚
세 화살을 수고롭게[108] 하지 마시게	莫俟勞三箭
일찌감치 스스로 머리를 바칠 테니	早宜自獻頭

초2일. 갑오(甲午). 맑음.

해 뜰 무렵 배를 출발하여 가다 한 곳에 이르렀는데 기암(奇巖)이 있었다. 그 높이가 몇 길인지 모를 정도로 높았다. 그 위에 승사(僧舍)[109]가 하나 있었는데 지극히 정갈하였다. 승려 4, 5명이 난간에 기대어 있었는데 아득히 은하수 위에 있는 듯하였다. 배를 타고 그 아래를 지나는 사람들이 쌀이나 면을 통 속에 넣고 땔감을 물가에 던져 놓으면 승려 몇 사람이 긴 막대기로 끌어 가지고 간다고 한다. 이 지역 사람들에게

---

107 물고기를 삶다[烹魚] : 『시경』 회풍(檜風)에 의하면 회나라의 정치가 어지러울 때 백성이 불렀던 노래에 '누가 물고기를 삶을 것인가. 가마솥에 물을 부을 텐데.[誰能烹魚 漑之釜鬵]'라는 구절이 있는데 여기에서부터 '팽어(烹魚)'는 흔히 나라를 다스리는 일, 혹은 나랏일을 하는 것에 비유되었다.

108 세 화살을 수고롭게[俟勞三箭] : 당나라 고종(高宗) 때 장군 설인귀(薛仁貴)가 일찍이 천산(天山)에서 구성중(九姓衆) 10여 만의 돌궐족(突厥族)을 향하여 화살 세 개를 쏘아서 세 사람을 차례로 죽이자, 돌궐족이 기가 꺾여서 모두 항복했던 데서 온 말인데, 이때 군중(軍中)에서 노래하기를, "장군이 세 화살로 천산을 평정하니, 장사들은 길이 노래하며 한관을 들어가네.[將軍三箭定天山 壯士長歌入漢關]"라고 하였다.

109 승사(僧舍) : 승려가 불상을 모시고 불도(佛道)를 닦으며 교법을 펴는 집. 절을 가리킨다.

물으니 풍속이 이와 같고, 이 절의 승려들은 오로지 이에 의지하여 산다고 하였다.

오후에 도모포(道母浦)에 정박하였는데, 히고주(備後州)에 소속된 지역이다. 삼사가 행렬을 정비하고 관사에 머물렀다. 태보(太輔)가 관하를 보내왔는데, 그 지공(支供)하는 물품이나 문안하는 예가 모두 지극히 정성스러웠다.

○ 이날 저녁 삼사가 함께 정원으로 내려와 천천히 산책하였다. 온갖화초가 만발한 곳을 거닐었는데 그 이름을 모두 기억하기는 어렵다. 기이하게 생긴 나무가 하나 있었는데 이름을 소철(蘇鐵)이라고 하였다. 잎은 봉황의 꼬리와 같고 높이는 한 길 남짓이며 줄기 가득 쇠못질을하였다. 이상하여 물어보니 이 나무의 성질이 반드시 물을 주어 그 쇠못이 뽑혀 나온 후에야 무성해진다고 하였다. 내가 비로소 이 나무의기이한 성품과 그 이름의 유래를 알게 되었다.

○ 이날 신춘남이 '봄을 보내며 읊다[送春吟]' 한 곡조를 나에게 보여주었다. 내가 화운하여 술을 권하며 노래하였다.

봄이 돌아가네 봄이 돌아가네   春歸去 春歸去

문노라 그대 어찌 바닷가에서 날 등지고 가나 問汝胡爲背我滄溟濱

길이 읊고 퇴고(推敲)하느라고   長吟吟 吟正苦

백두가 되었으니 청춘을 허비하였구나   白頭虛負靑春

아름다운 시간 점점 흐르고 머물지 않음이 아쉬워 嘆韶華苒苒不留

한잔 술을 어지럽게 마셔도 돌아가지 않네 一盃亂酌無巡

남쪽으로 오며 아름다운 봄날을 허비하니 南來虛負烟花節

구십 일 봄날이 거의 다 가네 九十韶光萬死濱
내 마음이 꽃향기에 미련하는 나비 같으니 我心爭似戀香蝶
잎 아래 아직 낮은 봄이 있음에 갑자기 놀라랴 忽驚葉底餘殘春
봄날이 가는데 만류하지 못하니 東君去去留不得
술잔 들어 그를 보내고는 공연히 머뭇거리네 擧盃相送空逡巡

양리일(楊理一)이 배 안에서 모란을 읊은 절구시 한 수를 나에게 보내
와, 내가 화운하였다.

일 년의 봄 경치 더욱 유유한데 一年烟景轉悠悠
새잎 돋고 꽃이 지니 모두가 시름일세 軟綠殘紅摠是愁
화왕을 보내온 이 누구인가 誰把花王聊寄贈
농염한 늦봄을 신선 배에 실었구나 殿春穠艶載仙舟

초3일. 을미(乙未). 맑음.

이날 심한 역풍이 불어 노를 젓는 일이 자못 고역(苦役)이어서 길을
안내하는 일본 배로 하여금 닻줄을 매어 끌어당기게 하였다. 하행(下滓)
을 지나가며 동쪽 언덕을 바라보니 민가가 매우 번성하였고 성곽이 장대
하였다. 5층 장각(將閣)이 중앙에 우뚝 서 있었고, 네 곳의 포루(砲樓)가
길 모퉁이에 늘어서 있었다. 연안의 뾰족 솟은 곳에 또한 한 성이 있었는
데 석성(石城)과 비교하면 조금 작았다. 이는 모두 비젠주(備前州) 태수
이케다 데루마사(池田照政)가 관할하는 성이다. 이케다는 답마주(畓磨州)
태수 산자에몬(三左衛門)의 아들이고, 산자에몬은 도쿠가와 이에야스(德
川家康)의 사위이다.

섬들 사이를 따라가다 교조(交照)에 당도하여 배를 대고 배 안에서 묵었는데, 비젠주의 땅이다. 좌우 연안으로 비탈진 봉우리가 빙 둘러 있었는데 배를 감추어 둘만한 곳이었으나 인가(人家)가 전혀 없었다. 이곳의 이름은 경장로(京長老)인데, 장로란 이 나라 풍속에 미녀(美女)를 칭하는 용어이다. 옛날에 경중(京中)의 한 미녀가 이 포구를 지나다 갑자기 태풍을 만나 물에 빠져 죽었는데, 이 일을 가지고 포(浦)의 이름을 삼았다고 한다.

초4일. 병신(丙申).

큰 비로 인해 장로포(長老浦)에 머물렀다. 이 포구는 본래 참소(站所)가 아니었으므로 지공(支供)이나 영접이 없었다. 이에 야나가와 가게나오(柳川景直)가 쌀 10석을 보내자 삼사가 즉시 종행에게 나누어 주었다.

초5일. 정유(丁酉). 맑음.

첫 새벽에 노 젓기를 재촉하여 조수가 나아가는 방향으로 쫓아갔다. 한 곳에 이르러 하늘빛이 잠시 밝아지기에 멀리 동쪽 언덕을 바라보니 뾰족하게 솟아있는 바위가 있었다. 웅크린 개의 형상이 선명하였는데, 배 위의 일본인이 나에게 해준 말은 다음과 같았다. 옛날에 한 장군이 있었는데 병사를 거느리고 이곳을 지나다 장차 적진을 기습하려 할 때 개 한 마리가 따라와 있었다. 배 위의 사람들이 개 짖는 소리를 꺼려하여 개를 언덕 위에 버려두었는데, 그 개는 주인을 바라보며 슬피 울면서 오랫동안 앉아 먹지도 않고 이 바위로 변하였다고 한다. 이에 후세 사람들이 이 바위를 일러 견암(犬巖)이라 하였다고 한다. 내가 매우 괴이하게 여겨 황당무계하다고 생각하였으나, 홀연 생각해 보니 중국에

도 망부석(望夫石)이 있다. 이로써 헤아려 보니 감응하는 이치는 인간이
나 짐승이나 차이가 없는 것이다.

해 뜰 무렵 우시마도(牛窓)[110]에 당도했다. 바다를 굽어보며 건물[軒]
이 자리하였는데 정갈하여 먼지 한 점도 없었다. 삼사가 선루[拖樓]에
서 걸어 내려와 계단을 올라 건물로 들어갔다. 비젠주(備前州) 태수가
미리 관하를 보내 종행에게 음식을 냈는데, 매우 정결하였다. 식사 후
에 바람이 불기를 기다려 노를 젓지 않고 돛을 올려 앞으로 나아갔다.
구경하는 사람들이 난간에 기대기도 하고 언덕에 오르기도 하며 포구
연안 10리에 빽빽하게 모였는데, 그 중 반은 포로로 잡혀온 노인과 아
이들이었다. 비젠주의 지공하는 관리가 작은 배를 타고 쫓아와 닭과
술, 산 돼지를 대접했다. 바다 가운데 섬들이 멀리 혹은 가깝게 흩어져
있었는데 그 이름을 모두 기억하지는 못한다. 해가 저물어 무로쓰(室
津)[111]에 도착하였는데, 하리마주(幡磨州)의 초입 지역이다. 마을이 자못
번성하였고 크고 작은 상선들이 수없이 배를 대고 있었다.

삼사가 타루(拖樓)에서 걸어 내려와 층계를 올라 관사에 들어갔다.
관사 안은 운모(雲母)[112]로 둘러싸여져 있었고 공작과 채봉(彩鳳) 등이

---

110 우시마도(牛窓) : 현재의 오카야마현(岡山縣) 세토우치시(瀬戸內市) 우시마도초우시
마도(牛窓町牛窓)이다. 비젠주(備前州)에 속하고, 우저(牛渚)·우주(牛洲)·우전(牛轉)이
라고도 한다. 에도시대에는 오카야마번의 중요한 항구로서 평가되어 선창이나 오차야(御
茶屋) 등의 시설이 정비되었다. 제1차와 제2차 통신사행 때는 식료나 물의 보급을 위한
기항이었고, 제3차 관영(寬永) 원년(1624)부터 통신사의 기항지로 지정되었다.

111 무로쓰(室津) : 현재의 효고현(兵庫縣) 다쓰노시(たつの市) 미쓰초무로쓰(御津町室
津)이다. 하리마주(播磨州)에 속한다. 마지막 통신사행을 제외하고 나머지 사행 때마다
조선 사신이 이곳에 묵었다.

112 운모(雲母) : 판상(板狀) 또는 편상(片狀)의 규산(珪酸) 광물로 화강암(花崗巖) 중에
많이 들어 있으며, 박리(剝離)되는 성질이 있음. 백색과 흑색 두 종류가 있다.

한가롭게 노닐고 있었으며 매우 정결하였다. 삼사위문(三使衛門)이 관하를 이곳에 보내 문안하였는데 인물의 영리함과 예법의 공경이 앞서와 비교하면 좀 더 나았다. 또한 어리고 아름다운 외모의 사람을 선발하여 음식을 올리고 술을 따르게 하였다. 이들은 크고 작은 좋은 검을 차고 있었는데 이 땅의 풍속이 전쟁의 즐거움을 볼 수 있었다. 몸에는 청색, 백색, 붉은색, 노란 색 등의 옷을 입었는데, 등에는 아름다운 무늬가 뚜렷했다. 복식은 옷깃이 있고 소매가 있어 대략 우리나라 어린 아이들이 입는 고의(袴衣)와 같았다. 목부터 발까지 두른 것이 한 척 정도였고 행동을 할 때는 걸음걸이가 땅을 끌듯이 하였는데, 이는 풍속에 존경을 나타내는 예라고 한다.

이 곳에서 보리 이삭이 이미 누렇게 익은 것을 처음 보고 절기(節氣)의 순서에서 동방(東方)이 가장 이르다고 생각하였다. 이날 밤 꿈에 아내[113]가 병[採薪][114]이 든 것을 보았고, 또 사아(仕兒)가 배가 아파 우는 것을 보았다. 꿈 속의 일이 [결락] 누워있는 나그네 마음이 어떠하리오.

초6일. 무술(戊戌). 맑음.

무로쓰(室津)에서 해 뜰 무렵 배를 출발하였다. 순풍이 불어 돛을 펼치고 빠르게 나아갔다. 다카사고(高砂)·아카시(明石)[115]·사보(寺堡)를 지났다. 성곽이 자못 장대하고 민호(民戶)가 매우 번성하였다. 백사장 일

113　아내[荊布] : 가시나무로 만든 비녀를 꽂고 베로 만든 치마를 입는다는 말로, 검소한 부인을 지칭한다.

114　병[採薪] : 병을 낮추어 이르는 겸사(謙辭)이다. 섶나무를 하느라 그 피로에서 온 병이라는 뜻이기도 하고, 섶나무를 질 수 없을 정도의 병을 뜻하기도 한다.

115　아카시(明石) : 명석(明石). 에도시대 때 하리마국(播磨國) 소속이고, 현재의 효고현 남부 아카시시(明石市)이다.

대는 넓디넓어 눈이 다 미치지 못하고 촌락의 민가는 서로 연이어 끊이
지 않았으며 평원과 넓은 들은 처음 보는 광경이었으니, 이곳 또한 하
리마주(幡磨州)의 초입 지역이다. 옛날에 한 장군이 있었는데 피리를 잘
불어 온 나라에 명성이 자자했다고 한다. 다카사고안(高砂奄)에 군대를
진격시켰으나 패하였다. 이에 바다 한가운데 피리를 버리고 단신으로
도망치다가 홀연 생각하며 말하기를,

"대장부가 되어 차라리 물에 빠져 죽을지언정 어찌 평소에 좋아하던
것을 버리겠는가. 스스로 취할 뿐 어찌 적에게 주리오."
하고는 말을 달려 물속으로 달려가 피리를 건지다 연안의 적에게 죽임
을 당하였다. 적이 그를 슬퍼하여 그 피리를 다카사고(高砂)에 보관해
두었는데, 한 절집에 피리가 아직도 있으며 피리 마디의 녹색이 새로
베어 만든 듯 아직도 뚜렷하게 남아 있다고 한다. 말이 너무도 허무맹
랑하여 뜬 말인지 사실인지를 구분하기 어려웠다. 서쪽으로 섬 하나가
있는데 바다 가운데까지 걸쳐 있었고, 아와지시마(淡路島)의 한 부분이
라고 한다.

초7일. 기해(己亥). 맑음.

효고(兵庫)[116]에서 아침 일찍 배를 출발하여 화천(和川)의 한 지역을
지났다. 민가가 가득하고 버드나무가 무성하였으며 소나무·대나무가
울창하여 그림 속 풍광 같았다. 또 한 곳에 당도하였는데 오사카(大阪)와
의 거리가 약 10여 리였다. 모래톱 여울이 너무 얕고 마침 썰물 때라

---

116 효고(兵庫) : 현재의 효고현(兵庫縣) 고베시(神戸市) 효고구(兵庫區) 효고초(兵庫町)
에 있던 항구도시이다. 셋쓰주(攝津州)에 속한다. 마지막 통신사행을 제외하고 나머지
사행 때마다 조선 사신이 이곳에 묵었다.

배를 움직일 수 없었다. 종행하는 각 원역(員役)은 작은 배를 타고 하수(河水)를 따라와 육지에 내린 후 행렬을 정비하였다. 날은 아직 저물지 않았으나 상점에 투숙했다.

○ 고기 잡고 나무하는 사람들을 보았다. 일본 배들이 육지로 돌아오거나 물 위에 떠있었는데 그 수를 헤아릴 수 없었다. 또한 포로로 잡혀온 사람 몇 명이 배를 타고 온 것을 보았는데 우리의 성대한 행렬을 보고 바다 위 배에 우두커니 서서 울고 있었다. 이날 저녁 종사관이 읊은 시에 거듭 차운하였다.

생각나네 일찍이 흉적이 제멋대로 군사를 몰아오니	憶曾兇醜恣驅兵
용어[117]가 창망히 변방으로 나아갔네	龍馭蒼茫出塞行
제갈량은 한실을 부흥하려는 마음이 있었고	諸葛有心扶漢室
전단[118]은 제성을 되찾으려는 대책이 없었네	田單無策復齊城
당종의 큰 치적 추곡[119]에 기대었고	唐宗丕績憑推轂
초패왕의 신공은 절영에 힘입었네[120]	楚覇神功賴絶纓

117　용어(龍馭) : 제왕의 수레[車駕].

118　전단(田單) : 전국시대(戰國時代) 제(齊)나라 사람. 연(燕)나라 소왕(昭王)이 악의(樂毅)의 계책을 받아들여 거(莒)와 즉묵(卽墨) 두 성만 빼고 제나라의 성 70여 개를 함락시켰는데, 소왕의 뒤를 이은 혜왕(惠王)이 참언을 듣고 악의 대신 기겁(騎劫)을 등용하여 전투하는 사이에 전단이 화우(火牛)의 진(陣)을 이용해 연나라를 격파시키고 이전에 잃어버린 땅을 수복하였다.(『史記』「列傳」田單)

119　추곡(推轂) : 장수에 대한 임금의 극진한 예우를 뜻한다. 옛날 출정하는 장수를 전송할 때 임금이 수레바퀴를 손수 밀어주면서[推轂] "곤내(閫內)는 과인이 처리할 테니 곤외(閫外)는 장군이 알아서 하라."고 말한 데에서 유래한 것이다.(『史記』,「張釋之馮唐列傳」)

120　초패왕의 신공은 절영에 힘입었네[楚覇神功賴絶纓] : 신하의 잘못을 용서해 주는 군주의 관후한 덕으로, 패자의 자리에 올랐던 초나라 장왕(莊王)의 고사. 어느 날 장왕이

나라의 수치를 지금까지도 설욕하지 못하였으니	國恥至今猶未雪
헛되이 짊어진 장부의 이름이 가련하구나	堪憐虛負丈夫名

이웃나라 위협함에 어찌 반드시 군사를 일으켰나	威隣何必以戎兵
두 나라의 우호가 이제 우리에게 달려있네	修好如今有我行
북과 피리를 멀리 맹수의 굴에 울리고	鼓角遙喧豹虎穴
깃발을 개와 양의 성에 휘날리네	旌旗遠拂犬羊城
외로운 검에 기댄 사신의 의기	使臣義氣憑孤釼
비단 갓끈에 빛나는 성주의 은광	聖主恩光耀綵纓
이제부터 신주[121]에는 외적 침입 없으리니	從此神州無外警
영원토록 천하가 높은 이름 우러르리라	華夷千載抑高名

초8일. 경자(庚子). 맑음.

해 뜰 무렵 일행이 행렬을 정비하고 각각 작은 배에 올랐다. 깃발과 절월(節鉞)[122]이 차례대로 앞에서 선도하였다. 삼사가 함께 배를 타고 고각(鼓角)을 울리며 물을 거슬러 올라갔다. 구경하는 남녀가 양쪽 언덕을 구름같이 둘러쌌는데, 포로로 잡혀 온 사람들이 거의 반이었다. 그러나 금령으로 인해 묵묵히 입을 다물고 있거나 말하거나 탄식하거나 눈물을 흘리고 있었다. 그들의 처량한 행색이 애처로워 차마 볼 수 없

주연을 베풀었는데 촛불이 꺼진 순간에 임금의 총희(寵姬)를 희롱한 무례한 신하가 있자 그녀가 그의 갓끈을 끊었다[絶纓]. 이에 장왕이 모든 신하의 갓끈을 끊게 한 뒤 불을 밝히자, 그 신하가 나중에 전장에서 목숨을 걸고 보은(報恩)한 고사가 있다.

121 신주(神州) : 신령스러운 땅. 여기에서는 조선을 가리킨다.

122 절월(節鉞) : 옥절(玉節)과 부월(斧鉞). 지방관이나 사신 등에게 증표로 주던 깃발 또는 임명장과 의장용(儀仗用) 도끼를 말한다.

었다. 배가 오사카성(大阪城) 밖에 당도하였는데, 다리가 가로질러 누워있고 파도의 높이는 헤아릴 수 없이 높았다. 배가 다리 아래를 지나 언덕에 닻줄을 매었다. 행렬을 정비하고 천천히 나아가 관사에서 묵었다. 히데요리(秀賴)[123]가 그 관하 편동주선(片桐主膳)으로 하여금 지공(支供) 등의 일을 주관하게 하였는데 자못 정성이 지극하였다.

○ 오사카(大坂)[124]의 형세는 대략 성이 웅장하고 성가퀴가 수없이 많았다. 곳곳에 배들이 떠있었으며 거실(巨室) 호가(豪家)가 백 리에 잇달아 펼쳐져 있었다. 뒤로는 삼면이 땅이고 앞으로는 큰 바다가 펼쳐져 있었으며, 물길이 얕아 걸어서 건널 수 있는 곳이 거의 10리에 달했다. 만약 적선(敵船)이 있어도 이곳에 닿아 내리기 어려웠을 터이니, 앞 사람들이 이 천연의 요새를 끼고 그들의 소굴을 형성하였던 것을 상상할 수 있었다.

○ 이날 저녁은 관등절[燈夕][125]이었다. 고운(古韻)을 써서 시 한 수를 지었다.

절기의 차례가 바다 동쪽 재촉하니	節序頻催滄海東
나그네 서글픈 마음 끝이 없구나	客懷惆悵更無窮

---

123 히데요리(秀賴) : 도요토미 히데요시(豊臣秀吉)의 아들.

124 오사카(大坂) : 현재의 오사카부(大阪府) 오사카시(大阪市) 츄오구(中央區) 오사카정(大阪城)이다. 대판(大坂), 낭화(浪花), 낭화(浪華), 낭속(浪速), 난파(難波)라고도 한다. 조선 후기 통신사행 가운데 1811년 사행을 제외한 나머지 사행 때마다 통신사 일행이 오사카에서 며칠씩 머물렀다.

125 관등절[燈夕] : 관등은 음력 4월 8일에 집집마다 등을 달고 큰 거리에 등대를 세워 석가모니의 탄일을 기념하는 일을 말한다. 불교에서 유래되어 그날을 등석(燈夕) 혹은 관등절(觀燈節)이라 하였다.

버들꽃은 분분한 비에 이미 떨어졌고	楊花已謝紛紛雨
보리밭은 따스한 바람에 처음 일렁이네	麥浪初翻暖暖風
이역 백발은 천 가닥을 더하고	異鄕華髮添千種
고국산천은 만 겹으로 막혀있네	故國山川隔萬重
생각해보니 지난해 관등절 밤엔	想得去年燈夕會
성안 가득 보름달에 노랫소리 요란했지	滿城明月鬧歌鍾

초9일. 신축(辛丑). 맑음.

오사카에 머물렀다. 들으니 포로로 잡혀온 사람들이 울먹이며 문밖을 가득 메우고 고국 사람들의 얼굴을 보고 싶어 하는 이들이 그 수를 헤아릴 수 없을 정도로 많았으나, 금령을 들어 물리치자 대성통곡하며 돌아가기도 하였다고 한다. 그 중 몇몇 사람은 서찰을 보내왔는데, 편지 내용이 서글퍼 차마 볼 수 없었다. 삼사도 보고 또한 탄식하였다.

초10일. 임인(壬寅). 맑음.

오사카에 머물렀다. 부사(府使) 안희(安憙)의 아들 안도(安道)가 문밖에 와서 사신을 뵙고자 하였다. 삼사가 이 말을 듣고 즉시 들어오게 하였는데, 관사를 지키는 사람들이 이미 꾸짖어 물러가게 하였다고 한다. 삼사가 노하여 역관(譯官)이 즉시 주선하지 않은 잘못을 질책하고, 또 곧장 고하지 않은 죄를 들어 기패(旗牌)를 매로 다스렸으며, 한편으로 쓰시마 노카미(對馬島守)를 통해 관사를 지키는 사람을 추궁하였다.

11일. 계묘(癸卯). 맑음.

오사카에서 해 뜰 무렵 출발하였다. 삼사는 가마를, 종행들은 말을 타고 행렬을 정비하여 천천히 나아갔다. 동쪽을 바라보니 너른 성 가득 사람들이 구름처럼 모여들었고 도요토미 히데요리(豐臣秀賴) 또한 궁녀를 거느리고 7층 누각에 올라 멀리 행차를 바라보았다고 한다. 포로로 잡혀온 노인과 어린아이들이 길을 막고 슬프게 울었다. 10여 리를 가강 머리에 당도하자 삼사가 함께 화려한 배에 올랐고, 종행 또한 누선(樓船)에 올랐다. 강을 따라 물길을 거슬러 올라가니 수촌(水村)의 어물전들이 즐비하였고 모래톱 양 기슭에는 사람들이 가득하였다. 또한 굵은 새끼줄을 가지고 있는 군졸이 수도 없이 많았는데, 얕은 여울이나 옷을 걷고 걸어서 건널 정도로 얕은 곳은 닻줄을 매어 배를 끌어서 지났다.

이 하수(河水)는 본래 자연적으로 생긴 것이 아니라 히데요리가 후시미성(伏見城)의 물을 오사카까지 끌어온 것으로 길이는 약 70여 리 정도 되었고, 물길을 해문(海門)까지 파서 그 길로 배가 다닐 수 있게 하였다. 그 수원(水源)은 교토(京都)에 있는 호수인데 동쪽으로 약 30리 정도 떨어져 있으며 오미주(近江州)의 초입 지역으로 둘레가 약 300리라고 한다. 강을 따라 좌우로 수양버들이 가득하였고 대나무가 무성하였으며 인가(人家)가 번성하였고, 누대나 처마가 즐비하게 굽어보고 있었다. 물의 동쪽 기슭은 평야에 세워진 제언(堤堰)이었는데 녹음이 무성하여 끝이 없었으며 농경지에 물을 대는 것을 곳곳에서 볼 수 있었다. 호포(菰浦)의 멀고 가까운 곳은 물이 굽이굽이 돌아가는데 이로 인해 앞 배만 보이고 뒷 배는 돛 그림자로 인해 보였다 안 보였다 하였다.

오후에 히라카타(平方)에 당도하니, 야마시로주(山城州)의 한 지역이다. 지공(支供)을 주관하는 사람이 미리 장막을 설치하고 사행을 기다리고 있었다. 일행이 기슭에 닻줄을 매고 배 안에서 식사를 한 후 돛을 올리고 다시 길을 떠났다. 물에 누대의 그림자가 비쳤는데 화려하고 아름다운 것이 볼만하였다.

이날 저녁 후시미성(伏見城)에 당도하였다. 서쪽 원산(圓山)의 다리 아래에서 처음으로 수장(水章)[126]을 보았는데 물 한가운데 설치되어 있었다. 대략 수레를 만드는 법과 비슷하여 바퀴가 있고 바퀴살이 있는데, 바퀴살 머리에는 각기 물을 받는 조그만 통이 있다. 또한 얇은 판자를 설치하였는데 물이 판자의 표면에 부딪쳐 흐르면 스스로 회전한다. 위에서 위에 있는 통을 굴리면 물을 받을 수 있고 위에서 아래에 있는 통을 굴리면 물이 저절로 기울어 미리 설치해 놓은 수조 가운데로 떨어지는데, 이 물이 그대로 담장 끝까지 흘러 들어가 항아리에 쏟아진다. 이렇게 되면 필요할 때 물을 긷기를 기다리지 않아도 항상 물이 넘치게 되니, 그 만드는 법이 지극히 정묘하다.

또한 물길 가운데 홍교(虹橋)[127]를 놓은 곳이 두 곳이었다. 하나는 40여 칸이고 또 하나는 30여 칸이었는데, 기둥 위쪽에 모두 청동을 입혀 장식하였다. 또 포구에 커다란 배가 보관되어 있었는데 판옥(板屋)과 난간[欄檻]이 금빛으로 휘황하였으며, 도요토미 히데요시가 생전에 타던 배라고 한다. 삼사가 배에서 내려 관사에서 묵었는데, 황죽(篁竹)이 담장을 울창하게 두르고 있었으며 화초가 정원에 만발하였다. 도요토미 히데요시의 옛 첩이 살던 집이었는데, 첩은 이미 다른 이에게 시집갔고, 지금은 도쿠가와 이에야스(德川家康) 휘하의 신하가 머무는 곳이 되었다고 한다.

○ 종사관이 지은 〈관등절 저녁[燈夕]〉에 따라 차운하였다.

---

126 수장(水章) : 물을 끌어올려 공급하는 수차(水車)의 일종으로 보인다.
127 홍교(虹橋) : 양쪽 끝은 처지고 가운데는 높여서 무지개처럼 만든 둥근 다리를 말한다.

동쪽 바다 천 리 밖은	東溟千里外
관등절 호시절일세	燈夕是良辰
이슬비에 배꽃 떨어지고	細雨梨花盡
훈풍에 풀빛 싱그럽네	薰風草色新
나그네 마음 참으로 울적하고	羈魂多鬱悒
객지의 쓰라린 맛 곱절이나 더하네	客味倍酸辛
주거니 받거니 동이 술 먹으며	樽酒聊相勸
흉금을 터놓는 밤 어느덧 새벽이네	論襟夜向晨

12일. 임진(壬辰). 비.

후시미성(伏見城)에서 해 뜰 무렵 출발하였다. 오직 삼사만이 견여(肩輿)를 타고, 종행들은 모두 배를 두고 처음으로 안장을 갖춘 말을 탔다. 말의 성질이 놀라기를 잘하여, 조금이라도 소리가 나면 반드시 제멋대로 달렸다. 이에 종일토록 고삐를 쥐고 말을 부리는 것이 매우 어려웠다.

동쪽으로 후시미성을 바라보니 성가퀴[雉堞]가 우뚝 솟아 있고 민가가 즐비하였다. 동쪽으로는 태산(泰山)을 뒤로 하고 서쪽으로는 평야와 접해 있다. 후시미성에서 성도(城都)까지는 약 30리였는데, 길의 양쪽으로는 인가가 잇달아 있었고 무늬 색동옷을 입은 남녀노소가 앉거나 서거나 하며 곳곳을 가득 메웠다.

행렬이 성도의 남쪽에 이르자 큰 사원이 하나 있었는데 이름은 고린(興臨)이라 하였다. 문밖에는 두 개의 인상(人像)이 있었는데 매우 웅장하였다. 동쪽 행랑[東廂] 안쪽에는 또한 7층 비각(飛閣)이 있었는데, 단청이 화려하였고, 위쪽에는 하늘로 우뚝 치솟은 동탑(銅塔)이 있었는데 그 높이를 헤아릴 수 없을 정도로 높았다.

성도 안으로 들어오자 층층 누각의 서까래 기와[椽瓦][128]가 잇달았다. 구경하는 사람들 중 신분이 높은 자들은 누각에서, 신분이 낮은 자들은 누각 아래의 처마 안이나 창문 앞에 자리하였다. 무릎을 겹치고 어깨를 나란히 하며 멀리서 가까이에서 달려 온 이들이 성안 가득 운집하였다. 순식간에 수놓은 비단 옷을 입은 수많은 사람들을 지나쳤는데, 개중에는 추장(酋長)으로 보이는 자들이 가마를 멈추고 창을 내려놓은 채 곳곳에서 구경하고 있었다. 도성의 길이[延袤][129]는 약 20리이고, 청홍(靑紅)의 단청이 휘황하였으며 금벽은 영롱했다. 또한 민물(民物)의 풍성함, 화보(貨寶)의 화려함은 걸음걸음마다 그림 같아 일일이 형용하기 어렵다.

서쪽에 있는 한 절에 묵었는데, 이름을 덴즈이(天瑞)라 하였다. 소나무와 삼나무가 그늘을 드리우고 있었고, 대나무가 울창하였다. 문은 깊디 깊었고 사원의 건물은 크고 넓어 상하(上下) 일행이 이곳에서 휴식을 취하였다. 이타쿠라 이가노카미(板倉伊賀守)라는 사람이 있었는데 국중(國中)의 사무를 전담하면서 한편으로 지공(支供)을 하였는데 모두 지극히 정성스러웠다. 또 한편으로 사신이 교토에 들어왔다는 소식을 이에야스(家康)에게 보고하였는데, 이는 당시 이에야스가 산동(山東) 스루가주(駿河州)[130]에 있었기 때문이다. 이날 유시(酉時)[131] 초부터 비가 내리기

---

128 서까래 기와[椽瓦] : 서까래가 썩지 말라고 서까래 마구리에 기와를 대는데, 이를 서까래 기와라고 한다.

129 길이[延袤] : 땅의 길이 또는 넓이. 연(延)은 가로로서 동서(東西), 무(袤)는 세로로서 남북(南北)을 뜻함.

130 스루가주(駿河州) : 준하주. 율령제(律令制) 하에서는 도카이도(東海道)에 속한다. 메이지 4년(1871)에 폐번치현(廢藩置縣)에 따라 시즈오카현이 되었으며 후지산의 남쪽 기슭, 태평양 쪽에 위치하고 있다. 스루가노카미(駿河守)가 태종 때 사람을 보내어 조선 피로인(被擄人)을 돌려보냈고, 태조부터 세종 연간에 걸쳐 사람을 보내 예물이나 토산물

시작하여 3경[132]에 이르러서야 그쳤다. 누워서 처마로 흘러내리는 빗소리를 듣고 있자니 잠을 이룰 수 없었다.

13일. 을사(乙巳). 맑음.

덴즈이지(天瑞寺)에 머물렀다. 포로로 잡혀온 사람들이 말을 타거나 걸어서 문밖에 모여 있는데, 쓰시마노카미(對馬守)라는 자가 꾸짖어 물리치자 통곡하며 돌아갔다고 한다.

○ 이타쿠라(板倉)가 술과 떡을 보내왔다. 또 일행에게 양식과 쌀을 보내 왔는데 등급에 따라 사신에게는 129두를, 당상 역관에게는 50두를, 종행에게는 30두를, 격군(格軍)에게는 6두를, 역군(役軍)에게는 15두를 보냈다. 그릇과 땔감도 들여와 나누어주었다. 이 나라의 1두(斗)는 우리나라의 3승(升)과 같았다.

14일. 병오(丙午).

절 안에 머물렀다. 이타쿠라(板倉)와 겐푸(玄風), 가게나오(景直) 등이 와서 삼사를 뵈었다. 삼사가 호상(胡床)에 앉게 하고 차 두 순배를 돌린 뒤에 보냈다. 겐푸는 이에야스(家康)가 신임하는 총객(寵客)이었다. 삼사가 겐푸에게 말하기를,

"우리들이 봉명(奉命)하여 이곳에 왔는데, 관백 장군이 마침 간토에 있는지라 아직까지 국명(國命)을 전하지 못하였으니 못내 근심스럽습

등을 여러 차례 바쳤다. 통신사행 때 조선 사신이 후지에다(藤枝), 스루가후추(駿河府中), 에지리(江尻), 요시와라(吉原) 등에 머물렀고, 그때마다 이곳에서 지공을 담당하였다.
131 유시(酉時) : 오후 5시부터 7시까지의 시각(時刻).
132 3경 : 밤 11시부터 새벽 1시 사이의 시각.

니다.”

라고 하였다. 겐푸가 답하기를,

　“사신이 성도(城都)에 들어왔다는 소식을 이미 보고하게 하였으니, 열흘 안으로 반드시 이에 대한 결정이 있을 것입니다.”

라고 하였다. 주지승이 와서 말하기를, ‘성도 안 오산(五山)에는 텐류(天龍), 쇼쿄쿠(相國), 도후쿠(東福), 겐닌(建仁), 만주(萬壽) 등의 절이 있다’고 했다. 진시(辰時)[133] 초에 비가 내리기 시작하여 밤새도록 그치지 않았다. 비는 처마로 어지럽게 흘러 내렸고, 촛불 그림자는 꺼졌다 켜졌다 하였다. 몇몇 동행들과 한숨짓다가 심란하여 이리 뒤척 저리 뒤척 잠을 이루지 못하였으니 그 심정을 알 수 있다.

15일. 정미(丁未). 비.

　덴즈이지(天瑞寺)에 머물렀다. 야나가와 가게나오(柳川景直)가 와서 고하였다.

　“도성 안 늙은이 어린아이들이 서로 축하하며 말하기를, ‘봄부터 여름까지 조금의 비[浥塵之雨][134]도 오지 않아서 땅이 타들어가므로 구름을 바라보며 비를 바라는 마음이 간절하였는데, 한번 사신 행렬이 교토(京都)에 들어오자 비가 세차게 내려 말라가던 새싹이 싱싱하게 살아났다. 이로 인해 우리에게도 가을에 추수할 수 있는 희망이 있게 되었다.’라고들 합니다.”

　내가 은미한 뜻을 담아 그 말에 답하기를,

---

133 진시(辰時) : 상오 7시부터 9시까지 사이의 시각(時刻).

134 조금의 비[浥塵之雨] : 겨우 먼지를 축일 정도로 비가 적게 옴. 또는 그렇게 온 비.

"옛날에 어사우(御史雨)[135]가 있었다면 지금은 사신우(使臣雨)가 있으
니, 비록 일의 전후는 다르나 그 감응하는 이치는 하나입니다."
라고 하였다. 가게나오도 그렇다고 하며 감탄하고 돌아갔다.

16일. 무신(戊申). 맑음.

덴즈이지에 머물렀다. 삼사가 걸어서 문밖으로 나와 긴류지인(金龍寺
院)과 다이코지인(大光寺院)에서 노닐었다. 소나무와 대나무가 건물 주위
에 무성했고, 철쭉이 계단에 가득 피었으며, 금빛 찬연한 것이 지극히
고요하였다. 이날 관백(關白)이 우리나라가 숭상하는 물건이 무엇인지를
가게나오에게 물으니, 현재 창, 칼 등의 무기를 많이 만들고 있다고 말했
다 한다. 또한 포로로 잡혀온 사람들이 문 밖에 많이 모여 있다는 말을
듣고 문을 지키는 기패(旗牌)에게 위로의 말을 하게 하였다.

17일. 기유(己酉).

덴즈이지에 머물렀다. 부사가 소주와 말린 사슴고기, 시를 여첨사,
정경염에게 보내와 마음껏 술을 마셨다. 긴류인(金龍院)의 승려 축중(軸
中)에게 경인년(1590) 사신의 시운(詩韻)이 있었는데 내가 그 운에 차운
하여 보잘 것 없는 글을 적었다.

사신 수레 돌아오며 절집에 머무는데   征軺還向梵中留
백 척 누대에 기대어 북쪽을 바라보네   望北時憑百尺樓

---

135 어사우(御史雨) : 중국 당나라 때 백성들의 억울한 옥사가 쌓여가자 극심한 가뭄이
들었는데 감찰어사 안진경(顔眞卿)이 옥사의 원한을 풀어주자 비가 내렸다. 백성들이
이 비를 '어사우'라 칭하며 안진경의 공평무사한 정치를 기렸다고 한다.

아득한 바다에 돌아갈 길 머니 滄溟杳杳歸程遠
밤새도록 상심하여 귀밑머리 서리 같네 一夜傷心鬢欲秋

불전은 그윽하고 골짜기는 깊은데 臺殿沉沉洞壑深
표연한 신세로 운림에 누웠네 飄然身世臥雲林
스님에게 시험 삼아 식하법[136]을 물어보니 尋師試問食霞法
반나절의 맑은 담소 만금의 값어치라 半日淸譚直萬金

절집에 높이 걸린 오색구름이 깊고 琳宮高掛五雲深
돌길 가파른데 대숲 우거져 푸르구나 石逕斜穿翠竹林
그늘진 골짜기에 바람소리 일어나니 靈籟每生陰壑裏
모르겠구나, 인간 세상 지금 불볕인 것을 不知人世正流金

윤음 받들어 봉성궁[137]을 하직하니 承綸一別鳳城宮
세 호걸의 명성 세상에 드문 영웅이네 三傑聲名罕世雄
풍채는 반두와 견줄만하고 風彩人稱潘杜比
문장은 마한[138]에 버금가네 文章自許馬韓同
화호의 큰 책임은 기미[139]의 계책이요 連和丕責羈縻計

---

136 식하법(食霞法) : 목식하의(木食霞衣)하는 법의 줄임말. '목식'은 나무 열매를 먹고 산다는 뜻으로, 자연에 묻혀서 유유자적하게 보내는 것을 지칭하고, '하의'는 구름과 노을[雲霞]로 지은 옷이라는 뜻으로, 보통 선인(仙人)을 형용할 때 쓰는 표현이다.

137 봉성궁(鳳城宮) : 도성의 궁궐을 지칭한다.

138 마한(馬韓) : 사마천(司馬遷, BC 145? ~ BC 86?)과 한유(韓愈, 768~824). 사마천은 한(漢)나라 때 사람으로 『사기(史記)』를 저술했고, 한유는 당(唐)나라 때 창려(昌黎) 사람으로, 당송팔대가(唐宋八大家)의 한 사람이자 고문(古文)의 대가이다.

139 기미(羈縻) : 기미는 본래 말의 굴레와 소의 고삐를 가리키는 말이지만, 오는 자를

제승의 신묘한 기략 조화의 공력이네   制勝神機造化工

오랑캐의 궁정에서 전대[140]할 날 고대하니   佇見戎庭專對日

현인들이 한마디 말로 굴복시키리라   右賢能屈片言公

18일. 경술(庚戌).

덴즈이지에 머물렀다. 태장로(太長老)라는 자는 이에야스(家康)의 휘하로 이에야스가 총애하는 승려이다. 그 제자 자간수좌(子艮首左)가 우리나라 의관(衣冠)의 위의(威儀)를 보고 싶어 하여, 삼사에게 와 이름을 아뢰니 삼사가 들어와 만나는 것을 허락하였다. 동자를 데리고 왔는데 모두 매우 말을 잘 하였다.

쓰시마 군졸 한 사람이 은밀히 말하기를,

"지금 포로로 끌려온 사람들이 말하는 것을 들으니 '모두 미리 배를 얻어 먼저 쓰시마로 가서 사행이 돌아오길 기다린다'고 합니다. 그런데 오직 능라장(綾羅匠)[141] 한 사람만은 이곳의 의식(衣食)이 풍족함을 좋게 여겨 돌아가려 하지 않는다고 합니다."

라고 하였다. 또한 나주의 노수(魯守)에게 포로가 되었을 때 본 것을 들었는데 이름을 알 수 없는 남원(南原) 이성주(李星州)의 첩녀(妾女) 한 사람은 처음부터 끝까지 죽음으로 맹세하고 외인(外人)에게 능욕을 당하지 않았다고 한다. 그 높은 절개는 여인 중의 남자[女中男子]라 할만하다.

막지 않고 가는 자를 쫓지 않는다는 제왕(帝王)의 이적(夷狄) 회유 정책을 의미한다.

140 전대(專對) : 타국에 사신 가서 단독으로 응대하여 사명을 완수하는 것을 이름. 공자(孔子)가 이르기를 "『시경(詩經)』 삼백 편을 외고도, 정사를 맡겨주면 해내지 못하고 사방에 사신 가서도 전대를 해내지 못한다면 아무리 많이 왼들 무엇 하겠는가." 라고 한 데서 온 말이다.(『論語』, 「子路」)

141 능라장(綾羅匠) : 조선 시대에 상의원에 속하여 비단을 짜던 장인(匠人).

19일. 신해(辛亥).

덴즈이지에 머물렀다. 들으니 이에야스(家康)가 신임하는 신하 3인을 몰래 보내 사신의 동정을 살피어 오게 했다고 한다. 또 들으니 정유년 (1597) 포로가 된 사람 중 전 현령(縣令) 이엽(李曄)은 시종일관 굽히지 않다가 스스로 목을 찔러 죽었다고 한다.

20일. 임자(壬子).

덴즈이지에 머물렀다. 이타쿠라(板倉)가 원숭이 유희[猿戲]를 보내 왔다. 일본인 10여 명이 7마리의 원숭이를 줄로 끌고 정원으로 들어왔다. 원숭이는 눈, 코, 이, 귀와 손, 발, 팔, 다리가 사람의 모양새와 비슷했고, 다만 털과 꼬리가 있는 것이 다를 뿐이었다. 일어서 있으면 조그만 아이 같았고 웅크리고 누워있으면 강아지 같았다. 몸에는 의복을 걸치고 머리에는 두건을 썼는데 모두 갖가지 색의 무늬가 있는 비단을 사용했다. 만듦새가 매우 빼어났고 몸에 꼭 맞았다. 주인이 손으로 조그만 북을 치고 입으로 긴 노래를 부르면 원숭이들이 머리를 흔들며 발로 뛰었다. 또 부채를 흔들며 나아가거나 물러가고, 뛰어다니며 춤을 추었는데, 모두 음악에 맞춰 절도 있게 추었으며 끝나면 반드시 땅에 엎드려 무릎을 꿇고 절을 한 후 물러갔다. 또한 양손으로 긴 칼을 잡고 입으로는 작은 칼을 문 채 몸을 곧바로 솟구쳐 뒤집는데, 민첩하기가 신(神)과 같았다. 또 주인이 조그만 칼 10여 개를 1길 가량의 높이로 던지면 원숭이들이 얼굴을 들고 몸을 일으켜 비틀비틀 뛰어올라 오른손으로는 칼을 받고 왼손으로 받은 칼을 땅에다 던졌다. 칼이 떨어지는 것이 비 오듯 하였으나 하나하나 실수가 없었고 재빠르기가 번개 같았다. 또한 뜰 한가운데 긴 줄을 가로로 묶어 놓았는데 원숭이가 펄쩍 뛰어 줄 위에 올라가 기울이거나 매달리거나 하는 것이 마치 평지를 밟는 듯했다.

또 큰 원숭이 한 마리가 있었는데, 몸에 아름다운 남자 옷을 입고 허리에는 긴 칼을 찼다. 손으로는 그림이 그려진 부채를 집고 이리저리 배회하며 걸어 다녔는데, 그 형상이 꼭 술에 취한 사람과 같았다. 또 조그만 원숭이 한 마리는 몸에 여인의 의복을 입고 머리에는 청색 홍색이 섞인 비단 두건을 쓴 채 단정히 앉아있는 것이 술집의 여인 같았다. 연심을 품은 남자가 부채를 주는데, 그 형상이 진짜 남녀가 서로 희롱하는 것과 같아서 보고 있자니 지극히 괴이했다.

또 원숭이 한 마리는 새끼를 안고 놓지 않은 채로 이를 잡거나 어루만졌는데, 새끼 또한 두 손으로 어미의 배를 꼭 잡고 있어 모자지간의 은정(恩情)을 볼 수 있었다. 삼사가 명하여 잣 한 상을 그 앞에 던져 주게 하였는데 원숭이들이 다투어 주우며 여러 차례 입으로 가져갔고, 쪼개어 먹는 것이 매우 민첩하였다. 또 청주 한 그릇을 그 앞에 놓아두었는데 이 또한 모두 다투어 마시며 서로 어지러이 날뛰었다. 원숭이 유희가 끝난 후 한 사람이 또한 [결락] 바칠 것을 청하자 삼사가 허락하였다. 그가 긴 칼을 입술 위에 거꾸로 세우고 머리를 흔들며 이리저리 걸어보였는데 전혀 한쪽으로 기울거나 쏠리지 않았다. 또한 길이 4촌가량 되는 철줄을 콧구멍 안에 밀어 넣었다가 나오게 하였다.

오후에는 관(官)에 소속된 6명이 공차기[蹴踘] 놀이를 뜰 앞에서 펼쳐보이겠다고 하여, 삼사가 허락하였다. 모두 몸가짐이 씩씩하였으며 용모가 맑고 빼어나, 진실로 그들의 풍속에서 말하는 발도자(拔徒者)라 할 만 하였다. 먼저 뜰 한가운데 (사각 지역을 만들어) 4개의 대나무 장대를 네 귀퉁이에 똑바로 세웠다. 그들 모두 관(冠)을 쓰고 신발을 신었는데 청색, 황색의 문채 나는 비단옷을 입고 있거나 혹은 붉은색 능라비단의 두루마기를 입고 있어 광채에 눈이 부실 정도였다. 차례대로 천천히 들어와 뜰 한가운데에서 절을 한 다음 동과 서로 나누어 두 줄로 앉았다. 좌정하고 얼마 후 동쪽 줄의 말단에 앉은 자가 공 하나를 가지고 나와 네 개의 장대 가운데에 두었다. 다음 서쪽 줄의 맨 앞에 앉아 있는 사람이 서쪽 장대 아래로 나와 꿇어앉았고, 동쪽 줄의 맨 앞에 앉아있는 사람이 동쪽 장대 아래로 나와 꿇어앉았으며, 그 이하는 인차(鱗次)[142]로 나왔다. 이와 같이 하기를 마친 후에 가장 마지막에 들어와 꿇어앉은 사람이 공을 잡고 먼저 서 있자 나머지 다섯 사람 또한 한꺼번에 섰다. 공을 가지고 있는 자가 발을 들어 먼저 찼는데 그 높이는 한 길[丈]가량을 넘지 않았고, 차는 것이 끊이지 않고 계속 이어져 몇 번이나 찼는지 알 수 없었다. 공을 찰 때 간혹 크게 차면 아득히 하늘의 구름 속으로 들어가는 듯했다. 먼저 공을 차던 사람이 그만하고자 하여 다른 사람에게 공을 넘겨주면 좌우, 남북, 종횡으로 번갈아가며 찼는데 모두 4개의 장대 밖으로 벗어나지 않도록 힘썼고, 상하 높낮이를 마음대로 조절하였다. 그 중 황색 두루마기를 입은 사람은 이 기술에 가장 능했는데 공을 차는 모양이 편안하고 한가로워 백에 하나도 틀리지 않는 것이 마치 신이 돕는 듯했다. 때때로 공이 미처 내려오기 전에 몸을 여러 차례 회전하다가 공이 내려오면 어깨로 받았는데, 공이 왼쪽으로 내려오면 왼쪽 어깨를 기울여 공을 찼고 오른쪽으로 내려오면 오른쪽 어깨를 기울여 공을 찼다. 간혹 잘못 차서 공이 장대 밖으로 벗어나면 몸을 날려 이리저리 차면서 장대 안으로 다시 들여왔다. 마지막으로 흑색 두루마기를 입은 한 사람이 장대 안에서 공을 찼는데 북쪽으로

---

142 인차(鱗次) : 비늘이 잇닿은 것처럼 차례로 잇닿음을 말한다.

나갔다가 동남쪽을 따라 서쪽으로 회전하였다. 무릇 그렇게 백번을 찼는데 진실로 기묘한 기술이었다. 공은 가죽으로 만들었는데 큰 것은 수박만 했고 흰 바탕에 안은 비어 있었다. 축구가 끝난 후 삼사가 세석(細席)[143]을 상으로 내렸다. 이 여섯 사람은 천황궁 안에서 6부의 직임을 관장하는 자들이라고 한다. 삼사가 대청 위 호상(胡床)에 앉아 있었는데 뜰 안에서 그들이 올리는 예의가 매우 공손하여, 사신을 공경함이 지극함을 더욱 볼 수 있었다.

이어서 내가 축구와 원숭이 유희에 대해 시 두 수를 지었다.

늠름한 풍채의 여섯 사람	風彩英豪六箇身
사람마다 공차기가 신묘하구나	人人跳踘妙如神
앞에서 보았는데 홀연 뒤에서 걸어오고	瞻前忽後趨蹌疾
북쪽으로 굴렸는데 돌아보면 서쪽으로 돌아오네	轉北回西顧瞻頻
유성처럼 발로 찼다 다시 들어올리고	脚逐流星低復擧
번개처럼 허리를 굽혔다 다시 펴는구나.	腰隨飛電屈還伸
얼마 후 놀이 끝나 문을 나가면	須臾戲罷出門去
흡사 장주의 나비꿈 같으리라	恰似莊周夢蝶辰
초산의 운수 예부터 이웃했는데	楚山雲樹舊爲隣
하나의 벼리가 수많은 사물 되듯 만수에 체험하네	綱能羅萬水身
줄에 이끌려 와 놀라 돌아보니	絨索引來驚顧疾
북소리 노랫소리 빠르게 걷기를 재촉하네	鼓歌催動步趨頻

---

143 세석(細席) : 올이 매우 가늘고 고운 돗자리.

의관을 걸치고 혹여 싸우는가 의심했는데	着冠被服疑非戰
부채 쥐고 칼 휘두르니 마치 사람 같구나	執扇橫刀悅似人
뜨락 앞에서 온갖 재주 내보이니	便向庭前呈百戲
꼭두각시 기교에 누가 진짜인지 알 수 없네	傀儡奇巧較誰眞

21일. 계축(癸丑).

덴즈이지(天瑞寺)에 머물렀다. 이 지역 사람들에게 들으니 간토(關東)의 도로, 관사(館舍), 배를 정비하고 있다 한다. 사신을 간토에서 맞이하려 함을 알 수 있다.

○ 삼사가 당제(唐制)에 맞게 견여(肩輿)를 고쳤다.

22일. 갑인(甲寅).

덴즈이지에 머물렀다. 포로로 잡혀온 양몽린(梁夢麟)이라는 사람이 아와거주(淡路州)에서 사신 일행에게 편지를 보내왔다. 대개 고국으로 돌아가고 싶다는 뜻이 담겨 있었는데 말이 매우 간절하였다. 그에 대해 물으니 나주 양송천(梁松川)의 종손(從孫)이며, 정경엽의 친척이었다.

23일. 을묘(乙卯).

덴즈이지에 머물렀다. 삼사가 종행으로 하여금 간토로 가져갈 짐들을 꾸리게 하였다. 신충선(愼忠善)이 배 안의 음식물[餠物]을 가지고 오는 일로 인해 오사카(大阪)에 갔다. 다이토쿠지 승려 축중(軸中)에게 경인년(1590) 사신의 시운(詩韻)이 있었는데, 내가 그 시에 차운하였다.

옥절이 옛 절집에 머무는데 　　　　　　　　玉節淹留古寺門

이역에서 먹고 자며 임금을 그리워하네 　　異邦眠食亦君思

먼 유람의 갖은 고생 어찌 한스러워 하리오 　遠遊難苦何須恨

전대함에 오로지 신의를 돈독히 하리라 　　專對惟憑信義敦

윤음을 받들고 사신배 유람하니 　　　　　承綸來作汎槎遊

밤낮으로 돌아가고픈 마음 궁궐을 맴도네 　日夜歸心繞鳳樓

객지의 풍광은 백발을 재촉하고 　　　　　客裏風光催白髮

거울 속 귀밑머리엔 서리가 가득하네 　　　鏡中贏得鬢邊秋

외진 땅이라 세상의 티끌이 닿지 않고 　　　地僻塵囂絕

깊은 마을이라 시원하니 머무르고 싶구나 　　村深爽欲留

나그네 마음 오래도록 답답하고 　　　　　　羈懷長爵爵

이별의 아픔 더욱 사무치네 　　　　　　　　離思轉悠悠

달빛이 창틈을 엿보고 　　　　　　　　　　月色窺窓隙

솔바람 소리 베갯머리에 들어오네 　　　　　松聲入枕頭

밤 깊도록 잠 못 이루니 　　　　　　　　　夜闌清不寐

붓을 적셔 동쪽 유람 적어두노라 　　　　　濡毫記東遊

24일. 병진(丙辰).

삼사가 이타쿠라(板倉)의 요청으로 유람하였다. 일찍 절문을 출발하여 도시를 지나갔다. 동쪽에 있는 큰 다리를 건넌 후 동남쪽으로 방향을 잡아 가서 거대한 절집에 이르렀는데 절집의 명칭은 도후쿠(東福)였다. 대청에 3구(軀)의 불상이 있었는데 매우 높고 장대하였으며 금빛으로 눈부시게 빛났다. 불상의 양쪽으로는 불가에서 말하는 사천왕(四天王)이 있었는데 그 형상이 심히 기괴하였다. 절집 남쪽에 2층의 높은 누각이 있었다. 동남쪽으로 계단이 있어 계단을 따라 올라가 들어가 보니 창이 시원하게 탁 트여 있어 시야의 전망이 자못 광대하였다.

또 기요미즈데라(淸水寺)라는 절에 당도하였는데 경계가 아늑하고 고요하였으며 소나무 대나무가 울창하였다. 골짜기에 가로로 다리를 놓았고 높은 누각을 지어 놓았는데 그 아래를 굽어보니 황홀하여 공중에 뜬 누각에 기대있는 듯했다. 뒤편에는 연망헌(椽朿軒)이라는 조그만 집이 있었는데 금, 은을 사용하여 벽을 장식하였다. 또 한 곳을 보니 층층 누각이 성대하였는데 규모가 웅장하였다. 승려가 말해주길 도요토미 히데요시(豐臣秀吉)의 원당이라 하니, 삼사가 그냥 지나칠 것을 명하여 들어가 보지 않았다.

또 한 절집에 이르렀는데, 이름이 삼십삼칸(三十三間)이었다. 이 절의 낭무(廊廡)[144]가 33칸이므로 이름을 그렇게 지었다고 한다. 대청 위에는 불상이 있었는데 그 수가 33,333개였고, 한 불상은 머리에 조그만 불상 4, 5구를 이고 있었다. 또 한 곳에 이르렀는데 이름을 기온(祇園)이라 하였다. 문에 몇 명의 여자가 있었는데 술집에서 술을 파는 이들이었다. 대청에 불상이 있었고 정원에는 초목이 무성하였다.

또 한 절집에 이르렀는데 이름을 모토야마지(元山寺)라고 하였다. 정원에는 온갖 화초가 만발하였고, 원우(院宇)는 맑고 깨끗하였다. 서쪽으로 작은 누각이 있었는데 정갈하여 잡된 생각이 사라졌다. 삼사가 이곳에서 바둑을 두었고, 종행은 잠시 휴식하였다. 야나가와 가게나오

144　낭무(廊廡) : 본전(本殿) 아래에 동서로 붙여 지은 건물을 말한다.

(柳川景直)가 이 절에 미리 당도하여 점심을 준비해 놓았다. 점심을 먹은 후 차와 술이 나왔는데, 술맛이 매우 향기로웠다.

또 이름을 지온지(知恩寺)라고 하는 사원에 가보았는데, 이에야스의 원당(願堂)이었다. 특별하게 지어 그 크고 아름다운 모습이 비할 데가 없었다. 중청(中廳) 탁자 위에 불좌(佛座)가 있었고, 불좌의 오른쪽에 별도로 한 자리가 있었는데 이에야스의 모친상이 놓여 있었다. 난간은 모두 금, 은으로 만들었고, 또 그 원의 기둥을 보니 검은 것이 서각(犀角)으로 만든 것 같았다.

사원의 동쪽 기슭에 또한 조그만 암자가 있었는데 이름을 히가시야마(東山)라 하였다. 창과 문이 매우 정갈하고 깨끗하였는데 이에야스의 침소(寢所)였다. 북쪽에는 작은 누각이 있었는데 누각의 창이 사방으로 트여 있어 시야가 마을의 민가를 하나하나 셀 수 있을 정도로 넓었다. 또한 보리 이삭이 이미 익어, 누런 구름이 들녘에 널리 드리운 듯했다.

날이 저물자 삼사가 행렬을 정비하고 덴즈이지로 돌아왔다. 길 왼쪽 다리 아래 효시(梟示)된 머리 3개가 보였는데, 이곳 사람들로 도둑질을 한 자들이었다. 돌아오는 길에 내가 큰 말의 발굽 차였는데, 삼사가 술병과 약을 보내고 다친 것을 위문하였다.

25일. 정사(丁巳).

덴즈이지에 머물렀다. 당시 이에야스가 간토(關東) 스루가주(駿河州)에 머물고 있었는데 이타쿠라(板倉)의 보고를 받고 사신이 교토에 들어왔음을 알았다. 이에 관하 본전화천수(本田和泉守)를 보내 삼사에게 문안하였다. 삼사가 군위(軍威)를 성대하게 펼치게 하고 그를 들어오게 하여 만났다. 차를 두 순배 돌린 후 보냈다.

○ 이타쿠라(板倉)가 모란 한 그루를 보내왔다.

26일. 무오(戊午).

덴즈이지에 머물렀다. 삼사가 간토(關東)에 갈 때 데리고 갈 종행을 선발하였다. 신충선(愼忠善)이 오사카(大阪)에서 돌아왔다. 고맙게도 소주를 주어 동행과 함께 마음껏 마셨다.

27일. 기미(己未). 비.

덴즈이지에 머물렀다. (포로로 잡혀 있는) 감찰(監察) 김대관(金大寬)의 처가 언문 편지를 보내왔고,[145] 나에게 그 모부인(母夫人)[146]의 서찰을 부쳐 왔다.

28일. 경신(庚申). 비.

덴즈이지에 머물렀다. 이에야스(家康)가 간토(關東)에서 사신을 맞이하려 한다는 소식을 비로소 들었다.

29일. 신유(辛酉). 맑음.

덴즈이지에 머물렀다. 승려 태장로(太長老)와 학교(學校), 겐소(玄蘇), 가게나오(景直) 등이 와서 사신에게 인사를 올렸다. 삼사가 명하여 차를 두 순배 돌린 후 보냈다. 이른바 학교라는 사람은 이름이 모토요시(元吉)

---

145 『해동기』의 2월 초6일 기사를 보면 사행이 동래에 머물고 있을 때, 감찰(監察) 김대관(金大寬)이 장희춘을 찾아와 포로로 끌려간 처자(妻子)의 쇄환을 부탁하고 있음을 볼 수 있다.

146 모부인(母夫人) : '남의 어머니'의 높임말.

인데 문교(文敎)를 관장하였다. 공자(孔子)를 숭상하여 그 휘하 승려를
거느리고 소상(塑像)을 만들어 제사를 지냈으며, 직질(職秩)이 꽤 높은
자라고 한다. 이 사람이야말로 진실로 '묵명유행(墨名儒行)'[147]인 자이니,
풍속이 성학(聖學 : 유학)을 숭모함을 볼 수 있다.

정사가 장로에게 말하기를,

"귀국에서 사명(使命)을 대접함이 지극히 공경스럽고 후합니다. 그러
나 다만 관백이 멀리 간토에 있기 때문에 교토(京都)에 들어온 지 여러
달이 되었는데도 아직까지 전명(傳命)하지 못하고 있으니 이 무슨 도리
입니까."

라고 하였다. 이에 장로가 답하기를,

"어제 비로소 관백이 사신을 간토에서 맞이하라는 명을 내렸습니다.
소승 또한 부름을 받고 모레 출발합니다. 원컨대 짐을 꾸려 뒤따라오시
기 바랍니다."

라고 하였다. 【장로는 이에야스의 권승(權僧)으로, 이름은 조타이(承兌)이다.
학교와 함께 쇼고쿠지(相國寺)에 거주하였다.】 정확한 소식으로 듣기를, 이
에야스가 봄 초에 그 아들 히데타다(秀忠)에게 전위(傳位)하고 이미 주인
(朱印)을 물려주었으며, 무사시주(武蔣州) 에도(江戸)에 새로운 수도를 건
설하였기 때문에 서해도(西海道)의 장군들이 하례(賀禮)를 올리기 위해
잇달아 들어오고 있다고 한다.

---

[147] 묵명유행(墨名儒行) : 겉으로는 불교를 숭상하지만 속으로는 유교를 신봉하는 일.

30일. 임술(壬戌).

덴즈이지에 머물렀다. 삼사가 함께 장계(狀啓)의 초안을 의논하였다. 대개 간토로 나아갈 일과 (나주에서) 표류한 13명을 먼저 보낸 연유에 대해 낱낱이 아뢰는 내용이었다.

【원문】

誠齋實紀 卷之二
雜著海東記上

　　皇明萬曆, 丙午秋, 對馬島主平義智, 使其管下橘智正, 齎書納致於朝廷曰:"徃昔龍蛇之歲, 關伯 平秀吉, 素是村野鄙夫, 卒得重權, 特其富强之勢, 不思交隣之義, 敢發射天之討, 妄肆蜂蠆之毒。驅脅諸將窮兵黷武, 樹怨隣國, 貽禍於大邦, 至於七廟蒙塵, 萬姓塗炭。此實大邦萬世難雪之讐也, 固知不可與同天地共日月者。而卽今天殃遽及平賊遄死, 因厥子稚懦, 而源家康代受其職, 極非平賊前日之罪失, 欲與大邦而朝聘。"【納書止此】然而島夷叵測, 變詐無窮, 情僞難辨, 端倪莫究。廊廟畫策帷幄獻籌, 遂令禮曹修書答之曰:"貴國關白之意, 若如是, 則【缺】神人之憤, 則於許和之道, 何有。【缺】命工曹參議,【缺】"形曹正郎臣蔣希春, 充從事官。翌年丁未正月, 渡海卽至倭都, 轉向關東八千里, 而竣事言歸, 眞壯遊也。一行往返擧止, 則詳在日記, 而耳目所覩風土所尙及凡百事情, 則以申叔舟《海東記》參商增刪, 別爲條, 列如左。

　　丁未 正月 十五日。己卯。
　　陛辭, 從三信使發行。

　　十六日。庚辰。
　　【缺】

十七日。辛巳。
【缺】

十八日。壬午。
【缺】入夜始罷。余與明叔、永叔【缺】

十九日。癸未。晴。
早朝臨發。【缺】

二十日。甲申。晴。
自水橋，早朝啓行，踰鳥嶺。嶺高參天，關路危險，行至龍湫，瀑聲雷
吼，淵深無底，兩峰相對，巖石奇怪，站官梁思行饋以酒果。三使鼎坐，
臨水圍棊，宛若畫圖中。暮到聞慶縣。十室蕭殘，可見兵燹之蕩敗也。
○備邊司馳送差官來，傳松雲書札及送物。夜余與永叔、明叔同寢。正
使使愼忠善來，問舍館好否。○是夕三使會座，招從行中善飲者，飲以
巨觥，金僉知孝舜至飲十三觥。○余和鄭景恬過鳥嶺賞龍湫二詩。

一鞭催拂上層巔，斷麓懸崖馬不前。擧手欲攀雲際日，回頭如撫嶺邊
天。飄飄正以驂鸞客，杳杳還同駕鶴仙。却望帝閽依斗立，遠遊愁緖此
時牽。

掀天驚瀑響如雷，流下澄淵鏡面開。雲雨神蹤何處蟄，風烟傑句此時
裁。暫留車馬窺巖窟，便把杯觴坐石臺。濯盡塵纓幽興發，人間一念自
成灰。

二十一日。乙酉。晴。
早發聞慶縣，行到虎溪站。正使及從使與副使分路，而正使從使向左
道，副使向右道，期於永川站相會。暮宿龍宮縣。正使從使同寢上房，
余與明叔宿別軒。軒在水岸，形勢頗高，而柱上尙有水痕。余怪問之，

乃乙巳水患之所浸者也。遂和鄭景恬詩。

巍然樓閣枕山根，形壓長江勢自尊。昔年氾濫今來識，柱上分明水
浸痕。

二十二日。丙戌。晴。

使行臨發龍宮，倅李廷赫爲設餞酌。暮宿醴泉郡。

二十三日。丁亥。晴。

使行將發，主倅金公涌，爲設帳幕於衙門外，立勸別杯於正使乘轎之
處，執手慇懃，情款可見。午點于安東府之豊山倉。乘昏明炬，直抵本
府，則庭燎照耀，紅粉羅拜。正使與從事小設夜酌，絲管革木，無不備具。
兵燹之餘，猶尙如此，平時文物，推此可想。

二十四日。戊子。晴。

仍留。府使金令公功，以瓜滿遞任，移住村舍。是夕來見使臣，仍設酌
慰行。

二十五日。己丑。晴。

信宿。與宋明叔，終日打話。遂和鄭景恬次友人贈別詩。

相逢嶺外又相分，日暮郵亭酒一樽。惻惻悲傷兒女別，暫時違手不
須云。

二十六日。庚寅。雨。

使行臨發，主令再設餞酌于南樓，情甚勤款。午點于一直，乘昏冒雨，
直抵義城縣，宿夢見德娘，乃十年前兵亂分離者也，遂占一絶。

豈是香山放柳枝，十年相失蕙蘭姿。依稀記得前宵夢，綠鬢韶顔似

舊時。

是曉又與嚴明甫、金汝遠, 鼎坐痛飮。遂覺而悟之, 乃一南柯也, 仍再用前韻。

曾向南郊別柳枝, 幸憑蝴蝶接風姿。鼎對樽前多少話, 不堪驚罷曉鍾時。

余出城之日, 來餞江頭, 故詩中幷及之。

二十七日。辛卯。滯雨。

留義城。正使與從事, 晝枕上房, 或圍棋消日。

二十八日。壬辰。晴。

自義城早朝啓行, 直抵義興縣。正使戲贈從事有絶句, 詩意專指花山別娥。余次其韻。

戀主愁腸日九回, 異鄕懷抱苦難開。客窓何物能消恨, 賴有花山一樹栽。

二十九日。癸巳。晴。

自義興抵新寧縣客館, 則臨流構軒。軒對奇巖, 巖上有數叢烏竹。竹下有盤石, 可坐十餘人, 極其瀟灑。與宋明叔從正使, 攀樹緣崖, 以上班荊而坐。小頃正使忽起泉石之思, 深歎行役之苦。是日聞副使已向永川。

二月 初一日。甲午。晴。

自新寧到永川郡。正使從使與副使相會。道伯柳相公來到正使館, 于明遠樓, 令從行候會各官妓樂, 爲設大宴, 入夜而罷。

初二日。乙未。

【缺】

初三日。丙申。

【缺】馳到慶州府, 府尹與隣邑倅, 設宴迎接。人物風流, 儘嶺南第一
雄都也。翌日從三使登鳳凰臺, 從行俱往琴皷笛亦隨。余於醉中, 遂和
鄭景恬詩。

月城天府是雄州, 羅代衣冠土一丘。興廢但看雲影暗, 繁華空逐水聲
流。瑤琴正撥離人恨, 玉笛還挑遠客愁。千里帝鄉消息斷, 夕陽惆悵幾
回頭。

初四日。丁酉。
【缺】

初五日。戊戌。晴。

自慶州早朝啓行, 午點于新院, 直抵蔚山府。兵使鄭令公起龍通判宋
公光廷, 爲使行夜設餞酌, 五更而罷。○是夕余與鄭景恬、宋明叔, 同往
島山城頭。周覽旣畢, 追感天將之失捷、淸正之逃脫, 遂奮然口占一詩。

一上城頭思轉悠, 夜深寃思鬧啾啾。賊首未懸雙闕下, 謾教行旅淚
橫流。

初六日。己亥。晴。

三使欲避兵使之再餞, 促行早發。午點于龍塘, 直抵東萊。○是曉淸
河倅朴亨俊佩酒訪余, 兼贐行資。金監察大寬以妻子刷還稱念, 亦來
訪。○馬島倭人藤信尙奉書契渡來, 蓋催行使臣故也。宋明叔往宿柳監
䔲謫居, 故始與分寢。○宋公象賢曾宰此府, 壬辰初變義死賊鋒。士人
慕其精忠, 立祠於南門之外, 塑像以享。余謁其祠, 仍和鄭景恬詩。

爲謁先生廟, 英風烈烈吹。丹心堅似鐵, 素節湢河緇。暫覿龜龍像, 凝
瞻鸞鳳姿。九原難可作, 吊罷賦新詩。

初七日。庚子。
【缺】

初八日。辛丑。晴。
始到釜山。遙望馬島，風濤洶湧，回瞻故國，雲樹蒼茫。此時懷抱，
如何。

初九日。壬寅。晴。
留釜山。聞三使屈訪僉使衙內。余與同行諸友共陟城上炮樓。和鄭景
恬詩。【缺】
三面滄溟一面山，城池形勢鎭夷蠻。轅門日暖旌旗動，油幕風淸鼓角
閒。宜把壯猷能禦侮，莫敎兇醜便生奸。東槎遠客今投宿，半夜潮聲鬢
欲班。

初十日。癸卯。晴。
留釜山。明叔還往東萊。余因眼疾，自是日試鍼灸。

十一日。甲申。晴
留釜山。三使會於上房，別設小酌。

十二日。乙巳。晴。
留釜山。整飭渡海裝束。

十三日。丙午。晴。
宋明叔還自東萊。柳監察因其便，贐余以夏冠。

十四日。丁未。晴。

　留<u>釜山</u>。余因鍼灸，閉戶不出，與<u>明叔</u>終日閒話。聞三使鼓樂歡謔之際，斂使<u>申景澄</u>率其畜，來謁。

　十五日。戊申。晴。

　留<u>釜山</u>。是日水使<u>崔令公塙大</u>，饗一行歌舞庭中。是昏三使又與接慰官<u>金正男</u>、<u>東萊</u>府使<u>李德溫</u>設酌西軒，入夜乃罷。

　十六日。己酉。晴。

　留<u>釜山</u>。聞從使再訪<u>釜山</u>斂使。

　十七日。庚戌。晴。

　正使以齒痛委臥，只與副使從使遊<u>太宗臺</u>。絃歌鼓笛隨載柁樓，懸帆沿岸進向東南。薄晚奄及臺下，則二道三道酒，已半酣，而層崖千丈凜，不可攀。維舟巖畔，左右觀望，危巒絕壁，怪樹奇花，眞畫圖中風物也。余擧醉眼，東望<u>馬島</u>，彈丸一點，縹緲在滄溟。

　十八日。辛亥。晴。

　留<u>釜山</u>。余再陟城上砲樓，北望<u>洛城</u>，得一絕。

　人間離合水流空，萬事寧忘一醉中。玉笛數聲魂欲斷，不堪回首洛城東。

　正使贈從使二絕，謹次其韻。

　只恨龍顏千里違，丈夫安得念閨闈。賴有客窓蝴蝶夢，每懸殘月向西歸。

　涓埃無補荷恩多，涉險何須更憶家。千里海山春欲暮，壯遊聊復賞烟花。

十九日。壬子。晴。

從三使遊沒雲臺, 紅裳粉黛, 錦瑟瑤琴, 各呈其音。西望我境, 則浦漵屈曲, 白沙隱映。東望海口, 有巖斗起, 峭立雲表, 恐是所謂砥柱, 而眞平生壯觀也。

二十日。癸丑 雨。

宋明叔告別三使, 將還京洛, 一行【缺】于西樓, 鄭景恬贈別有詩, 余和其韻繼贈。

南來同作客, 底事獨歸忙。惆悵愁千緒, 慇懃酒一觴。孤帆蓬島外, 匹馬洛橋傍。幾日重青眼, 佳期在渺茫。

宋明叔吟呈正使, 余亦擬宋君繼成。【宋乃正使之女壻。】

遠將舅氏往, 分袂漳江湄。東去孤帆疾, 西歸匹馬遲。慇懃情萬緒, 珍重酒三巵。戀闕三千里, 思親十二時。可能存信義, 何必念妻兒。白髮心猶壯, 丹忱釰獨知。旌旗驅海若, 鼓角震馮夷。納款從今切, 稱藩指日期。私恩那顧惜, 國脉賴扶持。別後相思處, 殊方月一眉。

二十一日。甲寅。晴。

留釜山。正使、副使出宿船上, 試見坐臥。余告正使得秋露小許, 追訪明叔於東萊, 仍與話。玉生自慶州來到。

二十二日。乙卯。晴。

三使共出海口, 上水使戰船柁樓, 令渡海。各船理楫行運, 以觀疾鈍完否。統制使李令公雲龍以宴享事, 來見三使。是日余與明叔、柳濟孺叙別, 乘夕還釜山。○是夜有所逢占一絶。

香燭殘欲滅, 難恨夜俱深。坐到三更漏, 幽懷寄一吟。

正使有一絶句, 余和其韻。

南來日日醉醺醺, 更促征帆過海門。千里龍顔頻入夢, 夜深長笛不堪聞。

二十三日。丙辰。雨。
　留釜山。統制使大饗使行，紅粉成行，衆樂方張。因雨大作，一行陪三使，竟夕團欒。是夜余與從使從統使步携妓樂，而邀致正使、副使寢所，仍設小酌。更四鼓而罷。

二十四日。丁巳。晴。
　留釜山。三使共訪統使舍館，仍設小酌，接慰官亦參。是日方欲上船，未有風便，事且未完。【缺】載小物，而從使出坐船上，搜禁私挾。

二十五日。戊午。晴。
　留釜山。副使請入余及呂僉使，饋以酒餠。醉飽而還。

二十六日。己未。晴。
　三使與水使及接慰官登城上砲樓，令各船從行，調習坐作行列。於其下而觀之，仍設小酌。午後始乘各船。是夕水使僉使接慰官等，來慰船上。

二十七日。庚申。晴。
　始發船。到泊戡蠻浦，以候順風。

二十八日。辛酉。雨。
　留戡蠻浦。接慰官、僉使等佩酒携妓，來拜三使。

二十九日。壬戌。
　曉頭以牲牢祭海神。從使製文。平明始得順風，掛布帆，行船由太宗臺左方, 向馬島。橘智正以其卒迓于各船, 使之操碇指路, 而渠則乘小船陪行。我船行到水宗, 逆風大作, 波浪掀天, 楫檣顚危, 舟中洶懼, 篙師無策。方欲落帆回船, 而風波相轉, 進退狼狽, 只信舍達之如何。幸賴聖上洪恩、皇天陰祐, 午後風息瀾定, 到泊於馬島 豐基郡之泉浦。馬島主已令管下, 伺候其處, 十餘船牽纜我船, 陪入浦內, 仍宿是浦, 而三使禁約從行不使下船。日人之進糧饌, 自是夕爲始。橘則隨風漂去, 不知所向, 或以爲直到日本, 或以爲還泊我境, 而實未的知也。上船破折, 水入沒膝, 而慌急補楫, 艱得免禍。渡海之初, 舟楫之未完如此, 可歎。一行幾半, 水疾或至眩昏, 顚仆魂不付體, 而唯從使凜然, 獨坐拖樓, 猶據胡床, 而嚴促櫓役, 終始不變。

三十日。癸亥。晴。

阻風, 留泉浦。豐基人馳報使臣到泊之奇於島主, 島主卽令中軍平景直, 乘捷船來候使臣, 而水路甚遠, 乘昏始到。三使辭以夜深, 令明日來見。

三月 初一日。甲子。雨。

平景直令管下告以風順。三使令促櫓沿岸, 以無數諸船引纜先導。卒遇大風, 風浪大作, 不得已徑泊西泊浦。浦上聞有西福寺, 三使連轎, 余亦同往。暫憩寺中, 左右觀望, 則春柏掩映, 落紅爛漫, 奇禽怪鳥, 枝上相呼, 眞佛家所謂西天福地也, 蓋取其義, 而名其寺也。三使始招見平景直於寺中, 島主又令其姪, 持橙橘、酒、餠來呈。余得拙句以呈。

蓬山何處問通洋, 西福寺前始覓春。身遂片帆歸馬島, 夢隨殘月到楓宸。烟橫坌嶠千重嶂, 日落滄波萬頃銀。夷險只憑忠與信, 定看殊俗化吾仁。

滄波萬里月孤懸, 故國滄茫思杳然。莫道詞人無瞻氣, 知君袖裏秘龍泉。

從使賦詩二首, 余敬步其韻以呈。

風牽錦纜海烟開, 洶湧波光白雲堆。片夢遠尋天北去, 孤帆遙向日邊來。文章謾寄詩千首, 愁思聊寬酒一盃。春滿故山身在客, 暮雲何處是東萊。

行裝恰似泛槎張, 東望扶桑鳥路長。最是客愁無限處, 統濤浩浩又洋洋。

初二日。乙丑。晴。

自西泊浦早朝發船, 船前指路倭船, 幾七十餘隻。景直亦乘綵船, 隨後陪護, 首尾十餘里。旌旗耀日, 鼓角喧天, 余與正使坐在柁樓, 左右顧瞻, 則波濤洶湧, 有若萬馬爭奔。蒼茫接天, 上下一色。而又見丹崖蒼壁, 松柏森羅, 巖花吐紅, 岸柳抽綠, 怳然畫圖中風物, 而始知一般春光無彼此也。是夕島主平義智乘船, 出迎于船越浦口, 而卽使管下以達其名。三使命先還其府, 以待使臣之下船而來謁云云。島主則應命卽歸, 而我行則仍其日暮, 渡泊梅林寺前。三使入憩于寺中, 還宿船上。○是日寺中見梅已結子。麥穗半黃。又見棕櫚葉, 如青蒲, 高不過數丈, 而必剝去其皮, 方可茂盛。初夏開花, 花甚奇好, 其材輕且强堅, 最合於槍柄云。又見枇杷。○言其所經船越浦形勢, 則沿岸一處, 兩峰相挾, 船由其間, 僅容一棹。又見巖石奇絶。浦內有一神祠, 船過其下者, 必致齊祭神然後, 便獲利吉云。

初三日。丙寅。晴。

未末渡泊於海岸寺北流芳院前, 乃島主所居府也。島主已令調發人馬, 迎候渡口。三使令整列下船, 盛張兵威, 連次乘轎, 共入一館, 而遂拜授禮曹書契于景直之處。小頃譯官誤傳玄蘇及義智、景直等爲其要謁已在門外, 三使正冠服坐堂上, 令其招入, 則惟玄蘇、景直來在門外, 島主則未及聚到云。聞關白源家康爲其創設新都, 去年冬初住在山東。

○景直請進夕飯許之, 進饌之規, 略似華制。飯訖進酒 床撤進茶。果盤用白色, 器用紅黑色, 皆用初造。

初四日。丁卯。晴。

留府中。三使因島主懇邀, 進向其家。觀光男女, 挾路騈塡。遂及其門, 則義智、景直等迎拜陛下仍揖。上軒廨宇, 屛障綺麗, 可觀。從行進向西廂, 撤床之後, 始見孔雀雌雄, 翶翔庭除, 長頸利嘴, 翠衣烏足, 極其美麗。又見鸚鵡班衣丹嘴貌, 甚可愛, 眞物外仙禽也。三使乘夕還館。從使詠鸚鵡有詩, 余次其韻。

翠衣丹嘴隴西身, 久閉雕籠幾染塵。利口招尤無物我, 對君深警最靈人。

初五日。戊辰。

【缺】留府中。島主饋以酒餠, 仍來謁三使。命茶二巡而罷。

初六日。己巳。晴。

留府中。三使步出西門, 遊覽八幡宮, 凡畫圖人物, 皆像其國故跡。島主以柑橘送呈。薄晩三使出坐堂中, 招集一行之解文者, 出四韻題, 限刻催督, 有若場屋之爲以, 爲消日之資, 而余適居魁, 賞以墨筆, 以助歡謔, 是午景直懇邀三使, 進以酒饌, 義智、玄蘇亦來會, 罷後仍遊流芳院, 乃平調信之願堂也。又遊國分寺, 乃爲朝鮮祠祝之寺也。巖竇淸泉, 引入窓戶之內, 枇杷松柏, 掩映門外, 又見數株橘樹。○是朝命題, 則危坐望北辰。其詩曰。【小詩幷用次題。】

承綸來作海東遊, 萬里星槎一葉浮。聖上龍顔憑短夢, 孤臣蟻命惱深愁。心懸故國餘丹悃, 迹滯殊邦盡白頭。北極迢迢瞻不極, 夜深徙倚仲宣樓。

登臨常帶戀君愁, 萬里孤蹤地盡頭。北極迢迢長入望, 五雲何處是龍樓。

北望難堪去國愁, 東遊不覺雪蒙頭。蘋花滿袖無人寄, 夜夜空憑百
尺樓。

初七日。庚午。晴。

留府中。三使歷覽贐行別章, 各以厚楮排列爲一軸。○余以賞花告于
正使, 而與呂僉使、鄭士遇及若干同行, 佩酒果帶簫笛, 遊龍女院。院
負靑山, 軒臨碧海, 花卉繞砌, 蔬菜盈畦。主僧善麟, 忻然迎接, 饋以茶
饌, 又以我國隆慶庚午司馬榜目出示。與之談話, 稍解文字者也。又有
被擄一人, 名權立者, 自稱晉州士人之子, 聞笛聲追到。問其被擄之由,
則晉州城陷之時俘, 入日本轉輾被賣, 周流諸島, 而欲還故國, 脫身逃
來。自去秋伺候使行於是島, 島主給糧留接。一聞笛聲, 悲不勝禁呑聲
嗚咽, 余亦爲之悽嗟。○是夕乘醉, 步行吹笛。還館之時, 路傍高樓, 有
一女人, 年可二十二三, 許貌色頗姸。始聞笛聲, 佇立以泣, 不覺失聲大
哭, 忽爲主者, 呵叱牽入, 不得再見。是必我國被擄之女, 而不知某土某
人之女也。○橘智正漂接長門州, 今始入府, 府中諸人無不喜躍。是昏
來候三使, 辭以夜深, 命以明日來見。

初八日。辛未。雨。

留府中。早朝橘智正來見三使。是午島主又邀三使, 由家後小院入,
自挾門引坐曲欄欄之左右, 焚沉香, 香臭擁鼻。欄前架上蔓, 有剪綵葛
花, 新活如眞。又至一院, 篁竹蕭森, 卉木蔥鬱, 石泉潺湲, 池水淸澈。
前日所見鸚鵡孔雀, 及常時所馴鳧鴈鸂鶒之屬, 翶翔游泳於其中。遂進
酒饌, 極其精美。又出兩兒, 禮拜於座前, 期一乃島主之子也, 其一乃取
養良家子, 將作島主之女壻者也。皆頗穎悟, 骨相殊凡。三使還館, 以
錦段送與兩兒, 島主卽令管下致謝。○是昏三使會坐中堂, 招集各員,
小設夜酌。或聽簫笛, 或輪次唱歌, 又使林崟呈戲, 以助歡謔。三[1]更二

點而罷, 歸作述懷十三韻。

天涯遊子看雲苦, 堂上偏親陟岵頻。肯惜微身投異域, 只緣明主重交鄰。常時白髮搔猶短, 許國丹心泪不磷。險涉鯨波輕性命, 窮探虎穴任咨詢。曾無男子殉宗社, 誰識朝廷有縉紳。不是聲明踈薄劣, 欲敎殊俗化吾仁。搖搖大纛三山外, 眇眇孤形萬死濱。和好知是燐赤子, 安危聊仗恃蒼旻。春風已老身猶客, 佳節空催志未伸。觸物傷心難制深, 對花惆悵獨添中。沈淪肯作池中物, 歸去當爲席上珍。日暮羈愁知不盡, 接天波浪濶無津。何時竣事還京國, 吟罷新詩更暢神。

初九日。壬申。晴。

留府中。三使聞下卒出入人家, 請余摘奸嚴禁。○是昏月色如晝, 寢不能寐, 方與同行設小酌於館舍簷廡之外。三使聞之, 許以吹簫唱歌。席罷又與若干同志, 出門步月。

初十日。癸酉。晴。

留府中。三使以各船加釘處看審事, 出行船所, 仍再遊<u>流芳院</u>。島主聞之, 以酒饌橙橘送呈。○是日三使各製道中卽事, 又與從行皆和其韻。<u>景恬</u>居魁, 余參第二。三使令各船禮房, 進以酒饌以次列坐。竟夕團欒, 乘昏帶月而還館。余所和詩。

萬里孤帆只信風, 五雲官關夢魂空。憑欄縱目東溟外, 愁殺烟波木路通。

小軒端坐送春風, 枝上殘花一半空。終和殊俗歸吾化, 海外如今信使通。

---

1 三 : 저본에는 없는 글자이지만 문맥을 살펴 보충하였다.

十一日。甲戌。晴。

留府中。三使略備我國酒饌，邀島主及<u>玄蘇</u>、<u>景直</u>。<u>景直</u>以病不進，島主及<u>玄蘇</u>應命卽進。酒酣<u>玄蘇</u>欣然有喜色，而請于三使曰："方今二國將作一家。宿聞貴國<u>關東</u>山水奇勝。願借一區巖穴，以爲終老之地"。三使答之曰："貴國若終始戴天之誠，不失和好之義，則一天之下，莫非王土，何往不可哉"。島主、<u>玄蘇</u>皆悅服。

十二日。乙亥。晴。

留府中。三使步出西門，臨水鼎坐呼韻，令從行各賦。余亦應呼。

孤域遠近暮雲昏，澗水潺湲帶小村。一聲長笛東風晚，待取銀蟾倒玉樽。

他鄕烟月醉昏昏，玉節淹留海上村。吹笙伐鼓蹲蹲舞，熊虎三十酒百樽。

<u>鄭景恬</u>有詩贈余，余和其韻。

客行隨處掩舟扉，頭上光陰疾若飛。異域烟花情鬱鬱，故園松月思依依。身因憂國霜添鬢，眼爲懷鄕淚濕衣。賴有枕邊多少夢，每憑蝴蝶拜庭闈。

十三日。丙子。晴。

留府中。格卒二人，因其私鬪，被杖罰。

十四日。丁丑。晴。

留府中。三使圍棊消日。是昏余與若干同行，步出溪橋，吹笛賞月。入夜還館，口號一絶。

長安西望淚難收，千里他鄕作楚囚。政是東風明月夜，好吹長笛過江頭。

十五日。戊寅。晴。

留府中。曉頭行望闕禮。島主爲設大饗，請三使，迎拜階下，引坐東壁，西壁之首坐者，玄蘇也，其次僧人宿蘆也，又其次島主與景直也。所謂宿蘆者，以日本高僧，將代玄蘇之職守者，而毿冠道服，眉目清秀，年齡最少，而猶居島主之上坐，可見其俗之尊崇佛法也。堂之右圍以畫屏，蔓以剪綵，凡敬謹之禮，可玩之物，有若我國之好華使，然庭前別構一軒，以茅苫蓋覆，以各色紋錦繞簷，以紅氈裹柱，極其綺麗。酒半，島主請以其國之舞，呈戲於其軒之下。第一隊，頭裹青紅彩帕，垂下至膝。身着各綵紋錦，長裾曳地，飄拂陸離。約其十餘人，出自東廂，小鼓短笛，善導其隊，臨其軒下。各執金扇，齊發長謠，遂登軒上，分行列立，撓身亂舞。舞手蹈足，一遵其譜，譜未屢回，笛以止舞。舞隊前行鼓笛，在後整列。徐步還入東廂。其第二隊，頭上所着有若我國女人之青笠，剪綵花蕚，交雜其纓。舞腰屈身，一依前隊。如是者，至於六隊。更出更入，而衣服之飾，裹頭之色，不甚相殊。觀光男女，服色班爛，有若虎豹，難以形容。

十六日。己卯。晴。

留府中。三使共議，痛禁一行挾私再三申飭。日本 源信安與橘智正同漂，今始來到，未知其由，而其人言內我國湖南興販人十三名，漂泊長門州，則周防州守輝元，待之極厚，一邊報家康云，長門守則乃秀元而輝元之，故長門亦屬於周防云。

十七日。庚申。晴。

留府中。余因國分寺首僧萬室之邀，與鄭景恬、楊理一、全不孤等，携手同赴，而各自步行，行至其寺。有一兒童急報萬室，萬室出迎門外，引入後軒。欣然叙話，款若平昔。却呼小兒，進以茶蔬。求詩甚懇，遂次壁上韻以贈。

萬松嶺上開禪室, 絕粒休糧海鶴形。相對小窓山語罷, 吟筇飛處暮烟靑。

海上飛筇尋丈老, 東南儒釋共忘形。進棹明朝成遠別, 一樽何日眼重靑。

十八日。辛巳。晴。

留府中。一行行李還載各船。三使共坐浦口, 痛禁私挾, 仍宿<u>流芳院</u>。以候東風之便, 擇幹事之人, 譏察, 將杜船中奸細之樊。余與<u>鄭景恬</u>、<u>楊理一</u>、<u>辛震元</u>, 陪宿院中。從使賦一絕, 余次其韻。

尋眞來陟羽人家, 窓下淸泉檻外波。日暮長安何處是, 異鄕愁思此時多。

是夜月色窺簷, 波聲撼耳, 寢不能寐, 推枕更衣而坐, 再用前韻。

星槎繫岸宿禪家, 枕上遙聞碧海波。今宵難做鄕關夢, 萬壑千峰月色多。

十九日。壬午。晴。

留<u>流芳院</u>。三使乘島主戰船, 棹出浦口。執櫓諸人齊發棹歌。沿浦回船, 有一奇巖。巖高千丈, 削立雲表, 形甚奇怪, 名曰"立龜巖"。<u>楊理一</u>詠其巖有詩, 余次其韻。

恰似雙龜共擧頭, 客來耽翫泛舟遊。千尋影蘸蛟螭窟, 萬丈光搖鷗鷺洲。江河納錫知何日, 洛水呈祥在曝疇。世間虛應終難占, 空把奇形海上留。

二十日。癸未。晴。

留<u>流芳院</u>。三使步出院門, 涉細泉, 由西麓轉, 遊海岸<u>三光寺</u>。寺甚蒲灑, 竹木昭森, 花草掩映。余次<u>鄭景恬</u>韻。

萊竹昭森曛日輝, 芝蘭交翠儘芳菲。南來覓着蓬萊界, 千仞岡頭一振衣。

是昏三使有詩相和, 請余此韻。辭不獲, 遂忘拙以呈。

快駕長風涉大洋, 鳳樓回首淚淋浪。竣事西還知幾日, 夢中頻接袞
龍光。

二十一日。甲申。晴。

曉頭義智、景直等, 告以風勢甚順。三使令從行促裝, 共上柁樓。進棹
掛帆, 日船三十餘隻, 以綵幃布帆, 或先行指路, 或左右陪護。是日風勢
雖順, 而船到水宗, 波浪洶湧, 船上板屋, 葉葉相戰。各船從行, 幾半眩
昏, 或顚臥不省, 或倒竪嘔吐。晡量艱得, 到泊于一岐島 風本浦之聖聞
寺前。三使命以糜酒救療從行, 幷下船乘轎, 入舍館。○本島島主平戶法
印, 以病不進, 以其弟代送問候, 而進以牛、酒、米、茱。三使辭不受。

二十二日。乙酉。晴。

風勢亦順。掛帆直渡於筑前州之藍島浦口, 入館安歇。凡供帳支候之
禮, 極致誠款, 雖茱蔬之饌, 至以金銀亂灑, 盤中一器, 亦畫以野鳥渾形
灑金, 有若翶翔飛進之狀。問諸土人, 則渠俗極敬之處如是云。屛障中
無數畫像, 皆是中朝孝子之顯於靑史者也, 可見其風俗之尙慕孝行也。

二十三日。丙戌。晴。

風勢亦順。三使方欲上船之際, 筑前守黑田長政令其管下, 委致問
安, 兼以寶釼各一、銀子各三十兩、猪五頭、酒十樽逇呈三使。三使令
各受酒一樽, 餘皆辭不受。遂令各船纜出浦口, 而西顧一處, 沙汀隱映,
樹木參差。問諸土人, 則此是博多津一界, 而琉球、南蠻商舶, 所集之
處也。土地之肥饒, 通其國最上云。本島船三十餘隻, 船前船後隨護以
行, 此亦敬待使行之禮也。

浦口有奇巖, 巖高三十餘丈, 中有大竇, 波光穿漏, 亦一奇觀也。左右
島嶼, 縈回不絶, 促櫓掛帆, 船往如箭。西南望赤松鎭, 過豐前州之小蒼
堡。閭閻頻密, 樓閣聳翠。將及赤間關, 因其退潮甚急, 駐船依岸, 待其

稍恬, 進入浦口, 渡泊於是關之八幡宮下, 則觀光男女, 岸上如堵, 而或有乘小船, 近前來見者. 三使連轎, 投宿阿彌陀寺, 乃長門州之初界也. 褊裨則乘馬投寺, 而馬皆肥駿, 鞍用金銀, 至以錦繡爲轎, 此則其國之俗也. ○是夕余與鄭景恬告于三使, 馳見八幡宮. 宮在高阜, 俯臨滄波, 波光透漏於樹木蔥鬱之中. 宮之內, 有無數畫像, 宮前小樓, 縹渺雲表, 其高不知幾丈, 而宮之西南, 各有七十層塔. 余自西塔而上, 由南塔而下, 眞奇勝之地也. 被擄男女, 處處有之, 而皆以主者禁喝, 不得任意接語, 或有只自掩泣者. 次景恬韻.

東風連泛木蘭舟, 簫皷哀鳴發棹謳. 始趂淸波遊汗漫, 又隨明月宿芳洲. 鬢邊衰髮千莖短, 眼底遙山一點浮. 故國迢迢消息斷, 一聲羌笛使人愁.

二十四日. 丁亥.

以雨後石尤, 留赤間關. 從三使再遊八幡宮. 循宮東, 廡見一被擄女人, 年可三十, 色頗姸好. 問其居住姓名, 淚泫秋波, 徐徐近前, 乍動朱脣曰: "女是昌原妓, 名玉鏡, 而往在丁酉被擄, 入日本本都, 轉輾相賣, 來在小倉, 而今聞使臣之行, 借乘賈舶, 尋見故國之人, 而爲問父母親戚之存亡消息", 言罷嗚咽, 掩泣淚下如雨. 余慰以回程刷去之意. ○是日三使與對馬島主商確, 而戒禁一行, 未及傳命之前, 勿發刷還一說. 蓋以我多率我人之故, 慮其權貴之反間於家康故也. 又聞被擄耄倪四五, 船自遠來到, 爲守者禁退, 各自痛哭而歸, 長門守森秀元, 委送管下支候, 又以五香酒送呈, 味甚甘洌, 此酒惟産此州云. 是夕三使命招漂泊之人, 而問其居住, 則乃羅州人十三名也. 問其漂泊之由, 則往在上年冬初, 以販魚向于慶尙左道, 猝遇大風, 檣推帆裂, 束手無何, 任船所向, 而九死艱泊此地. 輝元之厚待, 如前所聽云. 次楊學官韻.

憶昔丹關承綸日, 霞醒微醺出禁城. 耿耿孤忠懸日月, 搖搖大纛向蓬

瀛。儂生肯辱君王命, 矢死當留男子名。好把龍泉揮萬里, 邦家輕重係
吾行。

二十五日。戊子。

【缺】亦以石尤, 留赤間關。聞昔有安德天皇, 年纔八歲, 入承其統, 其
臣平淸盛專權攝職, 放逐源賴朝於山東, 賴朝怏怏起兵犯闕, 淸盛見兵
敗, 出走西海, 師次赤間關, 又見大敗, 遂負安德投海以死。安德之祖母
白河皇后與數十宮女, 繼而盡溺, 故後人哀之, 塑像是寺, 至今享之。今
日乃其死日, 故寺僧等爲設齋事。○是夕與鄭景恬登赤間關後高峰, 回
瞻故國, 雲海滄茫, 山紅已謝, 岸綠漸稍 寄身殊土, 情思何如。

二十六日。己丑。

仍風雨大作, 留赤間關。是日對馬島主以牧丹一朵, 挿艖漿送呈。從
使首題二句, 正使、副使皆和其韻, 請余繼作, 辭不獲已, 構拙以呈。

離根那復有妍姿, 半是衰容半瘦飢。恰似美人傷遠別, 含顰愁倚玉
樓時。

一年花信轉頭空, 九十韻光瞥眼中。多謝主人情鄭重, 折來相贈殿
春紅。

二十七日。庚寅。晴。

時得順風, 掛布行船, 船往如箭, 浪若錦紋, 自是日左右沿島而行, 舟
移浦口, 見一山城, 城在尖峰, 周遭懸崖, 雉墻粉堞, 層閣飛甍, 標渺於
霄漢之上, 乃秀元備虞之所。過元山、箕島、巖室、向山, 泊於愁古武,
乃輝元所屬周防州之初界也。日已昏, 黑岸無閭舍, 我行各船及護行諸
船, 皆宿浦中, 惟我國三船, 以其櫓鈍最爲落後, 暗夜之中, 難卜上副船
所泊之處。意必直向前洋。

二十八日。辛卯。晴。

是日因其風帖, 馳帆促櫓, 行到<u>宮渚</u>。維舟浦口。方汲水之際, 始遇三船。對馬島主怒其離伍之失, 欲斬指路日人, 三使聞之, 送人止之。到泊<u>上關</u>, 投宿舘舍。○輝元[2]別送管下, 支候從行, 而兼以鞍子三十部及魚、酒送呈。三使命只捧魚酒若干, 以饋從行, 而鞍子則辭不受, 兼修帖文以謝漂流入厚待之事。

二十九日。壬辰。晴。

無風而役櫓行船。過<u>小室</u>, 到<u>小森</u>。以潮勢甚急, 暫泊<u>曲浦</u>。浦上有若干鹽舍駕牛耕場, 有若我國之爲。薄晚西風乍起, 波浪稍恬, 促懸兩帆, 又過<u>津輪</u>, 泊于<u>鎌刈</u>[3], 乃<u>安藝州</u>之初界也。日已暮矣, 閭舍甚遠, 一行留宿於<u>鍋懸浦</u>中。是昏正使與從使, 訪副使于船上, 伐鼓吹笙, 暫成歡戲, 而各歸本船。副使只率褊裨, 入夜鼓吹, 以激從使之興, 從使臥在拖樓, 强招鼓笛, 而副使戲不許送。余從從使之令, 潛乘小船, 以計掇取跳。下小船卽吹一曲, 副使令<u>辛春男</u>、<u>韓士逸</u>等, 追之不及。從使首題二韻, 正使副使皆和其韻, 余亦繼吟以呈。

迢迢難聽漏丁東, 宣化殊方路未窮。一抹烟雲踈雨外, 數聲鷗鷺夕陽中。懷君但覺心如熨, 把酒惟首氣似虹。此去長安和幾許, 不堪搔首立西風。

東海之東復有東, 東歸何日壯遊窮。三山縹渺青天外, 九島微茫白浪中。鬢上衰毛明似雪, 腰間長釰凜如虹。倭人莫恨王程遠, 博望仙槎列子風。

春風理輯木蘭舟, 舟上布帆急似流。快駕蛟龍遊汗漫, 好隨明月泛滄洲。楓宸杳杳難徑返, 玉節搖搖不暫留。此去穩過蓬島下, 安期眞諼可

相求。

四月 初一日。癸巳。雨。

是日平明發船, 過但海、三元, 行六十餘里, 仍其雨作, 泊船於曲浦,
無人之境。余與鄭景恬, 同從使乘小艇, 載酒與鼓笛, 往觀海中奇巖。
巖高百丈, 狀若夏雲奇峰。遂繫纜其下, 攀緣以登, 周覽畢設酌。小頃
對馬島主令軍官一人, 送呈生鰒, 又令景直迎候歸路。夕後雨勢乍晴,
風浪大作。乘昏促櫓, 到泊田島, 乃備後州之初界, 而福島太輔名正則
所管之地也。太輔以活雉五十首及供廚雜物送呈。○是日從使仍昨夕
餘戲謀。致辛春男, 指以生擒譏困, 半日又令放還。辛歸到本船, 以一
律送呈, 詩中頗有欺侮之辭。從使請余次韻, 以復其戲應聲以吟。

憐汝思歸切, 遺送解汝愁。包容吾有度, 反側爾無儔。烹魚雖暫戲, 逃
佛定還囚。莫俟勞三箭, 早宜自獻頭。

初二日。甲午。晴。

平明啓船, 行至一處, 有一奇巖, 其高不知其幾丈。其上有一僧舍, 極
其精灑。緇徒四五, 倚在欄檻之邊, 標渺若雲漢之上。船過其下者, 必
以米麵盛桶, 兼以柴木投於渚邊, 有僧數人以長杠拘取。問于土人, 則
土俗如此, 此寺僧徒, 賴以聊生云。午後到泊道母浦, 亦備後地界也。
三使整列投館。太輔遣管下, 凡支供之物、伺候之禮, 皆極其誠。○是
昏三使共下庭, 徐散步。徘徊繞砌群芳, 不能盡記其名, 有一異卉, 名蘇
鐵, 葉如鳳尾, 高可丈餘。滿榦鐵釘。怪而問之, 是卉之性, 必沃水而沈
其鐵釘然後, 方可茂盛云。余始知是卉之奇品, 其名之有自也。○是日
辛春男以送春吟一闋視余。余和其韻, 歌以侑酒曰,

春歸去春歸去, 問汝胡爲背我滄溟濱。長吟吟, 吟正苦, 白頭虛負青
春。歡韶華荏荏不留, 一盃亂酌無巡。南來虛負烟花節, 九十韶光萬死
濱。我心爭似戀香蝶, 忽驚葉底餘殘春。東君去去留不得, 舉盃相送空

逡巡。

　<u>楊理一</u>以舟中詠牧丹一絶贈余，余和其韻。

　一年烟景轉悠悠，軟綠殘紅摠是愁。誰把花王聊寄贈，殿春穠艷載
仙舟。

　初三日。乙未。晴。

　是日風勢甚逆，櫓役頗苦，又令指路日船，繫纜牽引。行過<u>下滓</u>，望見
東岸，閭閻甚殷 城郭頗壯。五層將閣，屹立中央，四處砲樓，列在周道。
沿岸斗起之處，又有一城，比石城差小。是皆<u>備前州</u>太守<u>池田照政</u>管下
所主之城也。<u>池田</u>乃<u>畓磨州</u>太守<u>三左衙門</u>之子也，<u>三左衙門</u>，乃<u>家康</u>之
女壻云。又沿島嶼之間，到泊<u>交照</u>，露宿于舟中，<u>亦備前州</u>之地也。左
右兩岸，峯崗周回，可以藏船之處，而但絶無人烟。是浦一名<u>京長老</u>，長
老者，國俗美女之稱，而昔有一美女京中，將過此浦，卒遇大風，溺死浦
中，故取以名浦云。

　初四日，丙申。

　阻雨，留<u>長老浦</u>。此浦，則本非站所，故無支供迎接之事，而<u>景直</u>送以
十石米，三使卽命分給從行。

　初五日。丁酉。晴。

　曉頭，促櫓趁其進潮。行至一處，天色暫明，遙望東岸，有巖斗起，宛
若蹲狗之狀。船上日人爲余言之曰：“昔有一將，領兵過此，將襲敵鎭，
有一狗隨在，船上嫌其吠聲，投岸上，望主哀鳴，久坐不食，仍化是巖，
故後人謂之犬巖。”余甚怪之，意以爲荒誕無根之說，而忽一思之，則中
朝亦有望夫石。以此方之，則感應一理，無間人畜也。平明到泊<u>牛窓</u>，
壓海開軒，瀟灑無塵。三使步下拖樓，緣梯入軒。<u>備前</u>守已送管下，進
饌從行，極其精潔。食後方候風，便停櫓掛帆，進向前途。觀光男女，或

倚欄檻, 或登岸阜, 沿浦十里, 加額如堵, 而其中幾半被擄耄倪也。<u>備前</u>
供官, 乘小船追來, 饋以鷄、酒、生猪。洋中列島, 或遠或近, 而不能盡
記其名也。暮到<u>室津</u>, 乃<u>幡磨州</u>初界也。閭里頗盛, 商船賈舶, 無數繫
岸矣。三使步下拖樓, 緣梯入館, 則圍以雲母, 孔雀彩鳳等屛, 極其精灑。
<u>三使衛門</u>已令管下, 供候於此, 人物之穎悟、禮法之敬謹, 比前稍勝。
又選年少美貌之人, 進饌行酒, 而亦佩大小好釖, 可見土俗之嗜戰也。
身上所着, 或靑或白或紅或黃, 背有班班文彩, 而其製則有領有袖, 略
似我國小兒所着袴衣, 而自項低足, 所盤尺許, 行動之時, 步步曳地, 此
則其俗尊敬之禮云。始於此地見麥穗已黃, 可想東方節序之最早也。是
夜夢見莉布有採薪之憂, 又見仕兒患腹咿嚶, 夢境之事【缺】臥旅關情
思, 何如。

初六日。戊戌。晴。
　自<u>室津</u>, 平朝發船, 得順風掛席颿, <u>過高砂</u>、<u>明石</u>、<u>寺堡</u>。城郭頗壯,
民戶甚衆。沙汀一帶, 極目无涯, 村落人烟, 連絡不絶, 平原廣野, 所經
初觀, 此亦<u>幡磨</u>初界也。昔有一將以吹笛名於一國, 師次<u>高砂</u>奄, 見兵
敗, 棄笛波心, 單身脫走, 忽起自思曰："大丈夫寧爲溘死而流亡, 豈可
棄其平日之所好。徒自取, 予於敵人。"馳馬赴水取笛, 沿岸爲敵人殺死。
敵人哀之, 取其笛, 藏置於<u>高砂</u>, 一刹之今笛在, 而其笛一節綠色猶存,
宛若新斫云, 而辭甚浮誕, 虛的難辨也。西有一島, 亘在洋中, 謂之<u>淡</u>
<u>路</u>[4]<u>島</u>一隅也。

初七日。己亥。晴。
　自<u>兵庫</u>早朝發船, 行過<u>和川</u>之一界, 閭閻撲地, 垂柳掩映, 松竹扶踈,

4　路 : 저본에는 '露'로 되어 있으나 실제 지명에 의거하여 '路'로 수정하였다. 이하 모두
　같다.

宛若畵圖中形勝。又至一處, 距大阪十餘里許, 沙灘甚淺, 潮水又退, 不能運任舟楫。從行各員乘小船, 沿河水而下陸, 因整飭行李。日雖未暮, 投宿商店。○見漁樵。日船或歸或泛, 不計其數。又見被擄數人, 乘船來到, 見我威儀, 宛在波中, 佇立以泣。是夕余次從使所咏二疊。

憶曾兇醜恣驅兵, 龍馭蒼茫出塞行。諸葛有心扶漢室, 田單無策復齊城。唐宗丕績憑推轂, 楚覇神功賴絶纓。國恥至今猶未雪, 堪憐虛負丈夫名。

威隣何必以戎兵, 修好如今有我行。鼓角遙喧豹虎穴, 旌旗遠拂犬羊城。使臣義氣憑孤釰, 聖主恩光耀綵纓。從此神州無外警, 華夷千載抑高名。

初八日。庚子。晴。

平朝一行整其威儀, 各乘小船。旗幟、節鉞, 以次先導。三使共船, 鼓角遡水而行。觀光男女, 雲擁兩岸, 其中被擄人幾半, 而爲其禁喝, 或默或言或歎或淚。渠輩悽惋之色, 慘不忍見。船到大阪城外, 有橋臥波, 高不可量。船由橋下, 依岸繫纜。整列徐行, 投入館舍。秀賴又令管下片桐主膳主其支供等事, 而頗極盡誠。○槩論大阪形勢, 則雄城萬堞, 處處柂樓, 巨室豪家, 百里連甍。背陰三面, 前臨大洋, 而淺波揭涉之處, 幾至十里。脫有敵船, 難以接着, 可想前人據此, 天塹而設其窟也。○是夕乃燈夕也。拈用古韻以賦一詩。

節序頻催滄海東, 客懷惆悵更無窮。楊花已謝紛紛雨, 麥浪初翻暖暖風。異鄉華髮添千種, 故國山川隔萬重。想得去年燈夕會, 滿城明月鬧歌鍾。

初九日。辛丑。晴。

留大阪。聞被擄男女, 塡咽門外, 願見故國面目者, 不計其數, 而爲其禁喝，或有號哭大痛而歸者。其中若干人，修簡送呈，書辭哀愴，慘不忍見，三使亦爲之嗟切。

初十日。壬寅。晴。
留大阪。安府使憙之子道，則願謁使臣來在門外。三使聞之，卽命招入，則已爲守者所喝退。三使怒，責通官不卽周旋之失，且杖旗牌不卽來告之罪，而一邊究問守者於對馬島守。

十一日。癸卯。晴。
自大阪平朝啓行。三使乘轎從行騎馬，整列徐行。東指洪干傾城男女雲擁波奔。平秀賴亦率宮女登七層樓，遙望行色云。被擄老倪，攔道悲泣。行十餘里，到江頭，三使共乘畫舸，從行亦乘樓船。沿江泝流，水村漁店，鳴吠相聞，沙汀兩岸，加額如堵。又有持絍索軍卒，不知其數，而繫纜引船，而進灘之淺處，或有揭衣徒涉之處。此河本非天公之水，而乃秀賴引伏見城水至大阪，幾七十里許，疏鑿以開達于海門，以通舟楫者也。其源乃湖而在於京都，東距三十里許，近江州之初界也，周回幾至三百里云。沿江左右，楊柳成行，竹木扶踈，或有人家，莊在其中，樓臺蒼箔，窺瞰甚衆。水之東岸，則平郊堤堰，綠蕪無際，農作之場，灌漑之所，歷歷可見。菰浦遠近，水曲回轉，但見前船，後舫帆影，出沒而已。午後到泊平方，乃山城州之地界也。主供之人，豫設帳幕，以待使行。一行依岸繫纜，進食舟中，掛帆便行。映水樓臺，綺麗可觀。是夕到泊於伏見城。西圓山橋下而始見水章設在流心。大旣略同車制，有輪有輻，輻頭各有受水小桶。又設薄板，水激板面，自令回轉。自上轉上桶，能受水，自上轉下桶，水自頃於預設水槽之中，仍之流入牆頭，瀉下甕瓮，而不待汲取用且常溢，其制極妙。又見兩處虹橋臥在波心，其一四十餘間，其一三十餘間，柱頭皆以靑銅鑄飾。又見大船藏在浦口，板屋欄檻，金光照耀，乃平將生時所乘之船也。三使下船，投宿一館，叢篁繞

牆, 卉木滿庭, 乃<u>平將</u>舊妾之家也。妾已適他, 而今爲管<u>家康</u>舟楫者之
所寓云。○追次從使燈夕韻。

　東溟千里外, 燈夕是良辰。細雨梨花盡, 薰風草色新。羈魂多鬱悒, 客
味倍酸辛。樽酒聊相勸, 論襟夜向晨。

　十二日。壬辰。雨。
　自<u>伏見</u>平朝啓行。惟三使肩輿, 從行專捨舟楫, 始乘鞍馬, 馬性善驚,
小或有聲, 必自橫奔, 終日執轡, 控馭甚難。東望<u>伏見</u>, 稚堞矗立, 烟戶
櫛比。東負泰山, 西接平郊, 自<u>伏見</u>至其都, 幾三十里許。道之兩傍, 人
家接簷, 班衣綵服之老少男女, 或坐或立, 處處塡咽。行至城都之南,
有一大院, 名曰"<u>興臨</u>"。門外有兩箇人像, 極其雄壯。東廡之內, 又有七
層飛閣, 丹靑照耀, 上有銅塔揷空, 其高不可量也。自入都內, 重樓複
閣, 椽瓦相接。觀光男女, 貴者居樓, 賤者在下簾內窓前, 并膝交肩, 遠
近波奔, 傾城雲集。瞬息經過, 錦繡千群, 或有酋長, 停轎住槍, 處處來
觀。都城延袤二十里許, 朱翠輝煌, 金璧玲瓏, 民物之富庶, 貨寶之綺
麗, 步步如畫, 難以形容歷盡。西投一寺, 名曰"<u>天瑞</u>"。松杉落陰, 竹木
蕭森。門閭深邃, 院宇宏豁, 一行上下, 各自安歇。有<u>板倉伊賀守</u>[5]者,
專掌國中事務, 而一邊支供, 皆極勤款, 一邊報知使臣入京之奇於<u>家康</u>。
<u>家康</u>時在<u>山東 駿河州</u>故也。是日酉初雨作, 至三更始止。臥聞簷溜, 寢
不能寐。

　十三日。乙巳。晴。
　留<u>天瑞</u>寺。聞被擄男女, 或騎或步, 來集門外, 而爲<u>對馬</u>守者喝退, 號
哭以還。○<u>板倉</u>以酒餠送呈。又送一行糧米, 而以斗數分等, 使臣一白

5　守 : 저본에는 '寺'로 되어 있으나 경섬(慶暹)의 《해사록(海槎錄)》(上) 4월 12일자 기록
　에 의거하여 '守'로 수정하였다.

二十九斗, 堂上驛五十斗, 從行三十斗, 格六斗, 役十五斗, 器皿柴炭入量進排. 其國一斗, 我國三升.

十四日. 丙午.
【缺】留寺中. 板倉及玄風、景直等來謁三使. 三使命坐胡床, 茶二巡而送之. 玄風, 乃家康之親信寵客也. 三使言於玄風曰: "我等奉命來此, 關白將軍適在關東, 玆未能卽傳國命, 私憫無任." 玄風答曰: "使臣入都之奇, 已令馳報, 旬日之內, 必有發落." 主僧來言, 都內五山之中有天龍、相國、東福、建仁、萬壽等寺. 辰初雨作, 達夜不止. 簷溜亂滴, 燭影明滅, 與若干同行獻欷, 轉輾耿耿無夢, 情思可相.

十五日. 丁未. 雨.
留天瑞寺. 景直來告曰: "都中老幼相與致慶云, '自春至夏, 絶無浥塵之雨, 赤地燋土, 望雲方切, 一自使行之入京時, 雨沛然枯苗勃然, 賴此一行庶有西成之望.'" 余以微意答其言而實之曰: "昔有御史雨, 今有使臣雨, 事雖前後而其應則一理也." 景直然之, 稱歎以歸.

十六日. 戊申. 晴.
留天瑞寺. 三使步出門外, 遊金龍、大光寺院. 松竹繞軒, 躑躅滿垈, 金光粲然, 頗極幽靜. 是日關白問我國所尙之物於景直, 時方多造槍釖等物云. 又聞被攎人塡咽門外, 令守門旗牌, 措辭慰之.

十七日. 己酉.
【缺】留天瑞寺. 副使以焇酒與乾獐題, 惠與呂僉使、鄭景恬, 暢飮. 金龍院僧軸中有庚寅使臣詩韻, 余次其韻以紀雜述.
征軺還向梵中留, 望北時憑百尺樓. 滄溟杳杳歸程遠, 一夜傷心鬢欲秋.

臺殿沉沉洞壑深, 飄然身世臥雲林。尋師試問食霞法, 半日清譚直
萬金。

琳宮高掛五雲深, 石逕斜穿翠竹林。靈籟每生陰壑裏, 不知人世正
流金。

承綸一別鳳城宮, 三傑聲名罕世雄。風彩人稱潘杜比, 文章自許馬韓
同。連和丕責羈縻計, 制勝神機造化工。佇見戎庭專對日, 右賢能屈片
言公。

十八日。庚戌。

【缺】留天瑞寺。太長老者, 家康之麾下寵僧也。其弟子艮首左者, 欲
觀我國衣冠之儀, 納名於三使, 三使許令入謁。所帶童子, 皆頗語。對
馬軍一人言內, 今聞被擄男女之言, 則皆欲預得船隻, 先往馬島, 以待
使行之還, 而惟綾羅匠[6]一人, 利其衣食之足, 不肯歸去云。又因羅州魯
守, 聞其被擄時所見之言, 則南原 李星州妾女一人名不知者, 自初至
終以死自誓, 不肯受辱於外人云。其節之高, 可謂女中男子也。

十九日。辛亥。

【缺】留天瑞寺。聞家康潛遣親信管下三人來, 探使臣動靜而去。又聞
丁酉被擄人前縣令李曄, 終始不屈, 自刎以死。

二十日。壬子。

【缺】留天瑞寺。板倉送呈猿戲。日人十餘名以索絢牽七猿入庭。猿
也, 耳目口鼻手足臂脚彷彿人形, 而但有毛有尾而已。起立則如小兒,
蹲臥則如狗子。以衣服加其身, 巾幗着其頭, 而皆用各色綵紋, 其製極
妙, 而頗極適體。主者, 手擊小鼓, 口發長謠, 則遂搖頭蹈足, 揮扇進退,

---

6 匠 : 저본에는 '將'으로 되어 있으나 문맥을 살펴 '匠'으로 수정하였다.

跳跟盤舞, 皆中樂節舞, 罷必伏地跪拜而退。且以兩手執長釼, 口含小刀, 跳身直翻, 捷疾如神。主者, 又將小刀十餘, 高擲丈餘, 猿也, 仰面挺身, 蹣跚踊躍, 以右手受刀, 左手擲地。刀下如雨而箇箇不錯, 神速如電。又以長索橫繫庭中, 猿也, 跳登索上, 或垂或掛, 如履平地。又有一大猿, 身着男子美服, 腰佩長釼, 手執畫扇, 徘徊散步, 狀如醉客。又有一小猿, 身着女人衣服, 頭裹靑紅綵帕而端坐, 酒肆之床女也。懷春男贈以扇, 其狀恍如眞男女之相戲, 見之極怪。又有一猿抱子不捨, 或獵虱或摩挲, 而子亦兩手堅抱母腹, 亦見母子之情眷也。三使命以柏子一盤投與其前, 衆猿爭取, 數數呑口, 而劈食頗敏。又以淸酒一器酌置其前, 亦皆爭飮, 亂相跳跟。戲罷有一人, 亦請呈【缺】三使許之, 以長釼倒竪唇上, 搖頭散步, 小不傾仄。又以鐵索長四寸許, 攢入鼻孔而出之。午後又有官六箇人請以蹴踘呈戲於庭前, 三使又許之。儀表英豪, 眉目淸秀, 眞渠俗所謂拔徒者也。先以四竿之竹植立於庭心四隅, 而渠輩皆着冠整履, 或着靑黃有紋紗, 或被赤皂綾段袍, 光彩奪目。以次徐入, 拜於庭心, 分東西兩行以坐。坐定有頃, 東行末坐者, 持一踘子, 捧置於四竿之中。西行首坐者, 出跪於西竹之下, 東行首坐者, 出跪於東竹之下, 而其以下鱗次以出。如是訖, 最後入跪者, 持踘先立, 五人亦一時繼立。持踘者, 擧足先蹴, 高不過丈餘, 蹴之不已, 不知其幾。蹴時或大蹴者, 杳入雲霄。先蹴欲止, 蹴及他足, 左右南北縱橫迭蹴, 而皆務不外四竹之外, 高低上下, 惟意所欲。其中黃袍者, 最能此技, 蹴勢安閒, 百不一誤, 如有神助焉。時或踘未下來, 回身數度, 踘子將下, 以肩受之, 着左則左傾蹴之, 着右則右傾蹴之。或誤蹴, 跳出竹竿之外, 則飛身就蹴, 轉轉入竹內。終也有黑袍一人, 自竹竿中蹴, 出其北, 循東南而轉西。凡百蹴, 眞奇巧之才也。踘子以皮韋爲之, 大如西瓜, 白質而空其中也。蹴罷, 三使賞以細席。右六箇人, 乃天皇宮裏掌六部之任者云。三使坐於廳上胡床, 而渠輩於庭中禮數甚恭, 於此尤見其極敬使臣也。余仍賦蹴踘及猿戲二詩。

風彩英豪六箇身, 人人跳踘妙如神。瞻前忽後趨蹌疾, 轉北回西顧瞻頻。脚逐流星低復擧, 腰隨飛電屈還伸。須臾戲罷出門去, 恰似莊周夢蝶辰。

楚山雲樹舊爲隣, 一綱能羅萬水身。絨索引來驚顧疾, 鼓歌催動步趨頻。着冠被服疑非戰, 執扇橫刀悅似人。便向庭前呈百戲, 傀儡奇巧較誰眞。

二十日一。癸丑。

【缺】留天瑞寺。因土人聞修治關東道路舘舍舟楫, 可知邀致使臣於關東也。○三使以唐制改肩輿。

二十二日。甲寅。

【缺】留天瑞寺。被擄人梁夢麟稱名者, 自淡路州致書於一行。大槩願還故國之意, 而辭甚激切。問之乃羅州 梁松川之從孫, 而鄭景恬之親戚也。

二十三日。乙卯。

【缺】留天瑞寺。三使令從行治關東裝束。愼忠善以船中饌物持來, 事往于大阪。大德寺僧軸中有庚寅使臣詩韻, 余次其韻。

玉節淹留古寺門, 異邦眠食亦君思。遠遊難苦何須恨, 專對惟憑信義敦。

承綸來作汎槎遊, 日夜歸心繞鳳樓。客裏風光催白髮, 鏡中嬴得鬢邊秋。

地僻塵囂絶, 村深爽欲留。羈懷長鬱鬱, 離思轉悠悠。月色窺窓隙, 松聲入枕頭。夜闌清不寐, 濡毫記東遊。

二十四日。丙辰。

【缺】三使以板倉之要遊觀, 早發寺門, 行過都市。東渡大橋, 轉向東南, 至一巨刹, 名曰"東福", 廳有三軀佛像, 極其高壯, 金光粲然, 佛像兩傍有佛家所謂四天王, 狀甚奇怪。寺南有二層高樓, 而東南有梯, 緣梯以上, 則入窓敞豁, 眼界頗廣。又至一寺, 名"淸水", 境界幽邃, 松篁森立, 橫架一壑構一高閣, 俯瞰其下, 怳若憑虛閣。後有一小齋椽宗軒, 壁皆用金銀。又見一處, 層樓傑閣, 極其宏壯, 而僧云秀吉之願堂, 故三使命以過去, 不肯入覽。又至一刹, 名"三十三間"。是刹廊廡三十三間, 故所以名之云。廳上有佛像三萬三千三百三十有三, 而一佛之頭, 或戴小佛四五軀。又至一處, 名曰"祗園", 門有女子若干, 當壚賣酒。廳有佛像, 庭羅卉植。又至一刹, 名曰"元山", 庭開雜花, 院宇淸灑, 西有小樓, 淨無塵想, 三使圍棊, 從行暫憩。景直預到此寺, 以備午點, 點後進茶酒, 酒味頗香。又至一院, 名曰"知恩", 乃家康之願堂也。構以別制, 宏麗無比。中廳卓上有佛座, 佛座之右, 別設一座, 乃家康之母像也。欄檻俱以金銀爲之, 又見其院柱, 黑如犀角。院之東麓, 又有小菴, 名曰"東山"。軒窓戶闥, 頗甚精灑, 乃家康枕宿之處也。北有小樓, 樓窓四達, 眼底閭閻, 歷歷可數, 又有麥穗已熟, 黃雲遍野。三使因日暮, 整列還寺, 路左橋下, 見其梟示三首, 乃土人之犯賊者也。歸路余爲大馬所蹄, 三使以酒瓶與藥饋之, 問傷否。

二十五日。丁巳。

【缺】留天瑞寺。家康時在關東駿河州, 因板倉之所報, 聞使臣之入京, 委送管下本田和泉守, 問安三使。三使令盛張軍威, 招入以見。行茶二巡, 送之。○板倉送呈牧丹一朵。

二十六日。戊午。

【缺】留天瑞寺。三使抄定關東帶行從行。愼忠善還自大阪，惠以燒酒，與同行暢飮。

二十七日。己未。雨。

留天瑞寺。金監察大寬妻以諺書送來，寄余以其母夫人書札。

二十八日。庚申。雨。

留天瑞寺。始聞家康邀使臣於關東。

二十九日。辛酉。晴。

留天瑞寺。僧人太長老及學校與玄蘇、景直等來拜使臣，三使命茶二巡送之。所謂學校者，名元吉而掌文敎，崇奉孔子，率其管僧塑像而享之，職秩頗高者云。此眞墨名儒行者，而亦見風俗之尙慕聖學也。正使言于長老曰：“貴國之待使命，極敬且厚。然第因關白遠在關東，入京累朔，尙未傳命，是甚道理。”長老答曰：“昨者始有關白之令奉邀使臣於關東，而僧亦被招，再明啓行。願束裝行李，隨後入來云。”【長老家康之權僧，名承兌，與學校住相國寺。】的聞家康春初傳位於其子秀忠，已給朱印，而創新都於武蔣州 江戶，故西海將以賀禮連入去云。

三十日。壬戌。

【缺】留天瑞寺。三使共議狀啓之草，大槩枚擧關東進去事，及漂泊十三名先送緣由事也。

잡저 해동기 하
雜著海東記下

5월

초1일. 계해(癸亥).

덴즈이지(天瑞寺)에 머물렀다. 삼사(三使)가 가마를 타고 도성(都城) 뒷산에 올라 형세를 두루 살펴보았다. 산맥은 아타고야마(愛宕山)에서 부터 시작하여 남쪽으로 내리달아 도성에 이르러 불쑥 솟아올랐다. 아타고야마는 곧 도성의 주산(主山)이다. 도중(都中)을 굽어보니, 오사카(大阪)에서부터 후시미성(伏見城)[1]에 이르기까지의 30리쯤에는 마을과 도로가 사방으로 통해져 있고 삼면이 산으로 둘러싸였으며, 남쪽으로는 큰 들판이 있어서 참으로 기름진 들판이라고 할 만하였다.

---

1 후시미성(伏見城) : 교토(京都) 후시미구(伏見區)에 위치. 도요토미 히데요시(豊臣秀吉)가 자신의 은거 후 거처로 삼기 위해 시즈키야마(指月山)에 축성하였다. 1596년에 지진으로 무너지자, 500m 떨어진 고하타산(木幡山)에 새로 축성하였고, 도요토미 히데요시가 이 성에서 1598년 사망하였다. 1600년 전투로 소실되었다가, 이듬해 도쿠가와 이에야스(德川家康)에 의해 재건되었다. 이후 장군의 선하(宣下) 의식의 장소로 사용되었으나, 의식이 오사카성(大阪城)으로 옮겨가면서 중요성이 덜해졌다. 1617년 2차 통신사행 때 조선 사신이 이곳에 온 적이 있다.

삼사가 천황이 거처하는 곳을 물으니, 동남쪽 귀퉁이에 있는 흙 담장으로 둘러싸인 곳이 바로 천황의 궁이라고 하였다. 대문의 바깥에는 군사 수백 명이 늘 파수하고 있는데, 국왕 이하 여러 신하들이 그 관하의 병사들을 윤번제로 교대하여 지키게 하며, 그 문을 지나는 자는 모두 말에서 내리게 한다. 궁중에서 쓰이는 것은 특별히 2개 주(州)에서 그 세금을 거두어 바친다고 한다. 이에야스(家康)의 궁전은 천황궁(天皇宮)의 서남쪽에 있으며 높은 누각에 하얗게 꾸민 벽이 곧 그 궁전이라고 하는데, 이타쿠라(板倉)가 늘 파수한다고 한다.

삼사가 하산하여 한 신궁(神宮)을 향해 가다가 도중에 비를 만나는 바람에 길 옆의 절에 들어가 묵었다. 이곳이 이타쿠라의 관할이어서 공관(供官)이 술과 음식을 바치고자 하였으나 삼사가 편치 않다고 여겨 바로 물리치고자 하였지만, 가게나오(景直)가 직접 상을 들고 나아와 몹시 간청하기에 삼사가 부득이 허락하였다. 종행(從行)들은 도롱이를 쓰고서 절로 돌아갔다.

초2일. 갑자(甲子).

덴즈이지에 머물렀다. 삼사가 비로소 장계를 봉하여 미나모토노 노부야스(源信安)에게 부산으로 배송(陪送)하게 하였다. 각 원역(員役)들도 편지를 써서 집으로 부쳐 보냈다.

초3일. 을축(乙丑).

덴즈이지에 머물렀다. 나는 이곳 풍속에서 숭상하는 것과 그 풍토(風土) 및 사정(事情)을 기록하였다.

초4일. 병인(丙寅).

덴즈이지에 머물렀다.

초5일. 정묘(丁卯).

덴즈이지에 머물렀다. 삼사가 예물을 다시 싸서 묶게 하고 인마(人馬)를 점검하게 하였다.

초6일. 무진(戊辰). 비가 내림.

도성에서부터 간토(關東)로 출발하여 거의 10리쯤 갔을 무렵 크게 비가 쏟아지는 바람에 종행들이 부득이 도롱이를 썼다. 길을 가다 보니 수많은 남녀들이 달려와서 구경하였는데, 어떤 이는 나막신을 신고 우산을 들고 있기도 하였고, 또 어떤 이는 맨발인 채로 비를 맞으며 거리와 계단을 가득 메우고 있어서 그 수를 헤아릴 수조차 없었다. 행차가 오미주(近江州)[2]의 세카타코(世田湖)에 이르자 굉장한 성이 있었는데, 물결이 일렁이는 한가운데 높다랗게 무지개다리를 걸쳐 놓고 그 위를 왕래하도록 해놓았다. 호수는 곧 이전에 오사카(大阪)로 흘러내려 간다는 그 호수였다. 물은 근원이 없고 끝도 없이 넓고 넓어서 비록 동정호(洞庭湖)라도 이보다 더하지는 않을 것이다. 고깃배가 점점이 그 호수 가운데 둥둥 떠 있었다.

---

2 오미주(近江州) : 현재의 시가현(滋賀縣) 지역. 오미노쿠니(近江國)·고슈(江州)라고도 한다. 남용익(南龍翼)의 『문견별록(聞見別錄)』「주계(州界)」에 "근강주: 동남쪽으로는 비파호, 서쪽으로는 산성, 북쪽으로는 약협에 이른다. 소속된 군은 24군이며, 비옥한 들이 넓어서 거의 수백여 리에 이른다.[近江州: 東南距琵琶湖, 西抵山城, 北抵若狹。屬郡二十四, 沃野平廣, 幾至數百餘里。]"라고 하였다.

오후에 오미주(近江州) 모리야마(森山)[3]에 이르러 한 사찰에서 묵었는데, 매우 고요하고 정갈하였다. 이날 땅을 파고 깎아서 검은 흙이 드러나는 것을 보았는데, 그 모양이 소똥을 말린 것과도 같았다. 원주민에게 그게 무엇이냐고 물었더니 대답하기를,

"이것은 오미주 땅에서만 나는 기이한 흙으로 '토신(土薪)'이라고 합니다. 원주민들은 이것으로 밥을 짓는 데만 쓰고, 땔감으로는 쓰지 않으며, 매장되어 있는 것이 아주 많습니다."

라고 하였다.

종사(從使)가 시를 지었기에 내가 그 시에 차운하였다.

한번 타국의 팔도를 돌아다니다 보니	一入他邦遍八都
봄도 가고 여름도 지낸 나그네 신세라	徂春經夏作征夫
수많은 푸른 나무 녹음 짙은 긴 길이요	千株碧樹陰長路
만첩청산은 큰 호수를 에워싸고 있는 곳	萬疊青山擁大湖
곳곳의 마을들은 참으로 큰 진영(鎮營)이요	撲地閭閻眞巨鎭
성 가득한 병마는 웅장한 포부의 결과라	滿城兵馬是雄圖
나그네 시름은 어디에서 풀어볼거나	客愁何處聊相解
이곳에선 술병 잡고 마시기를 권할 뿐이네	土俗猶能勸酒壺

---

3 모리야마(森山) : 오미주(近江州)에 속하고, 현재의 시가현(滋賀縣) 모리야마시(守山市)이다. 삼산(森山). 강홍중(姜弘重)의 『동사록(東槎錄)』11월 27일 기사에 "미시(未時)말에 삼산(森山)에 다다르니, 삼산은 일명 수산(守山)이라고도 하는데, 또한 근강주(近江州) 소속이며 서천관음사(西川觀音寺) 조현(朝賢)이 다스리는 곳이다."라고 하였다.

초7일. 기사(己巳).

모리야마(森山)에서 출발하여 [결락] 에 이르렀다. 성가퀴는 무너져 있었고 언덕은 구불구불하였다. 원주민에게 물어보니 옛날에 관백 노부나가(信長)라는 자가 이곳에 도읍하여 살았는데, 그의 수하였던 도요토미 히데요시(豐臣秀吉)에게 시해당해 멸망한 곳이라고 하였다. 사장(射場)에서 점심을 먹고 오미주 사와야마(佐和山)에서 투숙하였다. 길을 떠나 동쪽으로 갔다. 길은 평탄하여 숫돌과도 같아 조각돌 하나 보이지 않았다. 다만 사람과 말이 섞여 발을 디디는 곳에는 먼지가 얼굴을 때려 눈을 뜰 수가 없어서 사물을 제대로 볼 수가 없는 것이 괴로울 뿐이었다.

종사관이 시를 지었기에 내가 그 시에 차운하였다.

강산은 수천 겹 저 너머로 아스라하기만 한데	江山迢遞隔千重
동쪽 바다를 지나고 또 다시 동쪽으로 갔네	東渡三洋又轉東
땅은 끝도 없이 펼쳐지고 시름도 끝이 없어	地不盡時愁不盡
길은 다함이 없고 한스러움도 다함이 없네	路無窮處恨無窮
일 년 동안 고국 소식 끊어져 버린 채	一年故國音書斷
만리타국에서 통신사로 다니고 있네	萬里他邦信使通
밤마다 꿈에서 임금님 얼굴 뵙고 모시는	夜夜龍顔頻夢侍
어느 날에야 조각 배 타고서 서풍을 탈거나	片帆何日駕西風

초8일. 경오(庚午).

사와야마에서 출발하여 동쪽으로 향해 갔다. 길이 성곡(醒谷)을 지나자 그 일대가 맑은 시내의 근원이었는데, 골짝 가운데에서부터 물이 뚫고 흘러나와 한번 발을 씻으면 술이 깰 만하였으니, 그래서 그 이름을

‘성곡(醒谷)’이라 했다고 한다. 세키가하라(關原)에 이르니 텅 빈 해자(垓字)엔 풀만 우거져 있었고, 옛 보루(堡壘)만이 겹겹이 쌓여 있었으니, 바로 이곳이 서해(西海)였다. 여러 장수들이 군대를 일으켜 동쪽으로 향해 가서 이에야스(家康)[4]의 군대와 만나 싸우다 패배한 곳이다. 미노노주(美濃州)의 오가키(大柿)에서 투숙하였다. 민가가 성대하였으며, 성가퀴가 심히 견고하였고, 물을 끌어들여 못을 만들었는데, 못이 상당히 깊고 넓었다. 세키가하라(關原)의 전투에서 도요토미 히데요시가 이 성을 거점으로 삼았다가 이에야스가 군대를 일으켜 와서 맞이한다는 말을 듣고는 세키가하라로 물러나 숨어버렸다고 한다.

초9일. 신미(辛未).

오가키(大柿)에서 이른 아침에 출발하였다. 가랑비가 다만 먼지를 적시면서 저녁이 이르도록 그치지 않았다. 스노마타(洲股)에서 점심을 먹었다. 오와리주(尾長州)[5]의 청차(晴次)와 같은 곳이다. 이날은 무려 네 번이나 강을 건넜는데, 모두 배로 연결해 놓은 다리임에도 마치 평탄한 길을 지나는 것과도 같았다. 푸르게 자란 무성한 풀과 하얀 모래사장이 곳곳에 펼쳐져 있고, 들판은 아무리 보아도 안개 낀 숲만 아득하게 보일 뿐이었다.

포로로 잡혀 온 남녀들이 길을 막고서 소리 내어 울면서 각자 자신들

---

4 이에야스(家康) : 도쿠가와 이에야스(德川家康, 1543~1616)를 말함.
5 오와리주(尾張州) : 현재의 아이치겐(愛知縣) 서부 지역. 오와리노쿠니(尾張國)·비주(尾州)라고도 한다. 통신사행 때 휴식을 취하거나 묵었던 오코시(起)·나고야(名古屋)·나루미(鳴海)·이나바(稻葉) 등이 이 지방에 속한다. 남용익(南龍翼)의『문견별록(聞見別錄)』「주계(州界)」에 "동쪽으로는 삼하(三河), 서쪽으로는 이세, 남쪽으로는 바다, 북쪽으로는 미농에 이른다. 소속된 군은 8군이다."라고 하였다.

의 사정을 호소하였는데, 그 참담함을 차마 들을 수가 없었다. 사는 곳이 조밀하였고, 사람들도 매우 많아 경사(京師, 교토)보다 조금 더 나았으니, 이 또한 하나의 큰 고을이라 할 만하였다. 이 주(州)의 성을 주관하는 자는 이에야스(家康)의 셋째 아들인 사쓰마노카미(薩摩守) 다다요시(忠吉)라고 한다. 그 아버지를 만나는 일로 작년 12월에 스루가(駿河)로 갔다가 금년 3월 초5일에 여행 중 간토(關東)에서 죽었다. 지금 이 성의 대관(代官: 주군을 대리하여 행정을 보던 사람)은 곧 이즈미(和泉) 요시쓰구(吉次)로 일찍이 다다요시가 자기 자식처럼 길렀던 자이다. 그래서 다다요시가 살았을 때에 그 직책을 대신 맡기도 하였기에 지금 주(州)의 업무를 전담하고 있는 것이다. 다다요시가 죽자 요시쓰구를 비롯한 모든 이들이 그를 어버이처럼 믿고 따랐던 터라 남녀들이 모두 삭발을 하고 중이 되기도 하였고, 그를 따라서 죽은 자도 5, 6명에 이른다고 한다. 요시쓰구의 어버이는 [결락] 가산을 다 기울여 우의를 맺으면서도 가업을 돌보지 않았다 [결락] 서로 사랑하기를 지극히 하였다.

세키가하라(關原)의 전투 때에 양 진영이 서로 마주하며 자웅을 겨루었으나 결판이 나지 않자, 다다요시가 창을 빼들고서 용기를 북돋우며 진영으로 나가 크게 부르짖어 이르기를, "나는 이에야스의 셋째 아들 다다요시이다. 나와 더불어 상대할 만한 자가 있으면 나와 싸우라."라고 하자 휘원랑(輝元郎)이라는 한 장수가 나와 수차례 겨루다가 다다요시가 그 목을 베어 땅에 떨어뜨리고는 적진을 종횡으로 내리달리며 칼 하나로 적을 죽이는데, 몇 명이나 베었는지도 모를 정도였다. 이로 인해 서병(西兵)의 기세가 꺾이고 동병(東兵)이 그 승기(勝氣)를 타고서 마침내 크게 이기게 되었다. 이 당시 겐모쓰(監物)라는 자 또한 다다요시와 함께 갔는데, 그 전공(戰功)이 매우 커서 온 나라의 사람들이 모두

다 두 사람의 담력과 용맹에 감탄하였다.

　그 후에 다다요시가 데리고 있던 자신의 종을 다른 사람과 싸운 죄로 죽이려고 하자 겐모쓰가 힘써 저지하며 말하기를,

　"종은 군부(君父)가 내려주신 것이니, 내가 그 싸움을 그치게 하였으면 된 것이지 죽이지는 말기 바라오."

라고 하였다. 그래서 다다요시가 일단 그 종을 멀리 달아나게 하고 자기 앞에 가까이 오지 말게 하였다고 한다. 그런데 마침 다른 종이 그 종을 인송(引送)하자 다다요시가 그 인송한 종에게 노하여 또 그를 죽이고자 하였다. 그러자 겐모쓰 또한 자기의 말을 듣지 않음에 노하고 자기의 뜻에 합하지 않음을 한스럽게 여기어 칼을 버리고 멀리 피하여 동쪽 한 성으로 가니, 가노(家奴) 중에서 그를 따르기를 원하는 자가 4백 명이나 되었고, 원근 각처에서도 많은 무리들이 구름처럼 몰려들었다. 이는 대개 이 나라의 풍속이 이와 같은 혈기를 취하였기 때문이다.

　다다요시 또한 자신의 잘못을 뉘우치고 겐모쓰를 간절하게 불렀으나 오지 않자, 그 아버지 이에야스에게까지 부탁하여 그를 오도록 하게 하였다. 하지만 끝내는 돌아오게 할 수가 없었으니, 대개 그 사람의 높은 값을 찾았던 것이다. 그러나 다다요시가 죽었다는 소식을 듣자 두 달이나 걸리는 길을 20일 만에 내리달아 이르러서는 먼저 술을 마시고 또 그 시신에 술을 붓고는 가보(家寶)를 여러 벗들에게 나누어 주고서 말하기를,

　"나와 다다요시는 비록 상하의 관계이기는 하나 사실은 형제의 의리가 있다. 지난번에 작은 일로 서로 헤어졌지만 장차 생사를 같이 하면서 세상에 이름을 세우고자 하였는데, 지금 이렇게 나를 버리고 세상을 떠났으니, 내가 어찌 홀로 살 수 있겠는가?"

하고, 또 그 아버지 요시쓰구(吉次)에게 영결(永訣)하며 이르기를,

"무릇 사람이 죽고 사는 데 비록 더디고 빠름이 있다고 하나 죽는 것은 매한가지일 뿐입니다. 그러니 부디 슬퍼하지 마시고 사람들에게 끼치는 웃음으로 아버님 또한 한 번 웃어주십시오."

하였다. 다만 멋진 모습으로 쾌히 죽을 것이라고 말했다고는 하나, 눈자 위엔 가득히 눈물이 고여 있음이 보였다. 다음 날 맑은 아침에 마침내 목욕을 하고 말에 올라 길거리로 나가 해를 향해 세 번 읍(揖)을 하고 부채로 내저었다. 그리고 입었던 옷을 다 벗은 후 장검(長劍)으로 자신의 왼쪽 팔을 자르고, 그 배를 가로로 가르자 장(腸)과 위(胃)가 흘러나왔다. 그럼에도 오히려 똑바로 서서 다른 사람에게 자신의 머리를 자를 것을 부탁하였다. 겐모쓰가 죽으려 할 때 그의 친구인 청구랑(淸九郎)이라는 자 또한 따라서 죽기를 원하자, 겐모쓰가 그를 타이르며 말하였다.

"나는 비록 죽으나, 네가 만일 살아서 우리 아버지에게 글로써 고하면 너를 극히 후하게 대접해 줄 것이다."

[결락] 내가 포로로 잡혀 온 나대남(羅大男)에게서 이 일을 자세하게 듣고서 우선 대략 기록해 둔 것이다. 나생(羅生)은 자칭 나주(羅州)의 선비로 현재 요시쓰구(吉次)가 가까이하고 신임하는 군관이 되어 있는데, 성품이 자못 영민하여 이야기의 전말을 다 알고 있었다.

경염(景恬)이 나생에게 시를 지어 주었기에 내가 그 시에 차운하였다.

네가 자못 총민(聰敏)하였기에,	憐汝頗聰敏
원주민이 너를 좋아하게 되었구나	猶爲戀土人
내가 서쪽의 첫 해를 기다렸다가	待余西首日
돌아가면 고향 부모님 찾아주리라	歸覓故鄕親

이날, 내가 이에야스가 다다요시를 잃고서 슬퍼하였다는 이야기를
듣고서 종사의 시에 차운하였다.

담력과 용맹으로 이름남은 일대의 영웅이요	膽量聲名一代雄
웅장한 포부의 누각은 창공에 우뚝 솟았구나	雄圖樓閣聳蒼穹
관원(關原)의 대첩(大捷)을 용맹하다 칭찬하니	關原大捷人稱勇
거처를 갈수록 넓혀가자 적들도 두려워하네	居益長驅敵畏風
서쪽에 웅거하던 외론 새 어느 날에 죽자	西據孤雛何日斃
동쪽을 침략하던 수만 병사 금세 텅 비었네	東侵萬甲片時空
가련하다, 하늘이 오늘을 빼앗아 빨리 되돌려	可憐天奪今還速
장군의 한스러움을 다 하지 못하게 한 것이	謾使將軍恨不窮

초10일. 임신(壬申). 비가 내림.

청차(晴次)에 머물렀다. 겐푸(玄風)가 또 사행을 모시고 따라와서 겐
소(玄蘇)[6]·가게나오(景直)·요시토시(義智) 등과 같이 앉아 당상역관(堂上
譯官)을 불러서 천조(天朝)에 바치는 통화(通貨) 등에 관한 일을 물었다.

---

6 게이테쓰 겐소(景轍玄蘇, 1537~1611) : 아즈치모모야마시대(安土桃山時代)부터 에도
시대(江戶時代) 초기의 임제종(臨濟宗) 중봉파(中峯派) 승려. 자는 게이테쓰(景轍), 호는
선소(仙巢). 지쿠젠국(筑前國) 무나가타군(宗像郡) 출신. 문하에 기하쿠 겐포(規伯玄方)가
있다. 이테이안(以酊庵)을 개창하여 일본국왕사(日本國王使)로서 조선외교를 담당했다.
임진왜란 당시에는 도요토미 히데요시(豊臣秀吉)의 명으로 조선과 강화 교섭을 추진했
다. 1595년에는 히데요시의 명에 따라 명나라로 건너갔고, 그때 만력제(萬曆帝)로부터
본광국사(本光國師)라는 칭호를 받았다. 도쿠가와 정권이 수립된 후 1609년에 기유약조
(己酉約條)를 성사시키는 등 조선외교를 담당했으며, 조선정부로부터 「선소(仙巢)」라는
도서(圖書)를 하사받았다. 1611년에 사망하여 이정암에 묘를 마련했는데, 그 후 이정암과
함께 세이잔지(西山寺)로 옮겼다. 현재 세이잔지에는 목상(木像)이 안치되어 있다.

삼사가 그것을 듣고는 준엄한 말로 거절하고 다시는 말하지 못하게 하였다. 겐푸가 말하기를,

"왕년에 손문욱(孫文彧)[7]이 왔을 때는 일찍이 허락한다는 뜻으로 서로 약조한 일이 많았었는데, 지금은 어찌해서 오지 못하게 하는 것입니까?"

라고 하자 삼사가 대답하기를,

"손문욱은 일개 서관(庶官)에 지나지 않을 뿐이다. 어찌 본국의 대사(大事)를 알겠는가?"

라고 하였다.

이날 부채를 가지고 와서 서법(書法)을 청하는 자가 문밖을 가득 메웠다. 이 나라 풍속에는 부채 면에 서법을 써 놓기를 좋아하기 때문이다. 이 나라 가운데서 혹 서법을 조금이라도 아는 자가 있으면 그것 덕택에 부(富)를 누린다고 한다.

11일. 계유(癸酉). 맑음.

청차(晴次)에서 이른 아침에 출발하여 한 곳에 이르니 길 왼쪽에 한 불사(佛寺)가 있는 게 보였는데, 절 이름이 '묘진지(明神寺)'라고 하였다. 매년 5월 5일이면 이 나라 사람들은 귀천(貴賤)에 관계없이 이 절에 운

---

7 손문욱(孫文彧, ?~?) : 임진왜란이 일어나던 해 왜군의 포로가 되어 오랫동안 일본에 억류되었다가 돌아올 때 일본 사정을 자세히 탐지해와 당면한 군사·외교 등의 전략상에 기여하였으며, 1598년(선조 31) 노량해전 당시 이순신 휘하에 참전, 이순신이 전사하자 임기응변으로 그의 죽음을 비밀에 붙인 다음 자신이 직접 갑판 위에 올라가 북을 치며 평상시와 다름없이 군사들을 지휘, 독전(督戰)함으로써 마침내 승전할 수 있게 하였다. 1604년 승장(僧將) 유정(惟政)과 함께 일본에 들어가 임진왜란의 사태수습에 공을 세우고 조선인 포로 3,000여 명을 이끌고 돌아온 뒤, 2년 뒤 서장관(書狀官)으로 쓰시마(對馬島)에 파견되어 전란의 뒤처리를 위하여 노력하였다. 관직은 부장(部將)·만호(萬戶)·첨지중추부사 등을 역임하였다.

집하여 길복(吉福)을 기원한다고 한다. 대청에는 불상(佛像)이 있었고, 뜰에는 잡다한 화초들이 심어져 있었다. 삼사가 잠시 가마를 멈추고서 그것들을 바라보다가 곧 바로 절문을 나섰다. 문 남쪽에는 또 새로 지은 건물이 있었는데 매우 웅장했으니, 곧 겐모쓰과 다다요시 등을 위해 기원하는 곳이었다.

나루미(鳴海)[8]에서 점심을 먹었다. 또 끝이 없는 평원을 지나 기름진 들판을 멀리 바라보는 가운데에 하나의 긴 다리를 넘어 미카와(三河)의 오카자키(岡崎)[9]에서 투숙하였다. 대체적으로 이곳은 그 땅의 형세가 천연으로 된 요새지로 긴 강이 가로로 둘렀고 서북쪽은 험준한 지형을 이용하여 성을 설치하였는데, 성가퀴가 자못 웅장하였으며, 도랑을 깊게 파고 높은 보루를 세워 만반의 준비를 갖추고 있었으니, 또한 하나의 큰 진영(鎭營)이라 할 만하였다. 고을에는 사는 사람들도 많았다. 비록 청차(晴次)보다는 못했지만, 물색의 번화함으로는 청차와 다를 바가 없었다.

종사가 지은 〈길을 가다 비를 만난 뒤에〉라는 시에 차운하였다.

들판의 풀빛은 밤이 되자 더욱 우거졌고 　　　　　平郊草色夜來多

8　나루미(鳴海) : 오와리주(尾張州)에 속하고, 현재의 아이치현(愛知縣) 나고야시(名古屋市) 미도리구(綠區) 나루미정(鳴海町)이다. 12차례 통신사행 가운데 2차, 12차를 제외한 나머지 사행 때마다 조선 사신이 이곳에서 잠시 휴식을 취하였다.

9　오카자키(岡崎) : 미카와주(三河州)에 속하고, 현재의 아이치현(愛知縣) 오카자키시(岡崎市)이다. 12차례 통신사행 가운데 2차, 12차를 제외한 나머지 사행 때마다 조선 사신이 이곳에 묵었다. 『해유록(海游錄)』 중(中) '9월 17일(병술)'조에 "강기(岡崎)에 도착하니, 성(城)·참호와 누각(樓閣)·시가의 부유한 것이 명호옥(名護屋)과 첫째 둘째를 다툴 만하였다."라고 하였다.

나그네 강 건너는데 푸른 물결 넘치네	客渡江流漲綠波
구름 걷힌 하늘 해 기분 좋게 바라보고	雲捲喜看天上日
먼지 걷힌 길 가노라니 흥취가 일어나네	塵收忻趂路中車
찌는 듯한 무더위는 맑은 빛에 흩어지고	炎蒸乍逐清輝散
청풍은 비 개인 경치 따라 불어오도다	爽籟猶從霽景跨
저 먼 한산(漢山) 향한 행차는 멀기만 한데	迢遞漢山行漸遠
타국이라 시름은 이때에 더해만 가는구나	異邦愁緒此時加

12일. 갑술(甲戌).

오카자키(岡崎)에서 출발하여 고이(五井)에서 점심을 먹고 미카와주 (三河州)의 요시다(吉田)에서 투숙하였다. 들판이 기름지고 사는 사람들도 매우 많았다. 종일토록 장송(長松)을 끼고 있는 평탄한 길을 갔다. 남쪽은 대해(大海)요 서쪽은 긴 강이 둘러 있었다. 강 한가운데를 배로 연결하여 쉽게 건널 수 있도록 하였는데, 반쯤을 건너가다 배다리가 갑자기 무너지자 나루터에 있던 주사(舟師)가 황급히 달려와 보수하여 다행히도 잘 건너갈 수 있었다. 형세가 장엄하고 견고하였으며, 성의 연못은 깊고도 험준하였다. 민가는 조밀하였으며, 물색은 화려하여 오카자키에 비해 훨씬 나았다.

이에야스(家康)가 관하의 사람을 보내어 삼사를 문안하게 하자, 삼사가 차를 마시게 하고 보냈다. 이날 이에야스가 세키가하라(關原)의 전투에서 그의 장자(長子)가 공을 세우지 못하였다고 꾸짖자, 그 아들이 쓸 데 없다고 여겨 마침내 자살하게 하였다는 말을 들었다.

13일. 을해(乙亥).

요시다에서 날이 밝자 출발하여 백차하(白次河) 촌사(村舍)에서 점심을 먹었다. 남쪽으로는 대양(大洋)이 끝도 없이 펼쳐져 있었다. 또 한 강을 지났는데, 이름을 '금절(今絶)'이라고 하였다. 예전에는 이 강이 없었는데 근래 수년 전에 언덕이 무너져서 강이 되었다고 하여 이름이 그렇게 된 것이라고 한다. 주관하는 관리 몇 명이 배를 대기하고서 기다리고 있었고, 나루터 양 언덕에는 남녀들이 구름처럼 많았는데, 어떤 이는 가마를 탔고, 또 어떤 이는 붉고 푸른 채색 옷이 밝게 빛나 그 아름다움이 가히 볼만하였다. 이날은 도토미주(遠江州)[10]의 하마마쓰(濱松)[11]에서 투숙하였는데 손을 머리에 얹고 바라보는 수많은 남녀들이 거리를 가득 메우고 있었다.

종사가 지은 〈여자들이 밤에 노래 부르는 것을 듣고〉라는 시에 차운하였다.

'낙매(落梅)'와 '절류(折柳)'곡을 어찌해서 묻는가	落梅折柳何須問
길고 짧은 맑은 소리 함께 귀에 들려오네	長短淸聲入耳同
마치 집 떠난 사람의 시름을 아는 것처럼	似識離人愁緒若
밤 깊은 달빛 밝은 가운데 조용히 부르네	夜深低唱月明中

---

10 도토미주(遠江州) : 현재의 시즈오카현(靜岡縣) 서부 지역. 도토미국(遠江國)·엔주(遠州)라고도 하는데, 옛날에는 도호쓰아해(遠淡海)라고도 하였다. 남용익(南龍翼)의 『문견별록(聞見別錄)』「주계(州界)」에 "원강주: 동쪽으로는 준하(駿河), 서쪽으로는 삼하(三河), 남쪽으로는 바다, 북쪽으로는 신농(信濃)에 이른다. 소속된 군은 13군이다.[遠江州: 東抵駿河, 西抵三河, 南距海, 北抵信濃。屬郡十三。]"라고 하였다.

11 하마마쓰(濱松) : 도토미(遠江州)에 속하고, 현재의 시즈오카현(靜岡縣) 하마마쓰시(濱松市)이다.

14일. 병자(丙子).

하마마쓰(濱松)에 머물렀다. 겐푸(玄風)가 전명사(傳命使)로 처사(處士)를 먼저 스루가주(駿河州)[12]로 보냈다.

종사가 지은 〈길을 가다 즉흥적으로 짓다〉라는 시에 차운하였다.

동쪽 곳곳을 유람하여 이름난 곳 다 가보았으나	東遊邐迤處儘名區
이곳이 신선이 산다는 그림 속 그곳은 아니라네	不是仙山是綵圖
특별히 기이한 구경거리 끝도 없이 많은데	別有奇觀無限處
저녁 안개비에 섞여 긴 호수는 어둑하기만 하네.	暮煙和雨暗長湖

저녁 하늘 가랑비에 쓸쓸하기만 한데	暮天微雨正蕭蕭
나그네 길 가볍게 먼 들판을 나선다	旌旅翩翩出遠郊
물 저편 안개로 갈 길은 흐릿한데	隔水烟霞迷去路
길가 소나무·잣나무는 가마를 스쳐가네	挾途松檜拂征轎
술잔 대하니 매양 시름만 솟구치고	金罍每向愁邊凸
꿈속에선 때때로 궁궐에 있기도 하네	玉闕時憑夢裏朝
나라 떠난 외론 신하 너그러이 품어줄 곳은	去國孤臣寬抱處
의정부를 조정하던 요숭(姚崇)과 송경(宋璟)[13]일세	巖廊調鼎宋兼姚

---

12 스루가주(駿河州) : 현재의 시즈오카현(靜岡縣) 중동부 지역. 준하주(駿河州)·준하국(駿河國)·준주(駿州)라고도 한다. 남용익(南龍翼)의 『문견별록(聞見別錄)』 「주계(州界)」에 "준하주: 동쪽으로는 이두(伊豆), 서쪽으로는 원강(遠江), 남쪽으로는 바다, 북쪽으로는 부사산이 막혀 있다. 소속된 군은 7군이다.[駿河州: 東抵伊豆, 西抵遠江, 南距海, 北阻富士山。屬郡七。]"라고 하였다.

13 요숭(姚崇)과 송경(宋璟) : 당나라 현종 때의 명재상으로 현종은 이들로 인해 개원(開元)의 치세(治世)를 이룰 수 있었다.

15일. 정축(丁丑).

하마마쓰를 떠나 두 개의 강을 건넜는데, 하나는 '대천류(大天流)'요, 또 하나는 '소천류(小天流)'라고 한다. 이 또한 모두 배를 연결하여 다리를 만들었다. 민가와 가게가 좁은 길에 끊이지 않았다. 미쓰케(見付) 촌사(村舍)에서 점심을 먹었다. 민가가 매우 성대하였는데 모두 같은 고을에 사는 이들이었다. 종일을 가도 길이 평탄하였으며, 다만 이미 지나온 산만이 저 하늘가에 은은히 보일 뿐이었다. 이날 저녁엔 도토미주(遠江州)의 가케가와(懸川)에서 투숙하였다.

이에야스(家康)가 스루가(駿河)의 부중(府中)에 성의 연못을 새로 만드느라 교대하는 역졸(役卒)들이 길에 이어졌다고 들었다. 도도우미주에 들어오면서부터는 포로로 잡혀 온 남녀들이 조금 드물어졌다. 다만 서쪽에서 전입해 온 자들이 있었는데, 이들은 대개 임진년 전쟁이 일어났을 때에 간토(關東)의 병마(兵馬)를 조달하지 않았기 때문이었다. 이곳의 성을 주관하는 이는 이에야스의 아우인 오키노카미(隱岐守)이다. 이에야스의 위(位)를 물려받은 후손이 스루가의 부중에 거처하면서 그 관하(管下)의 사람을 시켜 일일이 소식을 전하게 하였다. 간토의 한 길은 사신 등의 일로 [결락]

16일. 무인(戊寅).

가케가와(懸川)에서 날이 밝자 출발하여 한 산길에 이르렀는데 가파르고 몹시 험준하였다. 이름은 좌야중산(佐野中山)이고, 고갯마루에는 작은 사찰이 있었다. 안팎의 모든 산들이 모두 눈 아래에 놓였는데, 북쪽을 바라보니 후지야마(富士山)[14]가 구름 사이로 은은히 드러나 있었고, 고개 아래에는 마을이 있었으며, 마을 북쪽으로는 또 큰 들판이 있었고, 들판은 모래가 넓게 깔려 있어서 밭이나 초목은 보이지 않았다. 다만 무수히 많은 긴 강들만이 갈라지고 흩어져 흘러가서 마치 비단을 펼쳐 놓은 듯하였다.

물이 깊은 곳은 건널 수가 없었고, 물이 얕은 곳은 배가 다닐 수가 없었으며, 넓은 곳은 다리를 놓을 수가 없었고, 물살이 급한 곳은 놀 수 있는 곳이 못 되었다. 조금이라도 빗물이 있는 곳은 길이 막혀 갈 수가 없어서 여러 관리들은 호위하는 군인을 거느리고서 건넜다. 무려 열 개가 넘는 내를 건넜는데, 그 이름을 '오이(大井)'라고 하였다. 그 근원은 시나노주(信濃州)에서 시작하여 목충산(木層山)에서 갈라졌다가 스루가주(駿河州)와 시마다(島田)의 아래에서 다시 합하여 하나의 큰 강을 이루게 되어 가히 배를 댈 만하게 된다. 스루가 사람들은 이 강물을 끌어들여 관개(灌漑)함으로써 그 혜택을 누림이 매우 많은데, 이 물은 동쪽 바다로 흘러들어간다. 시마다에서 점심을 먹고, 스루가주의 후지에다무라(藤枝村) 도운지(洞雲寺)에서 투숙하였다.

이날에 이에야스(家康)가 사람을 요시토시(義智)와 가게나오(景直) 등에게 보내어 그들로 하여금 사신에게 전하게 하여 이르기를,

"지금 이미 위(位)를 히데타다(秀忠)에게 물려주었기에 곧장 귀국(貴國)의 명을 받는 것은 일의 이치와 체면상 편치 못하니, 바라건대는 곧바로 에도(江戶)를 향해 가서 전명(傳命)한 후 사행이 돌아오실 때에 나

---

14 후지야마(富士山) : 부산(富山). 후지산. 비유적 표현으로 부용(芙蓉)·팔엽(八葉)·팔엽봉(八葉峰)·백설(白雪)·부악(富嶽)·용악(蓉嶽)·함담봉(菡萏峯)이라고도 하였다. 혼슈(本州) 중부 야마나시현(山梨縣)과 시지오카현(靜岡縣)의 태평양 연안에 접해 있다. 12차 통신사행 가운데 1617년 2차와 1811년 12차를 제외한 나머지 사행 때마다 조선 사신은 이곳을 멀리서 바라보며 기렸다. 그 결과 필담창화집에 부사산을 두고 읊은 시가 적잖게 수록되어 있다.

가 절하고자 합니다."

라고 하였다는 말을 들었다.

이날 저녁에 비로소 귀뚜라미가 우는 소리를 들었고, 또 두 절기에 국화가 활짝 피어 있는 것을 보았다. 정경엄이 국화를 두고 시를 지었기에 내가 그 시에 차운하였다.

가을바람 향해 피는 것이 아직 늦지 않았으니	開向秋風尙未遲
꽃의 권세 반드시 먼저 가지려 다툴 것 없지	花權不必競先持
일 년에 두 번 피어난다고 무엇이 부러울까	一歲再華何足羨
동쪽 울타리에 사랑할 것은 서리 맞은 국화뿐일세	東籬惟愛傲霜枝

17일. 기묘(己卯).

후지에다(藤枝)[15]에서 출발하여 한 높은 고개를 넘어가는데, 이름을 '우진옥(宇津屋)'이라 하였다. 후지야마(富士山)의 한 줄기가 남쪽으로 내리달아 산마루가 되었는데, 산마루는 자못 험준하였고 수목이 빽빽하였다. 국향(鞠鄕)에서 점심을 먹었다. 삼사가 종행(從行)들에게 의관을 정돈하게 하였다. 장차 이에야스(家康)의 부중(府中)을 찾아가기 때문이었다. 비로소 좌우 길가에 있는 산처럼 쌓인 돌이 보였다. 사람이 수레로 돌을 운반하여 길에까지 이어지게 한다고 하는데, 이는 스루가(駿河)에 새로운 성을 쌓는 일로 그런 것이었다. 또 부중에 이르니, 새로 성의 연못을 만들었고, 정단(町段)은 겨우 정해졌으며, 민가도 한산

---

15 후지에다(藤枝) : 스루가주(駿河州)에 속하고, 현재의 시즈오카현(靜岡縣) 후지에다시 후지에다(藤枝市藤枝)이다. 시즈오카현 중부에 위치. 12차례 통신사행 가운데 2차, 12차를 제외한 나머지 사행 때마다 조선 사신이 이곳에 묵었다.

했고, 물역(物役)은 매우 드물었다. 다만 무수한 일꾼들만이 공장(工匠) 일을 하거나 아니면 토목 일을 하면서 성안을 가득 채우고 있을 뿐이었다. 성의 한 모퉁이에는 옛날 집이 하나 있었고 그 가운데에 층층으로 된 누각이 있었는데, 이는 이에야스가 사는 곳으로 그가 궁녀들을 거느리고 그 누각에 올라 사행들의 위의를 구경한다고 한다.

부중의 형세를 논하자면, 동쪽으로는 대해(大海)요 서쪽으로는 긴 강이 둘렀고, 남쪽으로는 기름진 들판이며, 북쪽으로는 후지야마 줄기로 내리달리고 있어서 참으로 천연의 요새를 이룬 땅이라 할 만 하다. 가히 이에야스가 그 땅의 형세를 잘 살핀 것임을 알 수 있다. 다만 땅이 한쪽 귀퉁이에 치우쳐 있어서 사방의 도리(道里: 노정)가 고르지 못하였으니, 이는 이에야스의 의도를 알지는 못하겠으나, 대개 서쪽은 바꾸고 간토는 지키려고 하는 데서 벗어나려고 했기 때문일 것이다. 일본에서는 오직 이 주(州)에서만 준마(駿馬)가 많이 나기 때문에 매년 8월 15일이 되면 전례대로 시장을 여는데, 66개 주(州)의 사람들이 구름떼처럼 몰려와 부중의 말을 사서 간다고 한다.

이날 저녁엔 세이켄지(淸見寺) 시골 숙소에 투숙하였다. 숙소는 해안에 있었는데, 대나무가 빽빽하였고, 뜰에는 몇 그루의 진송(眞松)이 푸른빛을 띠고 있어서 이 또한 하나의 기이한 구경거리였다. 이날 밤에는 달빛이 그림과도 같았고, 파도 소리는 귀를 어지럽게 하여 옷깃을 풀어 헤치고 일어나 앉아 있자니, 도무지 잠을 이룰 수가 없었다.

환자(宦者: 내시) 이윤복(李允福)은 동행하는 신충선(愼忠善)의 종이다. 임진란 때 포로가 되어 이 주(州)로 전입되었다가 지금은 이에야스가 궁중에서 가까이하고 신임하는 내관이 된 자로 부중 길에서 잠시 신공(愼公)을 만났다가 돌아가 이에야스에게 고하기 위해 가마도 타지 않은 채 우리 숙소로 뒤쫓아 왔는데, 따르는 자도 상당히 많았다. 부지런히 옛일에 대해 묻다가 나를 향해 예를 표한 후에 무슨 생각이 들었는지 내게 묻기를,

"이에야스가 오늘 사신께서 오신 것을 보고서 매우 기쁘게 생각하시니 이는 반드시 이웃 나라와 좋게 지내게 되었음을 기뻐하신 것이라고 생각합니다. 다만 저로서는 실로 이렇게 물 건너 먼 이국땅에 오셔서 무슨 일을 하려고 하시는지를 정확하게 알지 못하겠습니다."

라고 하였다. 내가 대답하여 이르기를,

"너는 이에야스의 궁궐에 있으면서도 어찌 일찍이 이처럼 기이한 일을 듣지 못했단 말이냐? 이전에 도요토미 히데요시(豊臣秀吉)가 국권(國權)을 잡고서 함부로 자신의 강함을 믿고는 교린(交隣)의 의리를 생각지도 않고 우리나라를 침략하여 우리 백성들을 도륙하였으니, 이는 실로 우리나라로서는 하늘을 함께 이고 살지 못할 원수이다. 그런데 지금 다행히도 도요토미 히데요시가 빨리 죽는 바람에 미나모토씨(源氏)가 나라를 얻게 되자 지난날의 잘못을 통절하게 여겨 예전의 우호를 다시 회복하고자 하여 쓰시마도주(對馬島主)를 시켜 다시 통신사를 보내줄 것을 간청하였기에 우리가 이렇게 이곳에 온 것이다."

라고 하였다.

윤복(允福)이 말없이 한참 있다가 또 내게 고하여 이르기를,

"이에야스의 관리들이 사행의 행렬을 구경하면서 모두 그 위의(威儀)가 성대하다고 칭찬하였으나, 다만 하졸(下卒)들의 의복이 누추하다고 합니다."

라고 하였다. 내가 또 답하여 이르기를,

"우리나라의 예법은 너희 나라의 무식함과는 비교할 수가 없다. 의

복의 제도에는 또한 귀천의 구별이 있으니, 지위가 높은 자는 오직 비단옷을 입고, 그 계급이 낮은 자는 세초(細綃)를 입지만, 세민(細民)은 면포(綿布)를 입을 뿐이기 때문이다. 그렇지 않다면야 이 이국땅을 행차함에 어찌 화려하고 아름다운 복색(服色)을 갖추지 않겠느냐?"

라고 하자, 윤복이 그렇게 여기고는 일일이 복색에 대해 칭찬하였다.

18일. 경신(庚辰). 맑음.

이날 아침에 요시토시(義智)와 가게나오(景直)와 겐푸(玄風)가 와서 삼사를 뵙고서 고하였다.

"어제 지나가신 길에서 만나 뵙고 이에야스께서 사행이 이곳에 오신 것을 매우 기뻐하셨습니다. 다만 오시는 길에 지공(支供)이 소홀하게 되었을까 걱정하시어 특별히 겐푸(玄風)에게 검칙(檢飭)하게 하는 일을 오로지 맡게 하셨습니다."

이날 세이켄지(淸見寺)에서부터 해안을 따라가다가 한 기다란 내에 이르렀는데, 이름을 '후지카와(藤川)'라고 하였다. 이 내의 원 줄기는 후지야마에서 발원하는 것이어서 일행 중에 그냥 건넌 이는 그 차가움이 뼛속까지 스며들었으니, 참고 건널 수가 없었던 이는 얼음이 녹아서 흘러 내려갔기 때문이었다. 이 내를 겨우 건너가자 길이 후지야마 앞으로 이어졌다. 멀리 보이는 산의 정상을 바라보니 백설이 쌓여 있는 가운데 허공에 불쑥 솟아올라 그 높이를 헤아릴 수조차 없었고, 눈이 쌓인 곳에는 풀 한 포기 나무 한 그루도 보이지 않았으며, 다만 상서로운 안개와 구름만이 산허리를 감돌고 있는 것이 보일 뿐이었다. 산의 정상은 평탄하였고, 둘레는 30여 리가 되었으며, 그 가운데는 큰 연못이 있는데 그 깊이를 헤아릴 수가 없다고 한다.

이 나라 사람 중에 혹 이 산을 오르는 자는 눈이 쌓인 곳은 추워서 가까이 갈 수가 없다고 하였으며, 그 높이가 어떤 이는 4백여 리가 된다고 하는데, 마치 거만함을 부리듯 높이 치솟아 눈부시도록 찬란함이 천 리에까지 이른다고 하니 참으로 한 나라의 제일가는 명산이요 거악(巨嶽)이라 할만하다. 산의 중간 기슭 동쪽에는 '조후쿠(徐福)'라는 한 사당이 있었고, 서쪽에는 '고후쿠(興福)'라는 한 절이 있었으며, 북쪽은 음산(陰山)을 등졌고, 남쪽은 대양(大洋)을 굽어보고 있었다. 산의 형세가 가파르고 우뚝 솟아 비록 태산(泰山)·화산(華山)·숭산(嵩山)·대산(岱山)이라 하여도 족히 비견할 것이 못되었으며, 지도(地圖)에서 소위 사시(四時)로 눈이 쌓여 있다는 그 말을 지금에야 비로소 직접 눈으로 확인하게 되었다.

그러나 산이 염방(炎方: 몹시 더운 곳이라는 뜻으로, '남쪽'을 이르는 말)에 있고, 땅은 양곡(暘谷: 해가 처음 돋는 동쪽)에 가까우니, 쇠와 옥이라도 녹일 만한 무더운 날씨에 반드시 눈을 볼 리가 없다. 그런데도 이 산에 눈이 쌓인 것이 마치 음력 섣달의 추위가 기승을 부리는 것과도 같으니, 사물의 이치가 왜 이리 괴이한지 따지기가 어렵다. 천풍(天風)이 서늘함을 끼고 태음(太陰)이 풀리지 않아서 그런 것인가? 혹은 탕천(湯泉)[16]과 화정(火井: 천연 가스가 분출되는 곳) 같은 것이 그 참된 본성을 잃어버려서 그런 것인가? 매년 7월이 되면 눈이 잠시 녹기는 하지만, 8월 초쯤에는 다시 본래의 하얀 빛으로 되돌아간다고 한다. 산신(山神)도 신령하고 신령이 응함도 심히 신령하니, 그 때문에 온 나라의 풍속이 귀천에 관계없이 모두 제사 지내는 것을 숭상한다고 한다. 이날은

---

16 탕천(湯泉) : 지열에 의해 데워진 더운 물이 땅 위로 자연적으로 솟는 샘.

요시와라(吉原)의 촌사(村舍)에서 점심을 먹고, 이즈카와(伊豆川)의 미시마(三島)에서 투숙하였다.

종사가 후지야마를 두고 시를 지었기에 내가 그 시에 차운하였다.

여름 지나 눈이 산에 가득하니　　　　　　　夏過雪滿山

산 빛이 온 천하에 다 드러났네　　　　　　山色露窮寰

푸른 바다 위로 우뚝 솟아올라　　　　　　屹立滄海上

푸른 하늘 사이로 높이 버티고 있네　　　　高撑碧落間

다행히도 그저 바라보기만 하다가　　　　　有幸空悵望

길도 없는 곳을 오를 수 있다는 것　　　　　無路可登攀

내가 하고 싶은 것은 난새를 타고서　　　　我欲駸鸞駕

옥황상제님 얼굴을 뵈옵는 것이라　　　　　歸朝玉帝顔

산이 어찌 이리도 높은 것인가　　　　　　有山何崒嵂

천 길로 푸른 하늘에 꽂혔구나　　　　　　千仞揷靑天

매양 비구름의 권세를 부여잡고　　　　　　每握風雲勢

항상 눈의 계절을 잡고 부리네　　　　　　常持雪月權

동쪽으론 큰 바다 펼쳐졌고　　　　　　　東南臨大海

서북쪽엔 긴 강이 둘렀다네　　　　　　　西北帶長川

이곳에 절이 있음을 알겠거니　　　　　　知是琳宮在

저녁노을 가운데 종소리라네　　　　　　　鐘聲下夕烟

높다랗게 우뚝 솟아 험준하기도 하여　　　崔嵬突兀更危崎

만 길 되는 절벽은 두려워 갈 수도 없네　　萬丈丹崖凜不迫

산굴엔 구름 돌아가 늘 흐릿하기만 하고　　出岫歸雲常靉靆

날듯한 봉우리들은 이리 삐쭉 저리 삐쭉　　　度岑飛翼更差池

섣달 그믐 눈에 매양 봄눈까지 쌓인 곳에　　　臘雪每兼春雪積

하늘 바람은 바다 바람과 같이 길이 불어오네　　天風長共海風吹

이 몸은 어쨌거나 난새를 얻어 타고 날아가서　此身安得駿鸞去

세상 옷 다 버리고 신선 옷 한번 입어 볼거나　試拂塵衣舊染緇

19일. 신사(辛巳).

미시마(三島)[17]에 머물렀다가, 다음 날 산마루를 넘어가다 쉬었다. 원역들 때문이었다.

이날 종사가 지은 〈우연히 생각이 나서 짓다〉라는 두 편의 시에 차운하였다.

서쪽으로 돌아갈 길 손꼽아 보며　　　　　　屈指西歸路

시를 읊조리노라니 잠도 오지를 않네　　　　沈吟耿不眠

높고 낮은 봉우리들 저 몇만 리에　　　　　　亂峰知幾萬

약수(弱水)[18]는 삼천리인 줄 알겠네　　　　弱水是三千

나그네 길 굳이 한탄할 게 있겠냐만　　　　　羈旅何須歎

차리고 나서니 가련하기만 할 뿐이라　　　　行裝只可憐

술잔에 한 잔 가득 부어 놓고는　　　　　　　爲憑樽酒凸

그런대로 몇 줄 시 지어볼 뿐이라네　　　　　聊賦數行聯

---

17 미시마(三島) : 이두주(伊豆州)에 속하고, 현재의 시즈오카현(靜岡縣) 미시마시(三島市)이다. 12차례 통신사행 가운데 1차, 2차, 12차를 제외한 나머지 사행 때마다 조선 사신이 이곳에 묵었다.

18 약수(弱水) : 신선이 살았다는 중국 서쪽의 전설적인 강. 길이가 삼천리나 되며, 부력이 매우 약하여 기러기의 털도 가라앉는다고 함.

명을 받고 남쪽 땅을 떠돌아다니다가	受命遊南土
임금님 그리워 북두칠성 바라다보네	懷君望北辰
좋은 시절은 한 여름에 어긋나버렸고	佳氣違一夏
좋은 만남은 삼춘(三春)을 저버렸네	良會負三春
기러기 떼 바라보며 시름겨워 하다가	雁陣愁邊對
임금님 얼굴을 꿈속에서나 뵈옵네	龍顔夢裏親
산과 바다는 천리만리 멀기도 하여	海山千萬里
길가는 일 고생은 더욱 커져만 가네	行役倍酸辛

20일. 임오(壬午). 맑음.

이날 아침 자칭 '청정구속(淸正舊屬)'[19]이라고 하는 한 관리가 왔는데, 다리 아래에 창에 찔린 상처의 흔적이 남아 있는 자로, 지관(支官)으로 와서 종행들을 대접하였다. 이는 곧 이에야스가 나라를 얻은 후에 동과 서의 도(道)와 진(陣)을 바꾸어 거주하는 곳을 옮길 때에 이곳에 와서 살던 자이다. 저가 말하기를, 기요마사(淸正)가 섬 안에 있을 때, 산으로도 막혔고 물길도 이미 끊어지고 땔감과 식량도 다 떨어져 말에 이르기까지 [결락] 굶주림을 구해주었다. 기요마사가 막 나가려고 하자. [결락] 그 때에 천병(天兵)이 잠시 물러나자 군대가 구해 주었다. [결락] 이것으로 인해 도망쳐 벗어났다고 한다.

매우 큰 산마루가 하나 있었고 그 산마루에는 큰 마을이 하나 있어서 일행이 이 마을에서 점심을 먹었다. 마을 주변에는 큰 호수가 있었는

---

19 청정구속(淸正舊屬) : 임진왜란 당시 왜군의 장수로 우리나라를 침략한 일본의 무장 가토 기요마사(加藤淸正)에게 소속되었던 자라는 뜻으로 쓴 것인 듯함.

데, 호수가 매우 넓었으며 그 깊이도 바닥이 보이지 않을 정도였다. 원주민에게 물었더니 대답하기를,

"이 호수는 별도의 근원이 없고, 둘레는 4백 리에 이르며, 서북 방향으로 흘러들어가 바다 입구에까지 도달합니다."

라고 하였다. 내가 심히 기이히 여겨 둘러보니 실로 하늘이 내린 호수라 할 만하였다. 오리와 갈매기와 해오라기 등이 물 가운데서 헤엄치고 있었고, 기이한 꽃들과 초목들이 언덕에 빽빽하게 늘어져 있었다. 하지만 아쉬운 것은 그 화초들의 이름을 알 수가 없다는 것이었다.

또 산마루 중턱에 이르니, 마쓰야마(松山)라는 곳에 성 하나가 있었다. 원주민에게 물어보았더니, 예전에 히데요시(秀吉)가 우리나라를 침략할 때에 오직 오다와라(小田原)[20]의 태수 북조아직(北條阿直)만이 그의 명령을 따르지 않고 험준한 요새를 차지하고서 대항하자 히데요시가 군대를 이끌고 와서 공격하다 처음에는 대패를 당했는데, 다시 대군을 이끌고 수륙(水陸) 양면으로 쳐들어와 결국 그 성을 함락시키고, 마침내 군사를 모아 서쪽을 침략할 흉계를 짰다고 한다. 만일에 이 성이 끝끝내 함락되지 않았다면 히데요시가 나라 안의 걱정거리를 고민하느라 우리나라도 임진년의 난리를 겪지 않았을 것이다. 경인년(庚寅年: 1590)에 사신이 일본에 왔을 때 히데요시가 동쪽의 전투로 인해 돌아오지 못하고 5월까지 머물렀다고 한 것이 실로 바로 이때였던 것이다.

또 산마루 아래에 이르자 정(釘)으로 돌을 뜨고 있었는데, 그 쌓아 놓은 것이 구릉과도 같았으니, 곧 에도(江戶) 새 도읍의 성을 건축하는

---

20 오다와라(小田原) : 사가미주(相模州)에 속하고, 현재의 가나가와현(神奈川縣) 오다와라시(小田原市)이다. 가나가와현의 남서단에 위치. 12차례 통신사행 가운데 2차, 12차를 제외한 나머지 사행 때마다 조선 사신이 이곳에 묵었다.

데 쓰일 돌이었다. 각 주(州)의 장관들이 군인을 이끌고 와 이곳에서 일을 시키고 있으며 돌은 배로 운반한다고 한다.

이날 저녁에는 오다와라(小田原)에서 투숙하였다. 성읍 옆에는 바다가 있었고, 물색이 번화하였으며, 인물도 준수함은 이곳에 이르자 더욱 뛰어났으니, 이는 대개 산천의 맑은 기운 때문일 것으로 생각되었다.

종사가 지은 〈상근령(箱根嶺)을 넘어가며〉라는 시에 차운하였다.

포로 송환 위해 이 길을 열긴 했지만	爲返旗倪此路開
십 년이나 묶이어 슬픔을 감내했구나	十年拘縶儘堪哀
사신의 높은 뜻으로 구해낼 기약 잡았으니	使臣高義期拯濟
자기처럼 생각한 임금님의 깊은 사랑임이라	聖主深仁若己推
험한 길 지나가는 여정은 아득하기만 한데	度棧旌旗光隱現
구름 닿은 피리 소리에 이리저리 배회하네	徹雲笳鼓響徘徊
지금은 뛰어난 사행들이 복잡한 일 만났으니	方今利器逢盤錯
어느 때나 일 다 마치고 돌아갈 수 있을까	竣事何時拂袖來

21일. 계미(癸未).

섭공(葉公)이라고 일컫는 중국인이 삼사를 찾아와서 뵙고 말하기를,
"저는 중국 남경(南京) 사람으로 가정(嘉靖: 명대 세종의 연호) 말엽에 일본을 위해 초절(草竊)[21]하는 도둑이 되었다가 포로가 되어 간토로 들어온 자인데, 지금까지 30여 년 동안 당시에 같이 포로로 잡혀왔던 사람들과 함께 별도로 마련된 한 마을에 살고 있습니다. 꼭 새장에 갇힌 것만

---

21 초절(草竊) : 남이 다 지어 놓은 농작물을 훔쳐가는 도둑.

같았으나 벗어날 수가 없었습니다. 다행히도 의술(醫術)로 그럭저럭 살아갑니다만, 늘 고향을 그리는 마음만은 참으로 간절합니다."

라고 하였다. 일본인이 마련해 준 마을을 '당인촌(唐人村)이라고 한다.

오다와라(小田原)에서 출발하여 오이소(大磯)에서 점심을 먹고 사가미주(相模州)²²의 후지사와(藤澤)에서 투숙하였다. 이날은 두 번이나 강을 건넜는데, 모두 부교(浮橋)가 있어서 허다한 인마(人馬)들이 마치 평지를 건너듯 하였다. 다만 오랫동안의 가뭄 끝인지라 먼지가 자꾸만 눈에 들어와 사물을 제대로 볼 수가 없어서 일행과 원역들이 몹시 피곤해하고 괴로워했다. 오후에는 비가 내리더니 저녁까지 내렸다. 도롱이를 쓰고 길을 가는데 찬바람이 얼굴을 때려대어 정신이 번쩍 드는 것만 같았다.

이날 겐소(玄蘇)가 후지야마(富士山)를 두고 읊은 시 한 수를 올렸기에 내가 그 시에 차운하였다.

천 길 높은 봉우리 빼어나면서도 기이한데	千仞崇巒秀更奇
보내 온 스님의 시도 기이한 구경거리라네	奇觀輸入老師詩
사시사철 쌓인 눈은 참으로 감상할 만하여	四時帶雪眞堪賞
지나가는 나그네 반드시 말을 멈추게 하네	正是行人駐馬時

| 봉우리는 기이한 여름 구름과 다투는 듯하여 | 尖峰爭似夏雲奇 |
| 그 멋진 모습을 시 한 수로 전하기 어려워라 | 勝狀難傳一首詩 |

---

22 사가미주(相模州) : 현재의 가나가와현(神奈川縣) 지역. 상모국(相摸國)·상주(相州)라고도 한다. 남용익(南龍翼)의 『문견별록(聞見別錄)』「주계(州界)」에 "상모주: 동쪽으로는 무장, 서쪽으로는 상근령, 남쪽으로는 바다에 닿고 북쪽으로는 상야에 이르며, 소속된 군은 8군이고 목재가 생산된다.[相模州: 東抵武藏, 西阻箱根嶺, 南距海, 北抵上野。屬郡八。産材木。]"라고 하였다.

산 위의 눈 오래 동안 남는 것 알고 싶다면	欲知山上長留雪
반드시 6월의 찌는 무더위에 보아야 하리라	須見炎蒸六月時
산꼭대기 눈빛은 다시 하얗게 돼 기이하여	山頭雪色白還奇
과객은 말 멈추고 시를 짓지 않을 수가 없네	過客停驂强賦詩
다만 아침저녁 불어오는 바람 모양 보노라면	但看朝暮風風態
한여름 무더운 날씨에도 변하지 않으리라	不變金流玉鑠時

22일. 갑신(甲申).

첫 비가 내리자 다만 가벼운 먼지만 적셨다. 이른 아침에 출발하여 해안을 따라 길을 갔다. 길을 끼고 있는 촌락(村落)들은 서로 마주 보며 끊이지 않은 채 멀기도 하고 혹은 가깝기도 하였으나, 피폐한 것 같았다. 이날은 점심을 먹지 않고 가야천(加野川)에서 투숙하였는데, 이는 곧 무사시주(武藏州)[23]의 경계이다. 히데타다(秀忠)가 식읍(食邑)이 만석(萬石)이나 되는 세 사람을 파견하여 사행을 대접하게 하고 아울러 사행의 동태를 보고하게 하였다.

종사가 산마루를 지나다 또 〈부사산을 바라보며〉라는 시를 지었기에 내가 차운하였다.

---

23 무사시주(武藏州) : 현재의 도쿄도(東京都), 사이타마현(埼玉縣) 및 가나가와현(神奈川縣) 가와사키시(川崎市)·요코하마시(橫濱市) 지역. 무사시노국(武藏國)·부주(武州)라고도 한다. 남용익(南龍翼)의 『문견별록(聞見別錄)』「주계(州界)」에 "무장주: 동쪽으로는 상륙, 서쪽으로는 상모, 남쪽으로는 상총, 북쪽으로는 하야에 이른다. 소속된 군은 24군이고 강호에 소속된다.[武藏州: 東抵常陸, 西抵相模, 南抵上總, 北抵下野。屬郡二十四, 卽江戶所屬也。]"라고 하였다.

사시사철 눈을 띠고 있으니	四時長帶雪
천하에 제일의 명산이로다	天下一名山
세 번이나 산마루를 지나가도	行行三度嶺
보이는 건 구름 끝뿐이로구나	猶見聳雲端

23일. 을유(乙酉).

가야천(加野川)에 머물렀다. 빗소리가 종일토록 그치지 않았다. 삼사가 종행들에게 의복을 정돈하도록 명하였으니, 내일 새로운 도읍인 에도(江戶)로 가기 때문이었다. 이날 처음 들은 것인데, 이 나라 사람은 귀천에 관계없이 나라를 위해 순직한 자가 있으면 혹 자기가 가까이하고 신임하는 관하(管下)의 사람이나 친족 중에서 그 죽은 자를 위해 [결락] 혹 천 명의 목을 베는 자가 있으면 '천인공(千人功)'이라 부른다고 한다. 그 풍속이 이와 같았으니, 죽은 자는 반드시 불가(佛家)에서 소위 천당(天堂)이라 하는 곳으로 돌아가고 그 후생(後生)은 큰 복을 받는다고 한다. 그래서 비록 국왕이라도 그것을 금지할 수가 없다고 한다. 근래에 다다요시(忠吉)가 죽었을 때에 한 악한 젊은이가 칼을 가지고 대낮에 마구 다니면서 길 가는 사람들을 제멋대로 목을 베는 일이 일어나자 새로운 장군인 히데타다(秀忠)가 이를 듣고서 이런 악습을 없애고자 하여 나무 기둥을 거리에 세우고 방(榜)을 걸고 명하기를,

"만일 이 자를 잡아오는 자가 있으면 반드시 상금으로 금은을 후하게 주리라."

라고 하였다. 그 악한 젊은이가 이 방(榜)을 보고는 히데타다가 내건 방을 없애버리고 다른 방을 내어걸고 이르기를,

"나는 다다요시의 관하에 있던 자로 늘 다다요시에게 쓰임을 받았는

데, 내가 이처럼 선한 일을 한 것을 놓고 장군은 다다요시와는 형제이
면서도 이를 막고자 하니, 이는 진실로 무슨 마음이란 말인가!"
라고 하였다. 히데타다가 이 말을 듣고서 마침내 체포령을 그치게 했다
고 한다. 가히 그 풍속이 온당치 않음에 놀랄 뿐이다.

　이날 종사가 지은 〈가마를 타고 가다 파리에 짜증나서〉와 〈먼지 길
을 가면서〉라는 두 편의 시에 차운하였다.

네가 싫어 지금처럼 억지로 시를 지음은	憎汝如今强賦詩
시인이란 일찍이 옥의 티에 비유됨이라	詩人曾比玉生疵
어찌해서 만 리나 되는 이 타향 길에서	胡爲萬里他鄕路
가마에까지 앵앵거리며 종일 따라다니나	轎上營營盡日隨
길은 끊어져 사람 세상 본 적도 없으니	路斷人寰見未曾
일찍이 서로 사랑함도 미워함도 없어라	曾無相愛又無憎
오늘처럼 먼지는 이 먼 길 따라 일어나	如今日逐長途起
내 옷을 더럽혀도 떨쳐버릴 수가 없구나	汚我衣巾拂不勝

24일. 병술(丙戌).

　저녁에 비가 내렸다. 가야천(加野川)에서부터 행차를 정렬하여 시나
가와(品川) 역참을 향해 나아갔다. 구경하는 남녀들이 원근 각처에 구
름처럼 모여들어 길가를 가득 메웠다. 이날 저녁에 에도(江戶)에 가니
민가가 아주 많았으며, 물색이 성대하여 청차(晴次)에 비해 배나 나았
는데, 새로 궁성을 건축하느라 나무와 돌들을 나르고 있었다. 서북쪽
은 기름진 들판이요, 동남쪽은 큰 바다였으며, 또 한 강이 궁성을 가로

질러 둘러싸고서 저잣거리와 민가로 흘러가다 해협에 도달하였다. 전
함(戰艦)과 상선(商船)들이 궁문(宮門)에 떠다녔으며, 또 도시의 크고 작
은 사람들이 무지개다리를 오고가는 것이 보였는데, 아스라하게 보이
는 것이 마치 은하수 위를 다니는 것과도 같았다. 길 왼편에 있는 한
미인을 보니 그 모습이 범상치가 않았는데, 우리 행차를 쳐다보다가
우두커니 서서 눈물을 흘리기에 내가 말 위에서 물어보았다.

"너는 포로로 잡혀온 조선의 아녀자인가?"
라고 하자 오열하며 말도 하지 못한 채 다만 스스로 울음을 삼키면서
대답하기를,

"저는 태인(泰仁) 양가(良家)의 여자입니다."
라고 하였다.

이날 도시를 두루 돌아다니다 남쪽으로 돌아 다시 북쪽으로 갔다가
한 큰 사찰에서 묵었는데, 이름이 '혼세이지(本誓寺)'라 하였다. 절은 해
협 가까운 곳에 있어서 때로 파도 소리가 들려왔으며 바로 문밖에서
파도가 뛰놀았다. 히데타다(秀忠)가 이미 신분이 높은 관리를 절 가운
데 두게 하여 원역들을 접대하였는데, 상당히 정성이 있었다.

이날 밤에 포로로 잡혀온 사람들을 불러서 물어보았더니, 일본에 포
로가 되어 들어온 남녀들 중에는 혹 친척들이 다 죽었을까 두려워하거
나 혹은 돌아가 봐도 의탁할 데가 없을까 걱정하여 고국으로 돌아가려
고 하지 않으려는 자들이 거의 절반이나 되었다고 하니, 가히 안타까운
일이었다. 이는 저들이 이미 본심을 바꾼 것이었다.

이날 종사가 지은 〈강호에 도착하여〉라는 시에 차운하였다.

담량(膽量)과 위명(威名)은 만 명을 상대할 만한데　膽量威名敵萬夫
새 도읍을 무장주(武藏州) 한 모퉁이에 건설하였네　新都營建武藏隅
진군하는 병사들 점점 많아져 올빼미 같은 적들 항복하고　進兵居益梟降賊
지혜를 잘 운용해 관원(關原)에서 포로를 받았다네　運智關原受獻俘
육십 개의 웅주(雄州)가 시키는 대로 따랐고　六十雄州隨指嗾
삼천 명의 맹장들은 온 몸을 다 바쳤네　三千猛將許馳驅
성 가득히 빛나는 위업을 지금은 자식에게 전하고서　盈城赫業今傳子
겸손하게 한쪽 편에 누워서는 원대한 도모를 찬미하네　遜臥褊方贊永圖
　　　　　－ 위의 시는 이에야스(家康)를 가리킨다

물려받은 아들은 영웅이요 백 명 중의 으뜸이라　嗣子英雄冠百夫
성 가득 끼친 업적을 동쪽 모퉁이에서 보전하네　盈城貽業保東隅
추한 놈들 다 베어버리니 누가 와서 모독할까　芟夷群醜誰來侮
조만간에 외로운 봉 새끼들 스스로를 묶으리라　早晩孤雛自繫俘
서릿발 같은 위엄 있는 이름은 언제나 늠름하고　霜雪威名常凜烈
바람·번개 호령하며 날마다 마구 내리달리네　風電號令日馳驅
새 도읍은 험준한 곳이라 진실로 천연의 요새이니　新都設險眞天府
영원토록 마땅히 그 웅장한 도모 전할 것이라　永世宜傳是壯圖

25일. 정해(丁亥). 맑음.

혼세이지(本誓寺)에 머물렀다. 히데타다(秀忠)가 또 식읍(食邑)이 2만 석이나 되는 자 두 사람을 보내어 원역 이상을 지공(支供)하는 일과 같은 것을 살펴주었는데, 파견되어 나온 사람들 또한 매우 신중하고 부지런하였다. 어떤 이는 사신이 좋아하는 음식이 무엇인지를 묻기도 하였고,

또 어떤 이는 찬품(饌品)이 깔끔하지 못할까 걱정하여 직접 그 맛을 보기까지 하였다. 만일 사신이 바친 음식이 좋다고 하면 모두 기쁜 얼굴빛이 되어 일일이 가서 히데타다에게 보고하였고, 히데타다는 또 관하의 연소한 이로 식읍이 천여 석이 되는 자 십여 명을 보내어 원역들의 눈앞에서 음식을 바치며 직접 분주하게 일하였다. 이들은 조선의 행동거지와 같은 예법을 배우고자 하여 보내진 자라고 하니, 여기에서 저들의 풍속이 우리나라의 예법을 높이 받들려고 하는 것임을 볼 수가 있다.

오후에 히데타다가 또 신분이 높은 자 세 사람을 보내어 사신인 삼사(三使)에게 문안하게 하였기에, 군위(軍威)를 성대하게 벌려놓고 맞이하여 호상(胡床)[24]에 앉아 예를 행하고 나서 정사(正使)가 말하기를,

"장군께서 사행을 대우해 주시는 그 정성이 극진하심에 감읍하고 또 감읍합니다. 다만 사명(使命)을 받들어 이만 리 먼 길을 와서 오늘 이미 이곳에 이르렀으나 아직까지도 국명(國命)을 전하지 못하였으니, 그 걱정스러움에 어쩌지 못하고 있을 뿐입니다."

라고 하였다. 그러자 가장 앞자리에 앉아 있던 사람이 답하기를,

"우리 장군께서는 양국 간의 우호의 도리라고 여기고 계시니, 이는 실로 막중한 예입니다. 그래서 지금 길일(吉日)을 택하여 받고자 하오니 사신께서는 우선 편히 쉬시면서 장군의 결정을 기다려 주시기를 바랍니다."

라고 하였다.

---

24 호상(胡床) : 걸상처럼 된 간단한 접의자.

26일. 무자(戊子). 비.

혼세이지(本誓寺)에 머물렀다 [결락] 두수(斗數)는 차이가 있었으나 교토(京都)에서 공급해 주던 것과 같았고, 그릇과 땔감 또한 그 양을 헤아려서 바쳐 올렸다.

27일. 기축(己丑). 맑음.

혼세이지에 머물렀다. 히데타다(秀忠)가 사신을 접대하는 예를 그 아버지에게 묻기 위해 스루가(駿河)의 부중(府中)으로 집정(執政) 한 사람을 보냈다고 한다. 대개 새로 나라의 도읍을 세운지라 이전의 규정을 잘 알지 못하였기 때문이었다. 또 듣건대, 히데타다의 관하에서 집권하고 있는 여러 관리들이 사신이 보낸 예물이 심히 소략하다는 말을 듣고서 모두 크게 웃었다고 한다.

28일. 경인(庚寅). 비.

혼세이지에 머물렀다. 비로소 오늘 히데타다가 다음 달 초6일을 전명(傳命)할 날로 정했다는 말을 들었다고 한다. 또 듣건대, 히데타다의 궁궐에서는 늘 설치해 놓는 병풍을 중국과 조선 등의 화격(畫格)을 사용하였으나 오늘은 사신을 접견한다고 하여 자기 나라의 화격으로 바꾸었다고 한다. 대개 자기 나라의 물색을 과시하기 위함이었다.

29일. 신묘(辛卯). 맑음.

혼세이지에 머물렀다. 히데타다의 궁녀 한 명이 개인적인 사내와 간통했다고 하여 수일 전에 목 베임을 당했다고 들었다.

6월

초1일. 임진(壬辰).

혼세이지에 머물렀다. 도주(島主)가 히데타다를 뵈었을 때, 히데타다가 사신을 모시고 먼 길을 왔다고 하여 거듭거듭 위로했다는 말을 들었다고 한다.

초2일. 계사(癸巳).

혼세이지에 머물렀다. 나와 여 첨사(呂僉使)와 정경엄이 몰래 빚은 술을 실컷 마셨다.

초3일. 갑오(甲午). 비.

혼세이지에 머물렀다. 이에야스(家康)가 히데타다에게 사람을 보내어 사신을 잘 보호하고 속히 접견하라고 했다는 말을 들었다.

초4일. 을미(乙未). 비.

혼세이지에 머물렀다. 삼사가 종행들을 불러 모아놓고 전명(傳命)할 때 절하고 앉는 절차에 대해 익히도록 하였다.

초5일. 병신(丙申). 맑음.

혼세이지에 머물렀다. 들건대, 이 나라에서는 윤달의 진퇴(進退)가 우리나라와 같지 않아 금년은 4월이 윤달이 된다고 한다. 그래서 오늘이 단오라고 하여 혹 죽은 자를 위해 널리 불사(佛事)를 행하기도 하고 혹은 친족들을 불러 모아 음식을 나눠 먹으며 즐긴다.

또 성중에서 수많은 군사들이 일시에 깃발을 펼쳐들고 출전(出戰)을 재촉하는 것을 보았다. 무수한 군대들이 귀천에 관계없이 모두 함께 한 곳에 모여 시정(市井)과 군병을 동서 양 진영으로 나누었는데, 시정은 동군이 되고 군병은 서군이 되어 각각 약간의 용감한 이들이 양 진영 앞에 나와 깃발을 휘두르며 돌을 던지면서 수없이 싸움을 벌였다. 또 긴 창과 큰 칼을 번개처럼 번쩍이면서 마구 뛰며 용맹을 북돋우다가 조금씩 서로 접근해 가자 비로소 씨름하는 듯한 모습이 되어 수차례나 서로 맞붙어 싸웠다. 서병(西兵) 한 사람이 발을 헛디디어 쓰러지자 동병(東兵)이 그 승세를 타고 마치 서로 다투듯 손과 다리를 베어 하나하나 땅바닥에 내던졌다. 그런 후에야 각각 자신의 본진(本陣)으로 돌아갔는데, 동병은 손에 침을 뱉으며 기뻐했고, 서병은 분함을 품었다. 서병이 다시 도전하여 서로 교전하다 몇 차례 싸우지도 않고 짐짓 북쪽으로 달아나자 동병은 그들을 꺾은 것으로 알고 그 기세를 타고서 추격해 갈 때에, 서병이 곧바로 돌아서서 힘을 다해 싸워 역전이 되자 전세는 바야흐로 절정이 되어 갔다. 그때 매우 웅장한 모습의 한 사람이 손에 큰 칼을 휘두르며 동병을 향해 돌격해 가더니 마침내 앞장선 한 사람의 목을 베었다. 이로써 서병이 승기(勝機)를 타고 또 일진일퇴를 거듭하였는데, 그 한 사람이 목 벤 자가 많게는 십여 개나 되었다. 이와 같이 하여 끝났지만 동병이 다시 도전하였다.

나이가 오십이 된 한 노인이 있었는데, 몸을 날려 창을 휘두르면서 선봉에 나서 곧장 서병의 선봉장을 추격하더니 단번에 찌르고 그 몸을 찢어 거꾸러뜨리자 서병 중에 감히 손을 내려놓지 않은 이가 없었다. 물어보았더니, 그 진의 선봉에 섰다가 죽임을 당한 자의 아버지였는데, 그 자식이 손 한번 쓰지 못한 채 죽는 것을 보고는 슬퍼하여 이에 복수를 한 것이라고 하였다. 이 때문에 동병이 다시 승세를 타고 서병을 추격하여 거의 궤멸시키다시피 하였고, 어떤 자는 인가로 달아났다가 도리어 그 주인에게 죽임을 당하기도 하였으니, 이것 또한 이 나라의 풍속이었다. 대개 이 나라의 풍속이 이런 짓으로 한바탕 기이한 놀잇거리로 삼았다. 반드시 이날에 온 나라에서 이를 행하였는데, 혹 사람을 죽이는 일에 능한 이를 선발한다고도 하였다. 66개 주(州) 가운데에서 오직 쓰시마에서만은 우리나라의 교화를 입어 이런 짓을 하지 않은 것이 오늘까지 70여 년이 된다고 한다. 하지만 교토(京都)에서는 다만 길거리에 모여 여러 잡다한 놀이를 하거나 혹은 술을 마시면서 즐길 뿐이다.

초6일. 정유(丁酉).

히데타다(秀忠)가 삼사에게 사람을 보내어 궁궐로 맞이하였다. 삼사가 정렬한 채로 천천히 나아가 무려 세 개의 성문을 들어가 그 궁문의 바깥에 이르니 쓰시마도주와 조타이(承兌)[25]·겐푸(玄風)·가게나오(景直) 등이 삼사를 맞아 들였다. 잠시 별관에서 편히 쉬었다가 국서(國書)를

---

25 조타이(承兌) : 세이쇼 조타이(西笑承兌, 1548~1608). 근세 초기 일본 임제종(臨濟宗)의 승려. 외교승. '조타이(承兌)'는 휘(諱)이고, 자는 사이쇼 혹은 세이쇼(西笑)이다. 호는 월포(月浦) 또는 남양(南陽). 시문을 닌조 슈교(仁如集堯)에게서 배웠다. 1584년 쇼코쿠지(相國寺)의 주지가 되었고, 이듬해 로쿠온인(鹿苑院)으로 옮겨 천하승록(天下僧錄)이 되었으며, 임제 오산파(五山派)를 총괄 관리하였다. 그 후 도요토미 히데요시(豊臣秀吉)에게 중용되어 그가 지은 호코지(方廣寺) 대불(大佛)의 공양도사(供養導師)가 되었고, 얼마 후 도요토미 정권 하의 외교문서의 일을 관장하였다. 1604년 8월 조선에서는 탐적사(探賊使)로 승려 유정(惟政-松雲大師)과 손문욱(孫文彧)을 쓰시마에 파견하여 일본 국정을 정탐하게 하고, 화의를 이루게 하며 또 피로인을 쇄환하는 교섭도 추진시켰다. 이듬해 3월 5일 교토(京都) 후시미성(伏見城)에서 도쿠가와 이에야스(德川家康) 부자(父子)와 회견하고 피로인 1,390명을 데리고 돌아왔다. 후시미조에서의 회견에서 혼다 마사노부(本多正信)와 외교승인 쇼다가 접반역(接伴役)으로 이에야스의 뜻을 유정에게 전하였다.

받들고 먼저 들어갔다. 잠시 후에 한 관리가 전상(殿上)에서부터 황급하게 나와 사신을 맞아 들었다. 전명(傳命)하는 예가 끝나자 히데타다는 북쪽 벽에 꿇어앉았고 사신은 동쪽 벽으로 앉았다. 북쪽 벽의 왼쪽에는 미리 설치된 한 책상이 있었는데, 그 위에다 국서를 받들어 놓고는 비단 보자기로 덮고 예물은 그 아래에다 늘어놓고서 좌정하였다. 히데타다가 사신을 향하여 말하기를,

"삼가 국명(國命)을 받드시고 먼 길을 오시느라 고생하셨으니 감사함과 기쁨을 이기지 못하겠습니다."

라고 하였다. 조금 있다가 음식이 나왔다. 매우 깔끔하고 좋았는데, 사신에게 먼저 좋아하는 음식이 무엇인지를 묻고 그렇게 대접했다고 한다. 전상(殿上)에는 다만 음식을 바치는 관인 몇 명만 있었고, 그 나머지 대소 원역들을 호위하는 자들은 관복을 단정하게 입고 자리에 앉아 듣기만 할 뿐이었다. 종행들 또한 대청 위의 영외(楹外)에서 예를 행하기를 이미 끝내고 한 별관에서 동서로 나뉘어 두 줄로 좌정하였다. 술과 음식을 바쳤는데, 역시 매우 깔끔하고 좋았다. 지대(支待)하는 관인들이 술과 음식을 바치면서 권하는 것이 지극한 정성을 담은 것 같았다. 가게나오와 겐푸 등은 서반(西班)의 말석에 앉아서 우리 일행을 기다리고 있었는데, 이는 대개 우리 일행을 추앙하고 존중했기 때문이었다.

음식을 물린 후에 삼사가 물러나기를 고하자 대장로(大長老)와 집정(執政) 등이 문밖으로 나와 절하며 배웅하였다. 이날 본 궁궐의 굉장함과 그 담장의 광활함, 새로운 역사(役事)를 막 끝낸 곳이어서 금은으로 된 병풍들과 비단으로 된 휘장들의 화려함은 가히 볼만한 것이었다. 외성(外城)과 성의 해자는 지금 건축을 하고 있는 중이어서 일하는 일꾼들의 고함 소리가 하늘을 울렸으며, 또 무수하게 많은 큰 돌들이 길옆에 쌓여

있는 것을 보았는데, 돌 하나 운반에 은 30량 정도가 든다고 한다.

초7일. 무술(戊戌).

혼세이지에 머물렀다. 삼사가 가게나오(景直)에게 명하여 예조의 서계(書契)를 집정들에게 전하게 하였다. 듣건대, 어제 히데타다가 사신을 접대할 때에 조타이(承兌)와 학교(學校) 등에게 자리 끝에 참석하도록 시켰는데, 겐푸(玄風)가 이를 만류하며 말하기를,

"조선의 유학자들은 승려를 이단(異端)과도 같이 여겨 배척하여 얼음과 숯이 서로 받아들이지 못함과 같이 하니, 지금 갑작스럽게 승려들과 한 자리에 앉게 하신다면 반드시 칙사(勅使)에게 수치스러움과 함께 비웃음거리가 될 것입니다."

라고 하였다. 그러자 히데타다가 이를 옳게 여기고서 참석하지 못하게 하였다고 한다. 또 듣건대, 히데타다의 회답서계(回答書契) 가운데에 '왕(王)' 자와 자기 나라의 연호를 쓰고자 하였으나 사신이 편치 않으리라고 여기어 마침내 '왕'자와 연호는 제거하고, 다만 성명과 연월만 썼다고 한다. 또 집정과 장로들에게 경계하여 이르기를,

"글을 지음에 요긴한 것에 힘을 쓰고 매우 공손하게 할 것이요, 삼가 애매하게 하지 말라."

라고 했다고 하니, 이는 사신이 임금을 압도할 만한 신하로서의 위치가 되었기 때문이었다. 이는 진실로 육고(陸賈)가 위타(尉佗)를 제압하고[26]

---

26 육고(陸賈)가 위타(尉佗)를 제압하고 : 육고는 초(楚) 출신의 서한 초기 대신이자 유방의 모사로 역사에 뚜렷한 족적을 남긴 인물로 언변에 능해 늘 제후들에게 사신으로 파견되어 크게 활약했는데, 강·온책을 동시에 구사하여 당시 남월(南越)의 왕이었던 위타를 복속시켰다.

황옥(黃屋: 임금이 타는 수레)조차 버린 것을 넘어서는 일이었다.

초8일. 기해(己亥).

혼세이지에 머물렀다. [결락] 신충선(愼忠善)을 보았다. [결락] 고하여 이르기를,

"이에야스(家康)가 포로들을 모두 되돌려 보내려는 뜻을 가지고 있습니다. 저들은 [결락] 늦었지만 여전히 보내기를 허락하고 여비도 지급해 줍니다."

라고 하였다.

초9일. 경자(庚子).

혼세이지에 머물렀다. 집정(執政) 한 사람이 부채 자루와 종이 묶음을 사신에게 답례로 주었는데, 바로 종행들에게 나누어 주었다.

초10일. 신축(辛丑).

혼세이지에 머물렀다. 윤복(允福)이 우리 사행이 더디게 돌아옴을 걱정한 나머지 스루가(駿河)에서 달려와 삼사를 뵙고 말하였다.

"한번 이에야스(家康)가 포로들을 내어보낸 이후로부터 스루가 서쪽에서 포로가 되어 노인과 아이들을 데리고 살던 자들이 포로들을 모두 내어 보내기를 허락했다는 소문을 듣고서는 거의 모두가 떠날 채비를 하고서 사행이 돌아오시기만을 고대하고 있는 자들이 얼마나 많은지 알 수가 없습니다."

11일. 임인(壬寅).

혼세이지에 머물렀다. 히데타다(秀忠)가 집정(執政) 좌도수(佐渡守)를 보내어 회답 서계를 전했다. 정사(正使)가 직접 받아서 열어보았더니, 말이 심히 은근하고 겸손해서 지난번과 같았다. 아울러 은량(銀兩)과 창병(槍柄)을 사신에게 올려 보냈고, 또 은전을 원역들에게 보냈다고 들었다. 이날 삼사가 집정에게 포로 쇄환(刷還) 문제를 언급하자 별로 수긍하지 않는 얼굴빛이 있었던 것 같았는데, 이는 저들이 우리나라 남녀들을 많이 거느리고 있었기 때문이다.

12일. 계묘(癸卯).

혼세이지에 머물렀다. 부사와 종사가 절의 동쪽 들로 놀러 나가 성읍의 형세를 구경하였으나, 정사(正使)는 몸이 좋지 않아서 불참하였다.

13일. 갑진(甲辰).

혼세이지에 머물렀다. 일행과 원역들이 회정(回程)할 차림을 하였다. 이날 쓰시마도주의 관하(管下)에 있는 한 사람이 병으로 드러누워 여러 날을 고통스러워 하다가 괴롭게 신음하며 지내는 것이 지겹고, 또 회정(回程)하는 고생스러움을 걱정한 나머지 마침내 장검(長劍)으로 배를 갈라 자살했다.

14일. 을사(乙巳).

에도에서 비로소 회정(回程)하였다. 시나가와(品川)에서 점심을 먹고, 가야천(加野川)에서 투숙하였다. 이날 아침 포로로 잡혀 왔던 한 여인이 있었는데, 곧 사행 중 사령(使令)의 종매(從妹)였다. 이날 처음으로 벼

이삭이 반쯤 누렇게 된 것을 보았다.

15일. 병오(丙午).

가야천(加野川)에서부터 출발하여 5리쯤 가서 길을 바닷가 쪽으로 돌아서 거의 40리 정도를 가자 옛터 텅 빈 해자에 풀은 우거지고 무너진 성가퀴만 즐비한 가운데 한 사찰이 있었다. 그 건물이 크고 아름다웠으며, 소나무와 삼나무가 골짜기에 가득했고, 연못엔 잔물결이 일렁였다. 물어보았더니, 곧 돌에 기록이 새겨져 있었는데, 미나모토노 요리토모(源賴朝)[27]가 다이라노 기요모리(平淸盛)에게 쫓기다 이곳에 와서 이 땅을 거점으로 삼고서 군대를 일으켜 교토(京都)를 침범하던 곳이었다. 지명은 가마쿠라(鎌倉)라고 하였다. 가마쿠라에서 점심을 먹고, 후지사와(藤澤)에서 투숙하였다.

종사가 시를 써서 겐소(玄蘇)에게 주었는데, 겐소가 곧바로 차운하여 올렸기에 내가 또 그 시에 화답하였다.

예로부터 무적이요 황폐함도 없던 이곳에	由來無敵在無荒
군병도 있지 않고 양식도 있지 않구나	不在軍兵不在粮
힘써 봉토(封土)를 취했건만 끝내 오래가지 못했으니	力取封疆終莫久
강제로 삼킨 기업(基業)이 어찌 오래갈 것인가	強呑基業果何長
무너진 성은 여우와 이리의 소굴이 되고 말았고	頹城只作狐狸窟

---

27 미나모토노 요리토모(源賴朝, 1147~1199) : 헤이안시대(平安時代) 말기 가마쿠라시대(鎌倉時代) 초기의 무장. 귀무자(鬼武者)·귀무환(鬼武丸)이라고도 한다. 다이라노 기요모리(平淸盛)의 집정에 반항하여 군사를 일으킨 정이대장군(征夷大將軍)으로 가마쿠라막부(鎌倉幕府)의 초대 장군(將軍). 미나모토노 요시토모(源義朝)의 3남.

허물어진 성가퀴는 텅 비어 꿩과 토끼 터가 되었구나　毀堞空爲雉兎場
멀리서 온 나그네 말 멈추고 한번 조문을 올리고서는　遠客停驂成一弔
노을 지는 저 하늘 끝에서 이리저리 배회하도다　　夕陽天末却彷徨

저 하늘 끝에서 오늘에야 일을 마쳤는데　　天涯今竣事
길이 여러 갈래인 것이 차라리 한스러워라　　寧恨路多岐
얽힌 것들 칼날로 이미 갈라내긴 했지만　　已別盤根刀
마음 실마리는 능히 다스리기가 어려워라　　能治難緒絲
소경(蘇卿)[28]이 북쪽으로 돌아가는 날이요　　蘇卿還北日
육고(陸賈)가 남쪽으로 돌아가는 때로구나　　陸賈返南時
바라건대는 편안한 동풍을 한번 빌려서　　願借東風便
돛단배를 더디 가게 하지는 말아주기를　　莫敎帆影遲

　종사가 또 그 아들을 그리워하여 시를 지었는데, 나 또한 아이가 있
어서 마침내 그 시에 차운하였다.

슬하 자식 이별하자 사계절이 다하였고　　膝下相離歲律遒
다팔머리 아이는 자주 꿈에 나타나 뵈네　　髮髦頻入夢魂顯
하늘 끝 이날에 머리카락은 더 희어졌는데　　天涯此日明衰鬢
집에서는 몇 번이나 이 늙은이 반겼겠는가　　簷末幾時靑老眸
나그네는 비로소 고향 땅으로 돌아가는데　　旌旆始回桑樹域

---

28 소경(蘇卿) : 한(漢)나라 무제(武帝) 때의 충신이었던 소무(蘇武)를 가리킨다. 흉노(匈
奴)에 사절(使節)로 갔다가 항복하기를 강요당했지만 거절하였다. 북쪽 사막의 호수 곁
에 잡혀 가, 겨울에는 먹을 것이 없어서 깔고 있던 담요를 뜯어 눈에 싸 먹으면서 19년
동안 옥고를 치르면서도 절개를 지켰다고 한다.

마음 먼저 돌아가 한강 고을에 이르렀구나	歸心先達漢江州
집에서는 여전히 내가 병났을까 걱정하지만	在家尙念惟其疾
어찌 하물며 이만 리 길의 근심과 같을까	何況如今萬里憂

16일. 정미(丁未). 비.

후지사와(藤澤)에서 출발하여 오이소(大磯)에서 점심을 먹고 오다와라(小田原)에서 투숙하였다. 주방 일을 맡은 왜인이 복숭아와 사과 등의 과일을 바쳤다.

종사가 지은 〈강호에 머물면서〉라는 시에 차운하였다.

술잔 기울이는 한밤중 잠도 오질 않아서	酹鬱中宵耿不眠
처량하게 앉았으니 나그네 시름만 깊어라	悄然危坐客窓邊
석 달간의 여정이 삼 년이나 된 것만 같고	三旬行役如三歲
열흘 간 머문 것이 꼭 십 년이 된 것 같네	十日留連似十年
어명을 이 해외에 아직 전하지 못했으니	鳳詔無傳桑海外
고향집에 편지를 부치기도 쉽지 않구나	雁書難寄玉樓前
다정하게 웃으면서 서쪽으로 돌아가는 날	多情却笑西歸路
불쑥 솟은 상근령(箱根嶺)은 하늘에 닿으리라	突兀箱根杳接天

| 열자(列子) 장풍(長風)[29]에 박망사(博望槎)[30]가 되어 | 列子長風博望槎 |

---

29 열자(列子) 장풍(長風): 『장자』 소요유에, 열자(列子)가 "바람을 몰고 하늘 위로 올라가서 가뿐하게 보름 동안쯤 마음대로 돌아다니다가 땅 위로 내려오곤 하였다.[御風而行 泠然善也 旬有五日而後反]"라는 말이 나온다.

30 박망사(博望槎): 사신이 타고 가는 배를 말한다. 박망후(博望侯)는 한 나라 장건(張

또 말을 타고 따라 가자니 갈림길도 많아라　　　　又隨征馬路岐多

멀고 먼 고국 땅, 소식조차 들을 길도 없어　　　　迢迢故國無消息

하늘 끝 바라보다 멋진 경치에 맘 달래보네　　　　舉目天涯感物華

또 전명(傳命)하는 날 느낌을 적은 시에 차운하였다.

이국 땅 하늘 아래서 임금님 말씀 열어 보니　　　　鳳詔開緘異國天

하늘 향기가 신선로 연기처럼 스며든다네　　　　天香如襲御爐烟

한마디 말씀으로 오랑캐 왕 무릎 꿇리게 하니　　　　一言能屈戎王勢

세 사신의 위엄 있는 이름 누구와 견줄 건가　　　　三傑威名孰與肩

17일. 무신(戊申). 맑음.

오다와라(小田原)에서 출발하여 상근촌(箱根村)에서 점심을 먹고 미시마(三島)에서 투숙하였다. 이날 아침에 한 왜인이 우리 일행 중 한 사람이 차고 있던 주머니를 몰래 끊어 훔쳤다가 끝내는 잡히고 말았는데, 대관(代官)이 이를 듣고서 그자의 목을 베었다는 말을 들었다.

종사가 자신의 느낌을 적은 두 편의 시에 내가 차운하였다.

우습구나, 그 옛날 소속국(蘇屬國)의 소무(蘇武)[31]여　　可笑當年蘇屬國

騫)의 봉호(封號)이다. 한 나라 무제(武帝)가 장건을 대하(大夏)에 사신으로 보내 황하(黃河)의 근원을 찾게 하였는데, 장건이 뗏목을 타고 가다가 견우(牽牛)와 직녀(織女)를 만났다고 한다.

31 소무(蘇武) : 소무는 한나라 무제(武帝) 때 소속국(蘇屬國)의 관원으로 있다가 흉노(匈奴)에 사신으로 갔는데, 흉노의 선우(單于)가 갖은 협박을 하는데도 굴하지 않다가 큰 구덩이 속에 갇혀서 눈을 먹고 가죽을 씹으면서 지냈다. 그러다가 다시 북해(北海)로

십 년 동안 갈노(羯奴)[32] 땅에서 헛되이 늙었구나	十年虛老羯奴天
우리는 반년 만에 되돌아 갈 수 있게 되었으니	如今半載能回棹
어찌 발해(渤海)에서 양을 치며 산 너와 같겠느냐	何似驅羊渤海邊

높이 세운 큰 깃발과 백모(白旄)[33]를 앞세우니	大纛高牙與白旄
성군의 은총이 사신이 입은 옷에도 빛나는구나	聖君恩寵輝宮袍
가슴 속 충성의 공 이루어야 함 문득 깨달을 때면	胸中便覺丹心功
때때로 머리 들어 저 하늘에 뜬 해를 바라본다네	頭上時看白日高
가는 곳마다 멋진 경치에 시를 지어 주고 받고	到處題詩酬勝景
때로는 술 한 잔으로 깊은 시름 감옥 부셔버리네	有時呼酒破愁牢
어리석은 내가 평원객(平原客)[34] 같은 은혜 입었으나	愚蒙幸忝平原客
재주가 모자라서 뛰어난 인재에게 부끄러울 뿐이라네	才短還慙穎脫毛

18일. 기유(己酉).

미시마(三島)에서 출발하여 요시와라(吉原)에서 점심을 먹었다. 후지야마(富士山)를 거듭 지나 세이켄지(淸見寺)[35]에서 투숙하였다. 절은 산

옮겨져서 양을 치며 지냈는데, 그때에도 한 나라의 부절을 그대로 잡고 있었으며, 갖은 고생을 하면서 19년 동안을 머물러 있다가 소제(昭帝) 때 흉노와 화친하게 되어 비로소 한나라로 돌아왔다. 『漢書 卷54 蘇建傳 蘇武』

32 갈노(羯奴) : 갈(羯)은 검은 수양을 말하며, 갈노는 곧 오호(五胡) 중의 하나로 호융(胡戎)이라고도 불렀다. 동진(東晉) 말기에 갈의 추장 석늑(石勒)이 중원으로 진출, 이른바 5호 16국의 하나인 후조(後趙)를 세우기도 하였다.

33 백모(白旄) : 털이 긴 쇠꼬리를 장대 끝에 달아 놓은 기(旗).

34 평원객(平原客) : 손님. 조나라 평원군이 손님을 아주 좋아하였기에 비유한 것이다. 이 시에서는 임금에게 자신이 은혜를 입은 것을 두고 한 말이다.

35 세이켄지(淸見寺) : 시즈오카시(靜岡市) 기요미즈구(淸水區)에 있는 임제종(臨濟宗) 묘심사파(妙心寺派)의 사원으로 산호(山號)는 고고산(巨鼇山)이다. 청견흥국선사(淸見興

중턱에 있었는데, 북쪽으로는 후지야마를 등졌고, 남쪽으로는 대양(大洋)을 바라보았다. 절 뒤의 바위 위에는 샘을 끌어들여 폭포를 만들었는데, 작은 정자가 있는 북쪽으로 곧바로 날아 떨어졌으며, 수많은 푸른 대나무가 바람결에 소리를 내었고, 수많은 나무들과 기이한 꽃들은 그 이름조차 알 수가 없었다. 또 귤나무와 유자나무를 보았는데 그 향취가 코를 찔렀고, 들 복숭아와 산 앵두는 맛이 매우 강렬하였다. 그 가운데 있는 또 한 꽃은 꽃 모양이 보선(步仙)과도 같았고 잎은 금등(金藤)과도 같았는데, 그 줄기가 고송(古松)의 가지를 타고 뻗어나가 있었으니, 이름을 능소화(凌宵花)라 한다고 하였다.

또 폭포를 끌어들여 [결락] 북헌(北軒) 정갈한 큰 집 아래로 잔물결이 일렁이고 있었고, 그 안에는 잉어를 기르고 있었는데, 때때로 뛰는 것이 보였으며 [결락] 또 촉석(矗石)으로 산을 만들어 놓은 것을 보았는데, 그 기이함과 빼어남이 진짜 같았으며, 소나무와 잣나무가 듬성듬성 서로 기대어 있고 녹음이 짙게 뒤덮고 있었다. 뜰 앞에는 또 반매(盤梅)가 있었는데, 높이는 겨우 몇 자 되지 않았으나 넓이는 다섯 길이나 되었고 길이는 열 길이 넘었다. 산천은 맑으면서 빼어났고, 골짜기는 그윽하고 깊었으며, 건물은 화려하고 아름다웠고, 집의 창문도 탁 트이게 넓었으니 참으로 한 나라의 제일가는 명승지라 할 만하였다. 또 저 멀리 바다 가운데는 소나무 숲이 빽빽하게 펼쳐져 있었는데, 그것을 '십리송(十里松)'이라 부른다고 하였다. 절에 있는 스님은 나이가 92세로 봄빛 같은 훈훈함이 얼굴에 가득하였고, 근력도 강건하여 그 나이를 헤아려 보기도 어려웠다.

國禪寺)이다.

종사가 지은 〈거듭 부사산을 지나며〉라는 장편시에 차운하였다.

갈 때에 처음으로 산머리에 있는 눈을 보았을 때는	去時初見山頭雪
꼭 옥룡(玉龍)이 은빛 갑옷을 두르고 있는 듯하더니	政似玉龍橫銀甲
올 때에 다시금 산머리에 있는 눈을 보니	來時再見山頭雪
흡사 푸른 이무기의 머리가 반쯤 하얗게 된 것 같았네	恰似蒼虯頭半白
가고 올 때의 산빛 달라짐은 기이하기 이를 데 없는데	去來山色兩奇絕
이 속세에선 다가가기 어려운 것이 안타까울 뿐이라	却恨塵蹤難近觸
만일 진실로 이 산의 신령함을 아는 자가 있다면	倘是山靈有所知
먼 길 가는 이 나그네 응당 비웃을 것이라	應笑長途行邁客
산은 너무 높아 바라보기만 할 뿐 이를 수가 없어	山高可望不可到
그저 우두커니 산 앞에 서서 눈을 뗄 수 없을 뿐이네	佇立山前凝遠目
산바람이 불어와 정신이 말할 수 없이 맑아지니	山風吹送十分淸
문득 가슴속 쌓인 것이 시원하게 트임이 느껴지네	便覺胸中襟袍豁
상서로운 안개와 구름은 언제나 잔뜩 끼어 있어	瑞靄祥雲常靉靆
햇빛과 산 빛만이 늘 애석해 할 뿐이라네	日色山色■愛惜
세간의 백성들이 찌는 무더위에 시달릴 때에	世間民生苦炎熱
이 산 눈 속에다 집을 지어 열어 놓고 싶구나	雪中爲欲開民屋
아! 내가 만일 높이 날아오를 수만 있다면야	嗟余若得高飛翼
한번 제일봉에 올라가 상제 궁궐 엿보고 올 텐데	一上尖峰瞻帝闕

19일. 경술(庚戌).

아침에는 비가 내리다가 저녁에는 개었다. 세이켄지에 머물렀다. 내일은 스루가부(駿河府)로 이에야스(家康)를 만나러 가기에 종행들의 의

복을 정돈하게 하였다. 이날, 삼사(三使)가 배를 타고 소위 '십리송림(十里松林)'이라는 곳으로 가서 놀면서 아울러 일본의 배 만드는 것을 보았다. 하지만 나는 몸이 아파서 따라갈 수가 없었던 것이 안타까웠다.

겐소(玄蘇)가 지은 〈부사산을 지나며〉라는 시에 차운하였다.

돌아갈 마음은 밤낮으로 소양강을 서성이는데	歸心日夜繞昭陽
오월의 무더위에 나그네 길은 멀기만 하여라	五月炎方客路長
하느님은 이 많은 번뇌 풀어 주시기라도 하듯	天公似解多煩惱
부사산의 서늘한 바람을 뒤늦게라도 보내주시네	富士山風晚送凉

정사(正使)가 현판(懸板)에 쓴 시에 차운하였다.

산사의 드문 종소리 나그네 시름 흔들고	山寺疎鐘動客愁
옅은 구름은 비 몰아와 긴 강에 뿌려대네	薄雲拖雨過長洲
밤 되자 절간은 고요하여 잠도 오질 않아서	夜來禪榻淸無寐
붓을 들어 시를 짓고 멋진 유람 기록해 보네	濡筆題詩記勝遊

또 부사(副使)가 현판에 쓴 시에 차운하였다.

갈 때에 지났던 곳을 이때에 다시 와서	去時經過此時來
굽이진 길 산허리 푸른 숲을 돌아가네	路轉山腰碧樹迴
문득 절간에 들어가 잠시 쉬고 있자니	却向上房成小憩
이 몸이 봉황대에 올라온 것만 같구나	此身疑上鳳凰臺

또 종사(從使)가 현판에 쓴 시에 차운하였다.

절은 봉래산과 방장산 사이에 있는데	此身疑上鳳凰臺
대숲에서 나는 소리 떨릴 만큼 차갑네	竹林靈籟凜生寒
만약에 마힐(摩詰)³⁶의 시를 보지 않았다면야	若非摩詰詩中見
용의 눈에 그림 그려 넣은 줄로 알았겠구나	疑是龍眼畫裏看

20일. 신해(辛亥).

아침에는 비가 내렸다가 저녁에는 개었다. 세이켄지에서 아침 일찍 출발하여 스루가부(駿河府)에 도착했다. 삼사가 궁성밖에 있는 집정(執政) 고즈케노카미(上野守)의 집에서 잠시 편히 쉬었다가 조금 후에 요시토시(義智)와 가게나오(景直) 등이 삼사를 궁문으로 인도하였다. 삼사는 가마를 탔고 종행들은 걸어서 따라갔다. 두 개의 다리를 넘어 제3문으로 들어가 삼사가 가마에서 내려 고즈케노카미 등과 함께 전상(殿上)으로 들어갔다. 삼사와 이에야스의 예가 끝나고 조금 있다가 곧 바로 고즈케노카미의 집으로 돌아갔다. 점심을 바쳐 올렸다. 점심을 먹은 후에 이에야스가 고즈케노카미를 보내어 보검(寶劍) 각각 한 자루씩과 금갑(金甲: 갑옷의 미칭) 각각 한 벌씩을 보내 올렸다. 삼사가 관백(關白)이 여러 도에 있는 포로들 중에 돌아가기를 원하는 사람은 다 돌아가라는 명을 내렸다고 하는 말을 들었다. 이에야스가 거처하는 성의 담장과

---

36 마힐(摩詰) : 당나라 시인 왕유(王維)의 자(字). 소식(蘇軾)이 일찍이 왕유(王維)의 「남전연우도(藍田煙雨圖)」에 쓰기를 "마힐의 시를 음미해 보면 시 속에 그림이 있고, 마힐의 그림을 관찰해 보면 그림 속에 시가 있다.[味摩詰之詩 詩中有畫 觀摩詰之畫 畫中有詩]"라고 하였다.

건물은 새 역사(役事)가 아직 다 끝나지 않았는데. 물을 끌어들여 해자를 만들었고, 이미 다리는 완성되어 있었다. 이날 저녁은 후지에다(藤枝)에서 투숙하였다.

21일. 임자(壬子).

후지에다(藤枝)에서 출발하여 시마다(島田)에서 점심을 먹었다. 결옥(鉄屋)을 지나 가케가와(懸川)에서 투숙하였다.

22일. 계축(癸丑).

가케가와에서 출발하여 하마마쓰(濱松)에서 투숙하였다.

23일. 갑인(甲寅).

하마마쓰에서 출발하여 백차하(白次河)에서 점심을 먹고, 요시다(吉田)에서 투숙하였다. 일본인 네 명이 쫓아와 우리 포로를 몰래 다시 데려가려고 왔기에, 삼사와 겐푸(玄風)는 이에야스가 이미 명을 내린 것이라고 하면서 그 사람들을 꾸짖어 물러가게 하였다.

24일. 을묘(乙卯).

요시다에서 출발하여 고이(五井)에서 점심을 먹고, 오카자키(岡崎)에서 투숙하였다.

25일. 병진(丙辰).

오카자키에서 출발하여 나루미(鳴海)에서 점심을 먹고 청차(晴次)에서 투숙하였다. 이날 이에야스의 넷째 아들 고로타(五郎太)가 다다요시

(忠吉)의 직(職)을 대신하게 되어 내일 청차에 오는 일로 대관(代官)이
여러 왜인들을 거느리고 도중에 맞이하러 나간다고 하는 말을 들었다.
이날 점심때에 [결락] 햅쌀이었다.

26일. 정사(丁巳).

청차에서 출발하여 스노마타(洲股)에서 점심을 먹고 오가키(大柿)에
서 투숙하였다. 들건대, 포로 한 사람이 금년 3월 초 무렵에 일본인과
서로 싸우다 그만 차고 있던 칼을 빼어 그 일본인을 베어버리는 죄를
범하였는데, 그 성주(城主)가 바로 그를 죽이려고 하자 대관(代官)이 그
의 담력과 용맹을 아까워하여 그를 구하려고 글을 지어 이르기를,

"지금 우리 일본이 조선과 옛 우호를 회복하고자 사신이 우리 땅에
와 있는 마당에 포로로 잡혀온 사람을 국법 이상으로는 할 수가 없으
니, 차라리 굳게 지켜 옥중에서 굶어 죽게 하시는 것이 좋을 것입니다."
라고 하자, 성주가 그 말을 옳게 여기고 따랐다. 그런데 저에게 한 친구
가 있어서 처음부터 지금까지 진심으로 그를 구양(救養)하다가 지금 사
행(使行)이 이곳에 온 것을 보고는 와서 삼사에게 호소하였다. 삼사가
즉시로 사람을 성주에게로 보내어 석방해 달라는 뜻을 전하자 성주가
이를 회피하며 말하기를,

"지금 이미 그를 죽였으니 아깝게도 돌이킬 수가 없습니다."
라고 하였다. 삼사가 또 명령하는 말로 이르기를,

"그는 우리와 동행한 사행 중 한 사람의 가까운 친족이오. 그 때문에
온 나라에 두루 물었으나 어디 있는지를 몰랐는데, 지금 다행히도 당신
의 감옥에 갇혀서 아직도 남은 목숨을 지탱하고 있다는 말을 들었소."
라고 하자, 성주가 감히 더 이상 숨기지 못하고 즉시 내보내라고 명하였

다 한다. 사신이 그 사람이 이 나라의 실정을 잘 안다고 하여 같이 간토
(關東)으로 데려가고자 하였으나 그의 친구가 사신에게 간절하게 말하
기를,

"오래도록 감옥에 갇혀있어서 저처럼 초췌하게 되었으니, 원컨대 소인
에게 주셨다가 사행께서 돌아오실 때를 기다렸다가 내어 보내주십시오."
라고 하였다. 사신이 처음에는 함께하는 것을 허락하지 않으려 하였으
나, 만일 잘못되면 쾌히 허락하는 것만 못 할까 하여 마침내 허락하였
다. 그러나 사신이 행차하려 하자 가마 앞에 나타나 사신이 잘 데려가
달라고 청하고는 그 친구가 그 사람과 이별하면서 말하기를,

"지금 고국으로 돌아가는데, 입고 있는 의복이 이처럼 남루하면 아무
것도 없는 사람 같아 보이니, 사람들 보기에 무안(無顔)하지 않겠는가?"
하고서는 마침내 자기가 입고 있던 좋은 옷 한 벌과 보검 한 자루를
그에게 주었다. 아! 이 오랑캐의 땅에서도 이처럼 충성스럽고 신의가
있는 사람이 있었단 말인가?

27일. 무오(戊午).

오가키(大柿)에서 출발하여 이마스(居益)에서 점심을 먹고 사와야마(佐
和山)에서 투숙하였다. 사와야마의 옛 주인은 곧 삼성수(三城守)로서 일
찍이 데루모토(輝元)를 보좌하다가 이에야스(家康)가 서쪽으로 영토를
계속 넓혀 갈 때에 끝내 이에야스에게 죽임을 당했다. 이에야스는 그
성과 연못을 없애버리고 사와에서 십 리 떨어진 새로운 진영(鎭營)에다
성을 옮겼다.

28일. 기미(己未).

사와야마에서 출발하여 이바(射場)를 지나 관백(關白) 노부나가(信長)의 옛터에서 점심을 먹고, 모리야마(森山)에 투숙하였다.

29일. 경신(庚申).

모리야마에서 출발하여 세타(世田)에서 점심을 먹고 왜경(倭京)의 덴즈이지(天瑞寺)에서 투숙하였다. 남아 있던 통사(通事) 및 하인들이 5리 밖까지 나와서 맞이해 주었다.

30일. 신유(辛酉).

덴즈이지에 머물렀다. 이타쿠라(板倉)가 관하(管下)에 명을 내려 삼사에게 문안하였다.

윤(閏) 6월

초1일. 임술(壬戌).

덴즈이지에 머물렀다.

초2일. 계해(癸亥).

덴즈이지에 머물렀다.

초3일. 갑자(甲子).

덴즈이지에 머물렀다. 포로로 잡혀왔던 남녀들이 뜰 가운데에 구름처럼 모였다. 그들의 이름과 거주지를 기록하고 양식을 주었다.

초4일. 을축(乙丑).

덴즈이지에 머물렀다.

초5일. 병인(丙寅).

덴즈이지에 머물렀다. 포로로 잡혀왔던 남녀들을 쇄환(刷還)하고 개유(開諭)하는 일로 먼저 역관 양대복(梁大福)과 박응몽(朴應夢) 등을 오사카(大阪)로 보냈다.

초6일. 정묘(丁卯).

덴즈이지에 머물렀다.

초7일. 무진(戊辰).

덴즈이지에 머물렀다. 먼저 일행의 짐과 종행들을 오사카로 보내고, 다만 배행(陪行)하는 약간의 인원만 남겨 놓았다. 이날 겐푸가 와서 삼사를 뵙고 진공(進貢)하는 한 가지 일에 대해 언급하자 삼사가 준엄한 말로 거절하여 말하였다.

"장군과 노장군이 사신을 접견할 때에 특별히 그런 언급이 없었거늘 네가 어찌 홀로 그런 말을 한단 말이냐? 너희들이 정성으로 살핌이 이와 같을진대, 이전의 규정도 있고 하니 남경(南京)에서 곧장 진공(進貢)할 수도 있는 것인데, 어찌 우리나라에 구걸할 수 있단 말이냐?"

그러자 겐푸가 말하였다.

"고금의 형세가 같지가 않고, 장군의 뜻도 이와 같기에 감히 말씀드린 것입니다."

초8일. 기사(己巳).

비로소 교토(京都)에서 출발하여 후시미성(伏見城)에서 점심을 먹었다. 성 서쪽에 배를 타는 곳이 있었는데, 지명을 '요도(淀)'라고 하였다. 점심을 먹은 후에 상하 종행들이 나누어 배에 올랐다. 순조롭게 따라 내려가서 오사카 동쪽에 정박하였다. 도요토미 히데요리(豊臣秀賴)가 이미 관하에 명을 내려놓았던 터라 인부와 말을 거느리고 나와 맞이해 주었다. 구혼지(九品寺)에 투숙하였다.

초9일. 경오(庚午). 비.

구혼지에 머물렀다. 포로로 잡혀 왔던 남녀들이 뜰 가운데 운집해 있었기에, 이름을 기록하고 쌀을 주었다. 그 가운데는 강진(康津) 윤천

갑(尹天甲)의 아들이 있었는데, 이름은 철성(哲性)으로 상당히 영특했으며 이목구비가 맑고 수려하였다. 스스로 말하기를 태어난 지 두 살 만에 어머니와 함께 일본에 포로로 잡혀 왔다고 하였는데, 우리나라 언어를 너무 잘 알고 있었다. 내가 심히 기이하게 여겨 그 까닭을 물어보았더니, 말을 배우기 시작할 때부터 그 어머니가 훈계하여 이르기를,

"'너의 아버지 윤 랑(尹郞)은 삼대독자(獨子)로서 다만 너 하나만 있는데, 내가 지금 이 이국땅에 붙잡혀 와서 살았는지 죽었는지도 알지 못하시고 소식도 서로 통할 수가 없으니, 너의 아버지의 마음이 어떠하시겠느냐! 내가 비록 불행하게도 이곳에 몸이 던져졌지만 네가 돌아가서 너의 아버지의 얼굴을 볼 수 있으리라는 마음으로 살고 있다.'라고 하시며 언어를 배울 때에 반드시 조선 언어로 가르치셨기 때문에 지금 이와 같이 된 것입니다."

라고 하였다. 그 어머니 또한 나이가 아직 어리고 아름다웠으나 지금까지 욕을 당하지 아니하고 오로지 자신의 몸과 목숨을 잘 보전하였다고 한다. 아! 그 살핌이 이와 같았으니, 진실로 여인 중에 열장부(烈丈夫)라 할 수 있을 것이다.

이날, 부사(府使) 안희(安熹)의 아들도 나와서 이름을 기록하였다. 삼사가 최의길(崔義吉)을 오사포(午沙浦)로 보내어 조총(鳥銃) 5백여 자루를 사오게 했다. 가게나오(景直)가 와서 삼사를 뵙고 삼사와 함께 말할 때에 삼사가 그를 은근한 뜻으로 위로하여 말하기를,

"너의 아버지 시게노부(調信)는 늘 화친하고자 하는 일을 일삼았으나 그 공이 미처 이루기도 전에 딴 세상 사람이 되었다. 너의 몸에 이르러서야 마침내 화친의 일을 이루게 되었으니, 너의 공이 너의 아버지보다 더 낫다."

라고 하였다. 가게나오가 말하기를,

"그렇지 않습니다. 무릇 공이 이루어짐은 집을 지을 때의 주초(柱礎)
와도 같아서 그것이 만일 견고하다면 그 집이 무너지지 않게 되는 것이
지요."

라고 하자 삼사가 그를 칭찬하였다.

초10일. 신미(辛未).

구혼지에 머물렀다. 히데타다(秀忠)가 관하에 영을 내려 포로로 잡혀
온 남녀들을 쇄환(刷還)함에 빠지는 자가 없도록 하라고 하였다는 말을
들었다.

11일. 임신(壬申).

이른 아침에 먼저 종행들과 포로로 잡혀온 남녀들을 바다 입구 배
타는 곳으로 보내어, 그 가운데서 사족(士族)과 상인(常人)을 나누어서
배에 태웠다. 이날 저녁에 삼사가 배를 타고 순조롭게 따라 내려가다가
선상(船上)에서 잤는데, 역관에게 명하여 척후선(斥候船)에 실어 놓은
술을 쇄환하는 남녀들을 위로하기 위해 주라고 하였다.

12일. 계유(癸酉).

날이 밝자 바람을 타고 돛을 다니 배가 날듯이 가서 이른 아침에 효
고(兵庫)를 지나와서 무로쓰(室津)에 도착하였는데, 해는 겨우 정오밖에
안 되었다. 평소에 오려면 때로 며칠씩이나 걸리는 거리이다. 관소에
서 점심을 먹은 후에 배로 돌아가서 잤다. 포로로 잡혀왔던 사람들이
밤에 차츰차츰 모여들었다.

13일. 갑술(甲戌).

비에 막혀 무로쓰에 머물렀다.

14일. 을해(乙亥). 맑음.

바람의 형세가 심히 순조로워 무로쓰에서부터 돛을 걸어 올리고 행선
하니 배가 화살처럼 빠르게 갔다. 우시마도(牛窓)와 교조(交照)【일명 미녀
포(美女浦), 일명 경장장(京丈長)】시모쓰(下津) 등을 지나 도모포(道母浦)로
가니 날은 이미 어두워져 있었다.

15일. 병자(丙子).

바람의 형세가 또 순조로워 도모포에서 새벽에 행선하여 가마가리(鎌
刈), 단해(但海), 고야(小屋) 등을 지나 가미노세키(上關)에 정박하니, 아침
첫닭이 울었다. 달빛은 물결에 곱게 흐르고 파도에 비치는 빛은 넓고
아득하였다. 상사가 종행들을 타루(柁樓: 배의 키를 움직이는 망대)로 불러
모으고는 북을 치고 피리를 불게 하여 잠시나마 즐거운 시간을 가졌다.
내가 절구 한 수를 읊었다.

조각배 타고 와서 상관(上關) 서쪽에 정박하니	扁舟來泊上關西
양쪽 해안 봉우리엔 푸른 나무 드리웠네	兩岸峰巒碧樹低
저편 숲엔 생선 가게 가까운 줄 알겠구나	知有隔林漁店近
하늘 중천 잔월(殘月)에 새벽 닭 우는 걸 보니	半天殘月曉鷄啼

16일. 정축(丁丑).

이날 아침 오구라(小倉)의 성주인 태수가 관하의 사람을 보내어 [결

락] 사신 앞에서 쇄환하겠다는 뜻을 [결락] 이날 바람의 형세가 심한 역
풍이 되어 가미노세키(上關)에서 수고(愁古)를 지나 겨우 백 리도 채 못
가서 사람도 없는 땅에 정박하여 조수가 물러가기만을 기다렸다.

17일. 무인(戊寅).

이날도 바람이 좋지 못하여 종일 노를 저어가서 아카마가세키(赤間
關)에 정박하니 날은 이미 어두워져 있었다. 그래서 그대로 배 안에서
잤다.

18일. 기묘(己卯).

포로로 잡혀온 이들을 개유(開諭)하는 일로 아카마가세키에 머물렀다.
오구라(小倉)의 성주가 남녀 백여 명을 송별해 주었다. 첨사(僉使) 여향축
(呂鄕軸)을 먼저 돌아가게 하고 그 편에 장계를 먼저 보냈는데, 일행과
종행들이 비로소 집에다 편지를 써서 보냈다. 포로로 잡혀 왔던 나대남
(羅大男)을 쇄환하는 일에 참여시켜 오구라로 보냈다.

19일. 경진(庚辰).

아카마가세키에서 출발하여 오구라를 지나 아이노시마(藍島)에 정박
하니 날은 이미 어두워져 있었다. 지쿠젠노카미(筑前守) 대관(代官)이
음식을 갖추어 와서 기다린다고 하기에 부득이 상사와 부사가 횃불을
밝히고 육지에 내렸으나, 종사만은 몸이 조금 좋지 않아서 혼자 배에서
내리지 않았다.

20일. 신사(辛巳).

이날 아침 지쿠젠노카미(筑前守) 장정(長正)이 관하의 사람을 보내어 철갑(鐵甲) 각 한 벌씩을 삼사에게 올렸으나, 삼사가 재삼 완강하게 거절하다가 부득이 받고서는 표피(豹皮)와 붓 등의 물품으로 답례하였다. 늦은 아침에 발선(發船)하여 동쪽으로 가다 하카타노쓰(博多津)[37]를 지나는데, 섬들이 빙빙 둘러 있고 암석들이 기괴하였다. 어두운 밤에 달빛을 받아가며 노를 저어 낭고야(郎姑夜)에 도착하였다. 이곳은 임진년에 일본이 우리나라를 침범하였을 때에 도요토미 히데요시(豊臣秀吉)가 군대를 거느리고 와서 거점으로 삼았던 원진(元鎭)이라고 한다. 또 포로로 잡혀왔던 사람들을 개유(開諭)하는 일로 정대남(鄭大男)과 최의길(崔義吉) 등을 하카타로 보냈다.

21일. 임오(壬午).

낭고야(郎姑夜)에 머물렀다. 시마노카미(志摩守) 마사시게(正成)가 사신을 대접하기 위해서 왔는데, 이곳의 관하를 지휘한다고 한다. 마사시게가 쇄환(刷還)할 140여 명의 사람들을 보냈고, 또 자비를 들여 배를 타고 온 사람도 160여 명이나 되었다. 나대남(羅大男)이 오구라(小倉)에서 70여 명을 데리고 돌아왔다.

22일. 계미(癸未).

새벽 무렵에 비로소 순풍을 얻어 항해하여 이키노시마(一岐島)에 정

---

37 하카타노쓰(博多津) : 규슈(九州) 북부 지쿠젠국(筑前國)으로 현재의 후쿠오카현(福岡縣) 후쿠오카시(福岡市). 조선에서는 하카타와 음이 비슷하고 총독이 있던 곳이라 하여 패가대(覇家臺)라고 불렀다.

박하니, 해는 겨우 미시(未時: 오후 한 시부터 세 시 사이) 끝 무렵이었다.
도주(島主) 히라도호인(平戶法印)이 배를 타고 와서 사행을 맞이하면서
한 번 뵙기를 간절히 원하기에 삼사가 들어오게 하였다. 차를 다 마시
고 난 후에 쇄환에 관해 언급하자 호인(法印)이 [결락]

23일. 갑신(甲申).

이날 새벽에 바람의 형세가 매우 순조로워 이키노시마에서 돛을 걸고
행선하였는데, 배가 화살을 쏜 듯 빠르게 갔다. 비단 같은 물결에 배는
아주 안정되게 잘 흘러가 미시(未時) 말엽에 쓰시마에 정박하였다. 도주
가 즉시로 삼사를 자기 집으로 맞아들여 술과 음식을 올렸다. 게이운지
(慶雲寺)에서 투숙하였다. 정대남과 최의길 등이 하카타(博多州)에서 170
여 명을 데리고 왔다. 대양 가운데에서 처음으로 백어(白魚)를 보았고,
배에 올라서는 또 긴 고래를 보았다. 배 앞을 가로로 지나갔는데, 가히
기이한 구경거리라 할 만하였다.

24일. 을유(乙酉).

게이운지에 머물렀다. 포로로 잡혀왔던 남녀들을 모두 점검해 보았더
니 1,020여 명에 이르렀다. 각각 열흘치의 양식과 음식을 지급하였다.

25일. 병술(丙戌).

게이운지에 머물렀다. 도주와 가게나오(景直) 등이 며칠 더 머물렀다
가기를 청하기에 그 사이에 배를 수선할 시간으로 잡고 삼사가 허락하였
다. 이날 들건대, 포로로 잡혀왔던 사람들이 개인적으로 배를 마련하여
바다 가운데로 도망쳐 나왔다가 그 주인이 노하여 그 배를 따라와 잡고

는 수차례나 전복시켜 빠져 죽게 했다고 하는데, 어느 섬에서 일어난 일인지는 모른다.

26일. 정해(丁亥).

게이운지에 머물렀다. 포로로 잡혀왔던 남녀들을 나누어 배에 태웠다.

27일. 무자(戊子).

가게나오가 삼사와 종행들을 맞이하여 송별 잔치를 베풀어주었다.

28일. 기축(己丑).

도주가 삼사와 종행들을 맞이하여 송별 잔치를 베풀어 주었다. 내가 곽란병(癨亂病)[38]으로 숨이 꼭 막히는 바람에 순식간에 온몸의 맥이 다 끊어져 호흡조차 제대로 할 수가 없었다. 다행히도 박인전(朴仁荃) 교수가 진심으로 치료하고 구해 주어서 간신히 소생할 수가 있기는 했지만, 너무도 위태로운 지경이어서 거의 바다 섬 귀신이 될 뻔하였다.

29일. 경인(庚寅).

이날 아침 비로소 닻을 올리고 출발하려고 할 때에 도주가 선상으로 사신에게 인사하기 위해 왔는데, 가게나오가 배행(陪行)하였다. 후나코시(船越都)와 이사지(伊沙只) 등의 포구를 지나 습로포(榻蘆浦)에 정박하자 비로소 우리나라의 태종대(太宗臺) 한쪽 귀퉁이가 멀리 바라보였다. 각 배에 탄 모든 사람이 매우 기뻐하였다.

---

38 곽란병(癨亂病) : 갑자기 토하고 설사가 나며 심한 고통이 따르는 위장병.

7월

초1일. 신묘(辛卯).

바람이 좋지 못하여 습로포(榴蘆浦)에 머물렀다.

초2일. 임진(壬辰). 비.

이른 아침에 노를 저어가 배를 사소포(沙所浦)로 옮기고 좋은 바람이
불기를 기다렸다.

초3일. 계사(癸巳). 맑음.

새벽 무렵에 비로소 순풍을 얻자 배가 매우 안온하게 잘 가서 미시
(未時) 끝 무렵에 부산에 정박하였다. 첨사(僉使) 신경징(申景澄)과 수사
(水使) 최동(崔峒)이 여러 전선(戰船)을 거느리고 태종대 왼편으로 나와
맞이하였다. 이날 저녁은 부산 관사(舘舍)에서 잤다.

초4일. 갑오(甲午).

부산에 머물렀다. 조정의 명에 따라 포로로 잡혀갔던 남녀들을 성
아래 민가에다 붙여 두고 존무관(存撫官)이 내려오기를 기다렸다. 수사
(水使)가 남루(南樓)에서 위로의 잔치를 베풀어 주었으나 종행들은 참여
하지 않았다.

초5일. 을미(乙未).

마부와 말의 수가 맞지 않아서 부산에 머물렀다. 쇄환(刷還)한 원수
(元數)를 쓰고 책으로 만들어 수사 최동(崔峒)에게 전하여 관장하게 하

였다.

초6일. 병신(丙申).

정사·부사·종사가 길을 나누어서 갔는데, 정사는 양산(梁山)으로 곧장 갔고, 부사는 종사와 함께 좌도(左道)로 향해 가면서 선문(先文)[39]을 출송(出送)하였다. 이날에야 비로소 마부와 말이 절반 가까이 이르러서 정사가 먼저 출발하였다. 동래(東萊)에서 점심을 먹었다. 내가 정사를 따라 유일(柳馹)이 귀양 와서 살고 있는 곳을 찾아가 보고 양산군(梁山郡)으로 달려가니, 태수 이천추(李天秋)가 마침 이미 임기가 끝나서 교대하기를 기다리고 있다가 저녁을 틈타 정사에게 와서 인사하였다.

초7일. 정유(丁酉).

양산에서 날이 밝자 출발하여 강을 따라서 길을 갔다. 작원(鵲院)에서 점심을 먹었다. 웅천 수령 이양(李暘)이 출대(出待)하였다. 이날 저녁 밀양에 오니 부사 영공(令公) 김억추(金億秋)가 방어(防禦)에 관한 일로 이 고을에 왔다가 정사를 모시고 영남루(嶺南樓)에서 술자리를 베풀었다. 누각은 긴 강을 내리 누르듯 위치해 있었고, 강은 율원(栗原)을 등지고 있었는데, 원근 각처의 진기한 구경거리가 눈앞에 펼쳐졌다.

이날 밤에 내금장(內禁將) 김의립(金義立)이 뇌지(賚旨)[40]를 가지고 달려왔다. 대개 조정에서는 동지사행(冬至使行)의 사정을 임금님께 아뢰고자 하여 사신이 올라오는 일을 재촉한 것이다. 【부사 김 공은 나와 동년배로

---

39 선문(先文) : 관리 출장의 도착일을 미리 알리는 공문.
40 뇌지(賚旨) : 임금이 친히 내린 말씀.

그와 더불어 밤새도록 다정하게 이야기를 나누었다.】

초8일. 무술(戊戌).

밀양에서 늦은 아침에 출발하여 가다가 중도에 아무도 없는 계곡 사이에서 점심을 먹었다. 창녕(昌寧) 수령 이진빈(李軫賓)이 출대(出待)하였다. 이날 저녁에 청도군(淸道郡)에서 투숙하였다.

초9일. 기해(己亥).

이른 아침 청도에서 출발하여 오동원(梧桐院)에서 점심을 먹었다. 저녁에 대구(大邱)에 이르니 부사 영공(令公) 정경세(鄭經世)가 [결락]

초10일. 경자(庚子).

정 영공(鄭令公)이 특별히 작은 술자리를 베풀어 놓고 나와 함께 옛적 일을 이야기를 나누는데, 다정스러움과 정성스러움이 말에서 흘러넘쳤다. 늦은 아침에 출발하여 성주(星州)에서 점심을 먹었다. 입거현(入莒縣) 목사 송영구(宋英耈)가 출대(出待)하였고, 인동(仁同) 부사 영공(令公) 이현(李賢)이 출대하였다.

인동에서 저녁을 틈타 출발하여 가다가 도중에 존무관(存撫官) 정묵(鄭默) 공을 만났다. 정사가 그와 더불어 말 위에서 이야기를 나누었는데, 대개 쇄환(刷還) 사정에 관한 것이었다. 이경(二更)에 월파정(月波亭) 근처의 촌사(村舍)에서 투숙하였다.

11일. 신축(辛丑).

날이 밝자 출발하기에 앞서 정사를 따라서 월파정에 올라가 주위의 경치를 둘러보았다. 일대의 긴 강이 서북쪽에서 발원하여 동남쪽으로 흘러들어 갔고, 모래사장이 반짝거렸으며, 멀리 보이는 산굴은 아득하여 참으로 영남의 제일가는 강산이었다. 이날 아침은 선산부(善山府)에서 먹었는데, 부사 장세철(張世哲)이 정성을 다하여 대접해 주었다. 점심은 죽치(竹峙)에서 먹었다. 금산(金山) 군수 권경회(權景會)가 출대하였다. 이날 저녁은 상주(尙州)에서 투숙하였다. 정사·부사·종사가 이곳에서 다시 만났다.

청도로 들어가니 가뭄이 더욱 극심하여 지나가는 곳마다 땅이 바싹 말라 온갖 싹들이 다 말라버렸고, 초목들도 타서 말라 죽어버렸으며, 비록 큰 강과 깊은 연못이라 하더라도 역시 모두 말라버렸다. 이 때문에 역졸(驛卒)들이 종일토록 말을 달리다가 몹시 목이 말라도 한 모금 마실 물조차도 얻지 못할 정도가 되었으니, 내년에는 주려 죽을 것이라는 탄식을 눈앞에 보고 있다.

12일. 임인(壬寅).

날이 밝자 출발하여 함창(咸昌)에서 점심을 먹고 유곡(幽谷)에서 다시 먹었다가 문경현(聞慶縣)에서 투숙하였다. 상하 종행들이 거의 절반이나 주리고 지쳐버렸으니, 이는 사행이 서둘러 길을 재촉하여 가느라고 각 지역 관리들의 조치가 미처 미치지 못하였기 때문이었다.

13일. 계묘(癸卯).

문경현에서 출발하여 조령(鳥嶺)을 넘어 안보역(安保驛)에 도착하였다. 참관(站官)인 괴산(槐山)의 하졸(下卒)들이 한 사람도 와보지 않아 상하 일행이 모두 배가 고파 힘들어했다. 이날 저녁에 충주(忠州)에 도착하였는데, 충주에는 아는 사람이 있어서 매우 기뻤다.

14일. 갑진(甲辰).

충주에 머물렀다. 사행이 육로로 가고자 하니 마부와 말이 미처 이르지 못했고 수로(水路)로 가고자 하나 선격(船格)이 부족하였으니, 이날의 낭패감은 말로 표현하기도 어려웠다.

15일. 을사(乙巳). 비.

이날 아침에 사행이 직접 선격(船格)들을 감독하여 달천(㺜川)을 향해 갔으나, 나는 [결락] 곧장 향했다. [결락] 용인 시골집에 있는 처자식들 [결락] 이날 낮에 말에게 꼴을 먹였다. [결락]

16일. 병오(丙午). 비.

죽산(竹山)에서 출발하여 좌찬역(佐贊驛)에서 말에게 꼴을 먹였다. 양지(陽智)에서 점심을 먹었다. 수령은 병이 나는 바람에 나오지 못하고 그 아들인 정자(正字) 박정길(朴廷吉)이 나와 접대하면서 바다를 오간 모든 기이한 일들에 대해 자세하게 물어보았다. 이날 저녁에 시골집에 이르니, 온 집안 식구들과 온 동네의 친구들이 모두 다 별탈이 없어 기쁘기가 그지없었다.

17일. 정미(丁未). 맑음.

용인 시골집에서 삼사신(三使臣)을 뒤쫓아가 대궐에 이르러 복명(復命)하였다. 사신은 각각 품계(品階)가 올라갔고, 종행들도 아울러 높은 품계의 벼슬을 받았다.

(문견별록)[41]

국도(國都)

나라가 바다 가운데 있으며, 모두 66개 주(州)인데, 남북이 좁고 가까우며, 동서는 넓고 멀다. 유구(琉球)는 남쪽에 있고, 여진(女眞)은 북쪽에 있으며, 서쪽으로는 우리나라와 이웃하고 있고, 동쪽으로는 부상(扶桑)과 접하고 있다. 밭과 들판은 기름지고, 산천은 경치가 기묘하며, 인민이 많고, 성곽이 장대하고도 높다. 성 위에는 반드시 포루(砲樓)를 건축해 놓았는데, 혹 3, 4층씩 되는 것이 있기도 하고 혹은 6, 7층이 되는 것이 있기도 하여 올려다보면 아스라하게 보인다. 무기와 군사도 견고하고 날카로우며, 궁실(宮室)도 굉장하다.

성씨(姓氏)

나라 가운데는 다만 다이라(平)·미나모토(源)·후지(藤)·다치바나(橘) 네 가지 성(姓)만 있는데, 개국 이래로 다이라씨(平氏)가 성대하게 되면 미나모토씨(源氏)가 실권(失權)하고, 미나모토씨가 성대하게 되면 다이라씨가 실권하면서 혹 성대하였다가 혹 쇠퇴하기도 하여 그 승패가 무상하였다. 국왕과 관백(關白)의 권한은 늘 다이라(平)와 미나모토(源) 두 성(姓)에게만 있고, 후지(藤)와 다치바나(橘) 두 성(姓)은 다만 일반 백성

---

41 사행록 가운데 일기 뒤에 문견록(聞見錄)이라는 별도의 형식을 갖추는 경우가 많은데 '문견잡록(聞見雜錄)', '문견총록(聞見總錄)', '문견별록(聞見別錄)', '총기(總記)', '추록(追錄)', '문견록(聞見錄)' 등의 명칭이 붙어 있다. 『해동기』에는 문견록이라고 밝히지 않았지만, 독자들이 이해하기 쉽도록 '문견별록'이라는 제목을 붙인다.

일 뿐이다. 관백은 대개 한(漢)나라 때의 대사마(大司馬)의 직책과 같은 것으로 한 나라의 대사(大事)가 모두 관백에게 달려있으며, 천황(天皇)이라고 하는 자는 대개 서씨(徐氏)의 후예로 개국 초부터 일컬어지던 이름이다. 천황은 다만 부귀(富貴)만을 누릴 뿐 국정(國政)에는 간섭하지 않고 그 직위에만 앉아 있을 따름이며, 존호(尊號)는 세습되고 그 지위는 잃지 않는다. 관백은 그 지위는 비록 신하이지만 그 직책으로는 임금이면서도 감히 국왕이라고 일컫지 않는다. 처음에는 대어소(待御所)라고 일컬었고, 중간에는 관백이라 불렀으며, 지금은 다만 장군이라고 일컬어지지만 그 권력은 옛날과 같다.

인성(人性)

강하고 사나우며, 조급하고 가볍고 난폭하며, 기뻐하고 노여워하고 [결락] 또한 심히 간교하다. 기쁜 일이 있으면 재물을 아까워하지 않고, 노하면 목숨을 돌아보지 아니하며, 조금이라도 모욕을 당하면 반드시 죽음으로써 그 수치를 갚고, 남의 손에 죽느니 차라리 장쾌하게 자결해 버린다. 일의 처리는 간단하게 하고, 조금이라도 진중함이란 없으며, 황탄한 말에 쉽게 미혹이 되어 근거 없는 말을 깊이 믿어버린다. 화초보기를 좋아하고, 사는 곳을 깨끗이 하는 데 힘써서 비록 종의 집이라도 반드시 여러 화초들을 심어 놓는다.

풍속(風俗)

천황의 아들은 그 친족에게 장가들고, 국왕의 아들은 대신(大臣)의 집에 장가든다. 대신은 하관직(下官職)으로 여러 주(州)를 주관하고 지키는 직임을 맡으며, 그 직임은 세습된다. 각각 대관(代官)이 있어서 그

집을 주관하게 하는데, 주관하는 사무는 동일하다. 관백은 천황에 대해서는 다만 대관이기에 그 주군(主君)에게 아뢰고서 일을 처리한다.

노자와 석가를 높이 받들며 오로지 이단을 숭상하여, 만일 승려를 보면 그 지위가 높은 자라도 상좌(上座)를 양보한다. 승려를 높여 불러서 혹 장로(長老)라 하기도 하고 혹은 태장로(太長老)라 하기도 하는데, 태장로는 비록 관백이라 하더라도 상좌(上座)를 양보한다.

민가에는 신궁(神宮)이 있고 집에는 불상(佛像)이 있어서, 혹 죄를 범하여 마땅히 죽어야 할 자라도 신당(神堂)으로 달려 들어가 버리면 감히 뒤쫓아가 잡지 못하며, 마땅히 목 베어 죽여야 할 죄인이라도 승려가 그를 구하고자 하여 가사(袈裟)를 벗어서 그 죄인의 머리에 덮으면 이 또한 감히 죽이지 못하게 된다.

남자는 머리 정수리를 깎고 그 꼭대기 뒤를 묶는다. 귀하고 천한 이나 늙은이나 어린아이 할 것 없이 모두 크고 작은 칼을 차고 다닌다. 존귀한 부인은 이를 검게 칠하고 눈썹을 뽑는다. [결락] 머리카락은 이어지게 하여 다리^{42}를 하고 그 긴 것은 땅에 끌리게 하였다. 존귀한 남자 또한 이를 검게 칠하였으며, 오직 여자들 중에서 아직 시집가지 아니한 사람만은 눈썹도 뽑지 않고 이도 검게 칠하지 아니하였다. 남자는 비록 어리더라도 칼을 차고 다녔으며, 여자는 비록 쇠하고 늙었어도 얼굴을 단장하였다.

강한 자가 약한 자를 삼키고 굳센 자가 나약한 자를 제압한다. 공업과 상업에 힘쓰며, 군사와 농업에도 게을리하지 않는다. 군(軍)은 농업에 관여하지 않으며 농업은 군에 관여하지 않지만, 다만 농사짓는 사람

---

42 다리 : 여자들의 머리숱이 많아 보이라고 덧넣었던 딴머리.

열 명이 군인 한 사람의 양식을 담당해야 한다.

무릇 공이 있는 자에게는 반드시 땅을 분배해 주어 그 세금을 거두게 하고, 공의 경중을 따라 땅을 분배함에 다소가 있다. 관개(灌漑)를 잘하여 비록 높은 곳에 있는 땅이라도 반드시 도랑이 흐르게 해놓았으며, 밭을 하고 싶으면 밭을 하고 논을 하고 싶으면 논을 하며, 또 파종한 지가 오래되었으면 봄에 다시 논을 밭으로 만든다. 종모(種牟: 보리씨)는 수확하여 밭을 받은 백성들이 먹고 살게 하고, 모종은 옮겨 심었다가 가을에 다 자라나기를 기다린 후에 모두 소속된 군사들에게 공급한다. 이는 중국의 봉건제도와도 같아서 굶주림으로 백성들이 떠돌아도 구할 길이 없게 되니, 나라는 부강해지되 백성은 가난하게 되는 부국강병의 술책이 아닐 수가 없다.

나라의 풍속이 비록 『시경』·『서경』·『논어』·『맹자』 읽기를 즐겨하나 그 글의 의미를 깊이 깨닫지를 못하고, 혹 제자백가서를 두루 읽은 자가 있어도 글을 짓는 솜씨는 부족하다. 사람과 만났을 때는 무릎을 꿇고 앉는 것을 예도(禮道)로 하고, 어른을 만났을 때는 반드시 신발과 갓을 벗으며, 만일 서로 아는 사람을 만났을 때는 손을 들어 서로 읍(揖)을 하고, 비록 자기보다 신분이 낮은 사람을 만난다 하더라도 또한 함부로 대함이 없다.

사람들이 차 마시기를 좋아하여 길가에 반드시 찻집을 설치하였으며, 돈 한 푼만 주면 차를 한 사발씩이나 마실 수 있다. 부자는 여자 중에서 돌아갈 곳이 없는 자를 취하게 되는데, 옷과 음식과 얼굴을 꾸밀 수 있는 비용을 지급해 주었다. 성이 기울어질 만큼이나 많은 과객들이 소리쳐 불러도 다 이끌어 유숙하게 하고 밥과 술을 주어 먹이며 현금도 주기 때문에, 길을 가는 자들은 먹을 양식을 가지고 다니지 않는다.

나라 풍속에 남녀를 막론하고 모두 국문(國文)을 익히는데, 국문은 곧 47자(字)로 '가다간나(加多干羅)'라고 부른다. 오직 승려들만이 비록 용렬하기는 하나 조금은 한자를 이해한다.

천황 이하 귀인(貴人)의 초상에는 반드시 길한 날을 택하여 그 시신을 태우고 유골을 수습하여 금은으로 만든 궤 속에다 넣고 산에 묘실을 만들어 그 안에 보관해 두었다가, 나라의 명절이 되면 반드시 그 묘실에서 제사를 지낸다. 선비와 서민들의 초상도 시신을 태우는 것은 마찬가지이며, 유골을 수습하여 작은 궤 속에다 넣고 집 뒤에다 판자로 묘실을 만들어 안장하니, 이는 우리나라의 향정자(香亭子)[43]와 같은 점이 있다.

그 풍속에 부모의 초상에는 다만 [결략] 3개월이 지난 뒤에는 매달마다 죽은 날에는 모두가 육식을 하지 않는다. 그 풍속에는 귀천(貴賤)에 [결략] 사망하면 그 친척의 막하(幕下) 가운데서 그 죽은 자와 비견되는 자가 반드시 향촌에서 마음대로 날뛰면서 천 명의 목을 베어 얻은 후에야 죽은 자가 천당복지(天堂福地)로 가게 된다고 한다. 그 때문에 그 사람을 '천공(千功)'이라 하고, 그렇게 천공의 이름을 얻은 자는 나라 사람들이 그를 대우하기를 마치 태산북두(泰山北斗)처럼 여기니 가히 괴기하다. 이는 이 나라 풍속의 무지 탓이다. 지금 이 나라의 관백인 히데타다(秀忠)의 아우 다다요시(忠吉)가 죽은 후에 그의 관하(管下)에 있던 한 사람이 행했던 바를 내가 일기에다 쓴 것 또한 이러한 예의 한 증거이다.

형벌에는 태장(笞杖)이 없고, 벌은 다른 이가 대신 받지 않는다. 죄가 가벼우면 재산을 몰수하고, 무거우면 목을 베며, 너무도 무거우면 사

---

43 향정자(香亭子) : 장례식 때 향합(香盒), 향로(香爐) 그 밖의 제구(祭具)를 받쳐드는 작은 정자(亭子) 모양의 기구.

지(四肢)를 결박하여 불에 태웠다. 만일 도적질을 하였을 경우에는 비록 보잘 것 없는 물건을 훔친 자라 하더라도 누구라도 그 자를 붙잡아 목을 벨 수가 있었으니, 나라에서는 이를 금하는 제도가 없다.

이 나라 풍속에는 불법(佛法)에 푹 빠지지 않은 이가 없는데, 혹 『묘법연화경(妙法蓮花經)』을 숭봉(崇奉)하는 자가 있고, 혹은 아미타불(阿彌陀佛)을 숭봉하는 자가 있어서 그 숭상하는 바로 두 종파로 나뉘어서는 각각 서로 꾸짖고 헐뜯으면서 서로 원수처럼 여긴다. 한 승려에게 듣기로는, 『연화경』을 숭봉하는 자가 크게 술에 취하는 바람에 그만 자기가 숭상하는 바를 잊어버리고 우연히 아미타불을 말하다가 갑자기 묘법(妙法)에 죄를 지었다는 것을 알고는 그 불좌(佛座)로 나아가 자신이 둘을 다 숭봉하는 자가 아니라고 맹세하고, 약을 복용하여 밤새도록 설사를 하고는 마지막엔 '불불(佛佛)'거리는 소리를 내고서야 저가 묘법(妙法) 앞에 꿇어 앉아 이르기를,

"'아미타(阿彌陀)' 석 자는 이미 설사하여 다 쏟아버렸고, '불(佛)' 자(字) 소리는 너무 취해 제 정신이 아닌 상태에서 잘못 말한 것이라고 오늘 이미 불(佛)이 밝혀 주었습니다."

라고 하였다. 정말 괴이한 일이니, 이 나라는 이만큼 허탄하고 망령되다. 풍속에 수두(手斗)[44]를 사용하는데, 수두는 우리나라의 3승(升)에 해당한다.

음악(音樂)

온화하지도 않고 슬프지도 않으며, 성률(聲律)은 짧고 촉박하다. 북

---

44 수두(手斗) : 당시 일본에서 분량을 헤아리던 단위.

은 작아서 소고(小鼓)와 같고, 피리는 길어서 몇 촌(寸)이나 되며, 거문
고와 쟁(箏)은 대략 중국의 것과 같다. 다만 몸체가 작고 현(絃)이 껄끄
러우며, 궁상(宮商)[45]이 없다. 노래 소리는 고저장단의 음률이 있는 것
과 같아 듣기에 매우 맑고 투명하여 더욱 좋다. 상저가(相杵歌)[46]를 함께
부를 때는 절구 하나를 같이 두드리는데, 혹 예닐곱 번에 이르기도 하
고 혹은 열댓 번에 이르기도 하며, 절구공이의 높고 낮은 소리를 따라
장단이 있다.

음식(飲食)

밥은 반드시 지어 물에다 타고, 술을 빚을 때에는 반드시 재[灰]와
섞으며, 혹 1년 주(酒)가 있기도 하고 혹은 3,4년 주(酒)가 있기도 하다.
또한 오향주(五香酒)가 있는데, 맛이 매우 좋으며 향이 강한 것으로 나가
토주(長門州)에서 난다. 다만 생선과 야채와 육식 고기를 먹을 때 젓가락
은 있으나 숟가락은 없다. 소반과 그릇과 잔과 주발은 모두 붉거나 검은
칠기(漆器)를 사용하고, 나무로 된 바탕에는 사물의 모양을 그려 넣는다.
오직 존귀하고 공경하며 삼갈 만한 자리에서는 거칠게 구운 토기(土器)
를 사용하며, 한 번 쓴 것은 버리고 다시 쓰지 않는다. 금은을 칠한 것은
모두 음식을 바치는 데 쓰는 것으로 극히 번화(繁華)하다. 식사할 때는
나무젓가락을 쓰며, 간혹 청화자기(靑花磁器)를 쓰기도 한다.

---

45 궁상(宮商) : 음악의 다섯 기본음인 궁(宮)·상(商)·각(角)·치(徵)·우(羽) 중, 첫 번째
와 두 번째 음. 이 5음을 줄여서 궁상이라고 하며, 이는 음악 내지 음률을 의미함.

46 상저가(相杵歌) : '저(杵)'는 절굿공이의 뜻이고, '상(相)'은 송저성(送杵聲)이다. 두
사람 이상이 절구통에 둘러서서 방아를 찧을 때 호흡을 맞추기 위하여 부르는 노동요.

의복(衣服)

남녀의 의복은 모두 절반을 잡다한 그림으로 물들인 것으로 푸른 바탕에 흰 무늬가 있는데, 혹 깁[紗]⁴⁷으로 혹은 비단으로 혹은 명주로 혹은 고운 모시로 하며, 깃은 직선이고 가슴은 풀어헤치며, 소매는 짧고 팔꿈치가 드러나도록 하였으니, 이는 모두 전투할 때에 입고 벗기에 편리하도록 한 것이다. 남자의 상의는 축 늘어져서 무릎까지 내려오고, 치마는 길어서 땅에 끌린다. 여자의 상의와 치마는 그 길이가 나란하면서 땅에 끌린다. 남녀가 모두 저고리와 홑겹을 입고, 납의(納衣)⁴⁸는 없으며, 옷은 넓게 짓는 것을 중요하게 여기고, 띠는 청색이나 자색을 사용하며, 수건은 비단이다.

관구(冠屨)

풍속에는 본래 관(冠)이 없었으나 오직 신분이 귀한 자만 혹 에보시(烏帽)를 쓰기도 하는데, 대나무로 만들었으며 꼭대기는 평평하고 앞뒤로는 뾰족하고 길어서 상투를 덮을 정도이다. 천황과 그 친속(親屬)이 착용하는 것은 다테에보시(立烏帽)라고 부르는 것으로 몸체가 곧고 꼭대기는 둥글면서도 뾰족하고, 높이는 반 자[尺]이며, 생초(生綃)로 만든다. 천한 자들은 일상생활에서 혹 청색이나 붉은 색의 두건을 써서 그 머리를 감싸고, 갓은 혹 부들이나 대나무 껍질이나 혹은 삼나무 잎을 이용하여 만든다. 남녀가 나갈 때는 모두 우리나라에서 착용하는 모양과 같은 삿갓을 쓰고, 신발은 귀천에 관계없이 모두 볏짚으로 만드는

---

47 깁[紗] : 명주실로 바탕을 조금 거칠게 짠 비단.
48 납의(納衣) : 낡은 헝겊 조각들로 기워 만든 승려복.

데, 모양이 평나막신과도 같으나 고르게 만들어진 것이 없었으니, 우리나라의 짚신과도 같다. 발은 남녀 귀천에 관계없이 모두 사슴 가죽 버선을 신고 끈으로 발 위를 묶는데, 첫째와 둘째 발가락 사이를 벌려 놓고 기워서 신발을 신기에 편리하도록 하였다. 오직 승려만이 관(冠)을 쓰는데, 우리나라 승려들이 쓰는 것과 같고, 버선도 우리나라에서 만드는 것과 같으나 무명으로 만들며, 발에는 당혜(唐鞋)[49]를 신는다.

제택(第宅)

오직 천황 및 국왕이 사는 곳과 불사(佛寺)와 신궁(神宮)에만 기와로 덮으며, 민가와 가게에는 판자로 덮는다. 창과 문은 나무판을 사용하고, 담장은 흙을 사용한다. 민가에는 곳곳마다 시장을 열어 재화를 증식하고, 나무판에다 크게 글을 써서 가게 문에다 달아놓는데, '무슨 무슨 가게'라고 이름을 붙여 교역에 편리하게 한다. 그리고 혹 불이 날까 염려하여 옥상에다 미리 물통을 비치해 놓아 만일의 사태에 대비한다.

계전(計田)

풍속에는 정단법(町段法)을 쓰는데, 보통 사람의 평보(平步)로 해서 양 발의 거리가 일보(一步)가 되게 하여 65보(步)를 1단(段)으로 하고, 10단을 1정(町)으로 하는데, 1단은 우리나라에서의 50원(員)에 해당한다. 천황에 서부터 여러 도의 장군에 이르기까지 반드시 정단(町段)을 나누어 주기는 하나 벼슬의 고하에 따라 정(町)이 많고 적음에 차이가 있다.

---

49 당혜(唐鞋) : 코와 뒤꿈치에 당초문(唐草文)을 놓아 만든 마른 신으로, 안은 융 같은 푹신한 감으로 하고 거죽은 가죽을 비단으로 싸서 만들었다.

명일(名日)

해마다 정월 원일(元日)·3월 3일, 5월 5일, 6월 6일과 15일, 7월 7일과 15일, 8월 1일, 9월 9일, 10월 해일(亥日)[50]을 명절이라고 한다. 사람이 많든 적든 각각 향당(鄕黨)에 모여서 친족들과 잔치를 하고 즐기면서 서로 선물을 주기도 하며, 혹은 네 바퀴의 큰 수레 위에 나무판으로 높은 누각을 만들고, 기생 중에서 미모가 있는 자들을 가득 싣고 돌면서 기뻐한다. 하지만 오직 5월 5일에만은 병교장(兵敎場)에 모여서 전투를 연습하는데, 혹 서로를 죽이는 일에 관해서는 내 일기에서 적은 바와 같다.

형벌(刑罰)

죄를 지어도 태장(笞杖)은 없으나, 혹 가산(家産)을 몰수하기도 하고 혹은 유배를 보내기도 하며, 죄가 무거우면 목을 베어 거리에 달아매는데, 가장 중한 죄에 대해서는 손발을 절단하고 기둥에다 매어달거나 혹은 그 몸을 찌르고 그 피부를 벗겨내기도 하며, 혹은 묶어서 쌓아둔다. [결락] 그 때문에 관에서 내리는 명령이 없어도 스스로 법을 범하지 않는다.

습전(習戰)

[결락] 행군(行軍)할 때에 병사가 혹 적으면 되돌리기가 좋고 [결락] 먼저 돌격한다. 적의 상황은 앉아서도 파악하며, 그 진퇴와 기정(奇正)과 허실(虛實)이 모두 손자(孫子)와 오자(吳子)의 병법을 닮았다. [결락] 끝내

---

50 해일(亥日) : 일진(日辰)의 지지(地支)가 해(亥)로 된 날. 을해일, 정해일, 기해일 따위.

기전(騎戰)을 하지 않으면 전투가 끝난 후 전투에 태만했다고 하여 반드시 목을 베었다. [결락] 반드시 사기를 북돋워 전투에서 사망하면 영광으로 여겼고 병으로 죽으면 수치로 알았으며, 승리할 것이라는 생각만 하지 패할 것이라고는 생각지 않았고, 패하면 보복할 것을 생각지 않았으며, 칼을 휘두르고 창을 뽑아들고서 어려운 곳에 나서기를 꺼리지 않는 것은 전국(戰國) 시대의 풍습이 남아 있는 것이다. 진영에서 보루를 마주하고 각각 적수(敵手)를 내보내어 도전하게 하는 것은 삼국시대의 기상에 가깝다. 전투마는 반드시 갈기를 깎고 [결락] 쇠를 붙이고 짚신을 신긴다. 배 타는데 익숙하고, 또 수전(水戰)을 잘하며, 적을 만나면 배를 잘 운용하여 날듯이 빠르게 달린다. 다만 배를 크게 만들지를 않아 우리 전선(戰船)을 만나면 반드시 상대하기가 어려워진다. 만일 혹 서로 싸우다가 지게 되면, 그 장군 관하의 군병(軍兵)들은 그를 용맹이 없는 사람으로 여겨 모두 침을 뱉으며 비루하게 여겨 반드시 통솔할 수 없게 하니, 이 때문에 혹 자결하여 죽는 자가 많다.

해동기 서(海東記序)

　목릉(穆陵)[51] 시대 때에 고(故) 사평(司評)[52] 아산(牙山) 장 공(蔣公)께서 임금님의 명을 받들어 일본으로 가서 기록한 한편의 글이 소위 『해동기(海東記)』이다. 하직 인사하는 날로부터 시작하여 복명(復命)하는 날까지 모두 7개월간의 기록이다. 고래 같은 파도와 이무기의 소굴 같은 곳을 돛을 달고 항해하고, 독기 서린 안개가 끼는 오랑캐 땅을 돌아다니면서도 여유롭게 시를 수창(酬唱)하고, 의로운 기개를 뻗치어 신령스런 우리 왕의 위엄을 만 리까지 전파하며 사방 변경에 있는 먼 곳 사람들을 회유한 것은 성인(聖人)께서 시켜서 이런 일이 있게 된 것이니, 어찌 "사신이 없구나!"라는 탄식을 알기나 하겠는가!

　동쪽 땅 60여 주(州) 산천 형세의 빼어남, 인물과 풍토의 궤이(詭異)함, 그리고 저 의복제도의 다름, 음식 기호(嗜好)의 차이, 관구(冠屨)와 제택(第宅)의 같지 않음, 음악과 형벌의 차이와 같은 것에 이르러서는 모두 갖추어 착오 없이 자세하게 기록하고 빠짐이 없게 하여 보는 자로 하여금 한 번만 펴보아도 한눈에 환하게 들어오도록 해놓아 마치 그림을 벌려놓은 것과도 같으니, 비록 옛날의 직방씨(職方氏)[53]가 기록한 것이라 하더라도 여기에 무엇을 더할 수 있겠는가?

　성상(聖上)께서 누차 칭찬하고 장려하시며 조정에서도 하나같이 다

51　목릉(穆陵) : 14대 임금인 선조(宣祖)를 말함.

52　사평(司評) : 장례원(掌隷院)의 정6품 벼슬. 소송과 노예의 적(籍)에 관한 일을 맡아 보았음.

53　직방씨(職方氏) : 주대(周代)의 벼슬 이름. 주례(周禮)의 하관(夏官)에 속하여, 천하의 지도(地圖)를 맡아 보았으며, 사방으로부터 들어오는 공물(貢物)을 관장하였음.

칭찬한 것은 공의 대답하심이 자세하고 견식이 해박하였기 때문이니, 이 또한 어찌 구유(拘儒: 고지식한 유학자)나 곡사(曲士: 천박하고 옹졸한 선비)가 미칠 수 있는 것이겠는가!

오호라! 공이 세상을 떠나신 지도 오래되었고 세상도 여러 번 바뀌어 기송(杞宋)[54]의 문헌처럼 아득하게 되자 9세손 기락(基洛)이 더 오래되면 오래될수록 사라지게 될까 두려워하여 장차 판(板)에 새겨 후세에 전하고자 수백 리를 고생하며 와서 나에게 책의 끝머리에다 한마디 말을 써 줄 것을 청하기에, 내가 그 뜻을 측은히 여기어 마침내 아픈 몸을 무릅쓰고서 쓴다. 공의 휘(諱)는 희춘(希春)이요, 자(字)는 인경(仁敬), 그 호는 성재(誠齋)라고 한다.

무신년(戊申年: 1908년) 경칩절(驚蟄節)에 전(前) 의금부도사(義禁府都事) 김도화(金道和)[55]가 문소(聞韶)[56]에서 쓰다.

---

54 기송(杞宋): 중국 고대의 나라 이름.

55 김도화(金道和, 1825~1912): 조선 말기의 학자·의병장. 호는 척암(拓菴). 안동 출신. 1893년 유일(遺逸)로 천거되어 의금부도사에 임명되었다.

56 문소(聞韶): 경상북도 의성군 일대가 본래 소문군(召文國)이었는데, 신라가 병합하고 경덕왕이 문소군으로 고쳤으며, 고려 초에 의성(義城)으로 고쳤다.

誠齋實紀 卷之三
雜著海東記下

五月初一日。癸亥。

缺。留天瑞寺。三使肩輿, 上都城後山, 周覽形勢。山脈自愛宕山南奔至都城斗起。愛宕山乃都城之主山也。俯見都中, 自大阪至伏見三十里許, 閭巷道路, 傍通四達, 三面帶山, 南臨大野, 眞所謂沃野也。三使問天皇宮所在, 則在東南隅, 周以土垣者, 乃是其宮, 而大門之外, 軍士數百常把守, 國王以下諸臣, 以其管下兵輪番替守, 凡過門者, 皆下馬。宮中支用, 別有二州, 收其稅供進云。家康之宮, 則在天皇宮西南, 高樓粉壁, 乃是其宮, 而板倉常把守云。三使下山, 方向一處神宮, 中路遭雨, 投路傍精舍。乃板倉之管下, 供官欲進酒飯, 三使以爲非便, 方欲却退。景直親擧盤前進甚懇, 三使不得已許之。從行被蓑還寺。

初二日。甲子。

留天瑞寺。三使始封狀啓, 令源信安陪送釜山。各員役修家書付送。

初三日。乙丑。

留天瑞寺。余修錄時俗所尙風土事情。

初四日。丙寅。

留天瑞寺。

初五日。丁卯。

留天瑞寺。三使命結裹禮物, 點檢人馬。

初六日。戊辰。雨。

自都城將向關東發行, 幾至十里許雨大作, 不得已從行被蓑。啓程傾城男女之奔走觀光者, 或着屐捧傘, 或冒雨徒跣, 塡街滿階, 不計其數。行至近江州之世田湖, 則有城宏壯, 在波心高駕虹橋以通往來。湖乃前日所謂流下大阪之湖水也。其水無源, 而茫然廣濶, 雖洞庭不足以過也。點點漁舟泛泛其中。午後行到近江州之森山, 仍宿一刹, 頗甚幽靜。是日見其掘地劚出黑土, 狀如牛矢之乾者。問諸土人質其何物, 則答之曰﹕"惟此近江州之地, 出此奇土, 名曰﹕'土薪', 士民用以炊飯, 不用柴薪, 所資極多"云。從使有詩, 余次其韻。

一入他邦遍八都, 徂春經夏作征夫。千株碧樹陰長路, 萬疊靑山擁大湖。撲地閭閻眞巨鎭, 滿城兵馬是雄圖。客愁何處聊相解, 土俗猶能勸酒壺。

初七日。己巳。

自森山行到。缺。城堞頹圮, 丘隴崎嶇。問于土人, 則昔有關白信長者, 都居此地, 爲其下平秀吉弑滅云。午點于射場, 投宿于近江州之佐和山。自啓東路, 路坦如砥, 不見片石, 而但人馬雜踏之處, 塵沙撲面, 不得啓目視物, 是憫。從使有詩, 余次其韻。

江山迢遞隔千重, 東渡三洋又轉東。地不盡時愁不盡, 路無窮處恨無窮。一年故國音書斷, 萬里他邦信使通。夜夜龍顔頻夢侍, 片帆何日駕西風。

初八日。庚午。

自佐和山發向東。路經醒谷, 一帶淸溪源, 自谷中潺湲洞澈, 一濯足

以解醒, 故取以名谷云。至關原, 空壕草沒, 古壘纍纍, 乃是西海。諸將
之起兵東嚮, 與家康遇戰, 兵敗之所也。投宿于美濃州之大柿。閭閻撲
地, 城堞甚固, 引水爲池, 池頗深廣。關原之戰, 平秀可來據此城, 而聞
家康擧兵來迎, 退遁關原云。

初九日。辛未。

自大柿早朝發程。細雨只浥塵, 而至夕不止。午點于洲股。尾長州之
晴次。是日凡四涉江水, 而皆結船爲橋, 如過坦途。青蕪白沙, 處處縈
廻, 平原極目, 煙樹微茫。被擄男女, 攔路號哭, 各訴其情, 慘不忍聽。
邑居之稠密, 人物之富盛, 與京師頗勝, 便一雄府也。是州主城者, 乃家
康之第三子, 薩摩守忠吉云。以其父相見事, 上年臘月, 往于駿河, 今年
三月初五, 旅死關東。今之是城代官, 乃和泉吉次也, 曾養忠吉以爲己
子。故忠吉生時, 猶攝其職, 而今則姑專州務。爲其忠吉之喪, 吉次以
下親信之, 男女皆剪髮爲僧, 而殉死以從者至於五六人云。吉次之親。
缺。傾產結友, 不事家業。缺。而極其相愛。關原將戰之時, 兩陣相對,
雌雄未凌, 忠吉挺槍賈勇, 出陣大叫曰：“我乃家康第三子忠吉也。有能
敵我者出戰。”輝元郞出一將, 交忍數合, 忠吉卽斬首投地, 而仍橫行敵
陣, 一劍殺傷, 不知幾級。以此西兵挫氣, 東兵乘勝, 遂致大捷, 而此時
監物, 亦與忠吉同往, 戰功極大, 一國之人, 咸歎兩人之膽勇。厥後忠吉
與其奴, 與人相鬪之罪, 方欲殺之, 監物力沮曰：“奴是君父所賜, 而吾
且止鬪, 願勿殺之。”忠吉姑使遠走, 勿得近前云, 而適有他奴引送其奴
者, 忠吉怒其引送之奴, 又欲殺之, 監物亦怒其不聽己言, 恨其不合己
意, 拂劍遠避, 東適一城, 家奴願從者, 至於四百, 而遠近羣庶執物雲
集, 盖渠俗之取其如此血氣故也。忠吉亦悔已過, 懇招不得, 至囑於其
父家康之處, 使之招來, 而終莫能致, 盖亦索其高價也。至是聞忠吉之
死, 二月之程, 廿日馳到, 引酒先飲, 又以酹尸, 以家寶分與諸友曰：“吾
與忠吉, 雖有上下之名, 實有兄弟之義, 向以細事相離, 將欲更同生死,

立名於人世, 今旣棄我, 我豈獨生?"且與其父吉次永訣曰:"凡人死生, 縱有遲速, 死則一也。願勿悼傷, 以貽人笑, 父亦一笑。", 只言好樣快死云, 而但見凝淚滿眶。翌日淸朝, 遂沐浴其身, 上馬出街, 向日三揖, 以扇揮之。仍盡去其所着衣裳然後, 乃以長劍自剪左臂, 橫刺其腹, 腸胃流出, 而猶且挺立, 囑人斷頭。監物將死之時, 其友人淸九郎者, 亦願徇從, 監物諭之曰:"我雖死汝若生, 則書告父親, 待汝極厚。"缺。余因被擄人羅大男, 詳聞是事, 而姑記其略。羅生自稱, 羅州士子, 而今爲吉次之親信軍官, 性頗聰敏, 備悉首末。景恬贈羅生有詩, 余次其韻。

憐汝頗聰敏, 猶爲戀土人。待余西首日, 歸覓故鄕親。

是日余聞家康悼傷, 忠吉之喪, 次從使韻。

膽量聲名一代雄, 雄圖樓閣聳蒼穹。關原大捷人稱勇, 居益長驅敵畏風。西據孤雛何日斃, 東侵萬甲片時空。可憐天奪今還速, 謾使將軍恨不窮。

初十日。壬申。雨。

留晴次。玄風亦陪使行隨到, 而玄蘇、景直、義智等同坐, 招堂上譯官, 問其進貢天朝通貨等事。三使聞之, 峻辭以絶, 不使更言。玄風曰:"往年孫文彧之來, 曾有許之之意, 而且多相約之事, 今何不來耶?"三使答之曰:"孫文彧不過一庶官耳。豈知本國大事也?"是日持扇請書法者, 門外塡咽。渠俗喜扇面書法故也。國中或有稍解書法者, 賴以資富云。

十一日。癸酉。晴。

自晴次早朝發程, 行到一處, 見路左有一佛寺, 名曰:"明神。"每年五月五日, 國中之人, 無貴賤雲集于此寺, 祈祝吉福云。廳有佛像, 庭栽雜卉。三使停轎暫觀, 卽出寺門。門南又有新構, 極其宏壯, 乃爲監物、忠吉等祈祝之處也。午點于鳴海。又過平原無際, 沃野彌望之中, 渡一長橋, 投宿于三河之岡崎。盖此地形勢天塹, 長江橫帶, 西北據險設城, 城堞頗壯, 深溝高壘, 以備不虞, 亦巨鎭也。邑居之富盛, 雖不及晴次, 而物色之繁華, 與晴次無異也。余次從使, 路上雨後韻。

平郊草色夜來多, 客渡江流漲綠波。雲捲喜看天上日, 塵收忻趣路中車。炎蒸乍遂淸輝散, 爽籟猶從霽景跨。迢遞漢山行漸遠, 異邦愁緖此時加。

十二日。甲戌。

自岡崎, 午點于五井, 投宿于三河州之吉田。田野肥饒, 人民富盛。終日坦路, 路夾長松, 南臨大海, 西繞長江。江心結船以便過涉, 涉水未半, 船橋忽毁, 津上舟師顚倒補輯, 而幸得利涉。形勢之壯固, 城池之深險, 閭井之稠密, 物色之綺麗, 比岡崎倍勝。家康委遣管下以候三使, 三使行茶送之。是日聞家康關原之戰, 責其長子之無功, 以爲無用, 逐令自殺云。

十三日。乙亥。

自吉田平朝發行, 午點于白次河村舍。南臨大洋, 極目無際。又至一河, 名曰:"今絶。"昔無此河, 而近數年之前, 凌岸成河, 故因以爲名云。主官數人樣船來候, 津頭兩岸有女如雲, 或乘肩輿, 或冒綵服, 朱翠照耀, 綽約可觀。是日投宿遠江州之濱松, 男女傾城加額盈路。余次從使, 聞女樂夜唱詩韻。

落梅折柳何須問, 長短淸聲入耳同。似識離人愁緖若, 夜深低唱月明中。

十四日。丙子。

留濱松。玄風以傳命使, 處士先往駿河州。余次從使, 路上卽事韻。東遊隨處儘名區, 不是仙山是綵圖。別有奇觀無限處, 暮煙和雨暗長湖。暮天微雨正蕭蕭, 旌旅翩翩出遠郊。隔水烟霞迷去路, 挾途松檜拂征轎。金甌每向愁邊凸, 玉闕時憑夢裏朝。去國孤臣寬抱處, 巖廊調鼎宋兼姚。

十五日。丁丑。

自濱松渡二河, 一曰: "大天流。", 一曰: "小天流。", 亦皆結船爲橋。民家店舍, 夾路不絕。午點于見付村舍。閭里甚盛, 有同邑居。終日行邁, 道路坦夷, 但見已經之山, 隱現天際。是夕投宿遠江州之懸川。聞家康新設城池於駿河府中, 役卒遞代者, 連及路上。自入遠江, 被攎之男女稍稀, 而只有自西轉入者, 盖壬辰起兵之時, 不爲調發關東兵馬故也。是城之主, 乃家康之弟, 隱岐守也。家康傳位之後孫, 居駿河府中, 而使管下, 一一馳報, 關東一路。缺。使臣等事。

十六日。戊寅。

自懸川平朝發程, 至一山路, 有峙甚峻, 名佐野中山, 嶺上有小利。內外諸山, 皆在眼底, 北望富士山, 隱現雲表, 嶺下有村, 村北又有大野, 野遍沙磧, 不見田畝草木。但見無數長川, 分派散流, 如練橫鋪。深不可揭, 淺不可船, 濶不可橋, 急不可遊。小有雨水, 路阻不通, 羣官率軍護涉。涉凡十餘川, 名曰: "大井。", 其源自信濃州、木層山派合于駿河州、島田之下, 而湊成一河, 可容舟楫。駿河之人, 引流灌漑, 家利極多, 而其水東入于海。午點于島田, 投宿于駿河州之藤枝村洞雲寺。是日聞家康送人于義智、景直等處, 使之傳報使臣曰: "今已傳位於秀忠, 而直受貴國之命, 事體未安, 願直向江戶, 傳命之後, 使行回時, 切欲出拜。"云。是夕始聞蟋蟀, 又見兩節菊花方盛開。鄭景恬詠菊有時, 余次其韻。

開向秋風尙未遲, 花權不必競先持。一歲再華何足羨, 東籬惟愛傲霜枝。

十七日。己卯。

自藤枝踰一高峴, 名曰: "宇津屋。", 富士山一脉, 南奔爲嶺, 嶺頗崎險, 樹木森密。午點于鞠鄉。三使使從行整頓衣冠, 將過家康府中故也。始見左右路傍, 積石如山, 人輪車運石, 連絡路上云, 是駿河新城之役也。又至府中, 新創城池, 町段纏定, 閭閻頗罕, 物役甚稀, 但見無數役夫, 或擧工匠, 或與土木, 充塞城中而已。城之一隅, 有一舊里, 而中有層樓傑閣, 是乃家康所居之地, 康也率宮女上其樓, 以觀使行威儀云。論其府中形勢, 則東有大海, 西帶長川, 南臨沃野, 北走富士山脈, 眞天府之土, 而可知家康之能相其地也。但地褊一隅, 四方之道里不均, 是則未知家康之意向, 而盖脫有西變保守關東之故也。日本此州惟多産駿馬, 故每年八月十五日, 例出場市, 六十六州之人雲集, 府中買馬以去云。是夕投宿于淸見寺村店。店在海岸, 竹木森密, 庭有數株眞松狀如靑, 盖亦一奇觀也。是夜月色如畵, 波聲攪耳, 被襟起坐, 耿不能寐。宦者李允福者, 乃同行 愼忠善之奴也。壬辰被擄, 轉入是州, 今爲家康宮中親信內豎, 而府中路左, 暫見愼公, 而歸告家康, 追到宿處, 至棄肩輿, 從者頗衆。勤問舊事, 而向余申禮後, 以其意問之曰: "家康今見使臣之來, 頗極喜幸, 想必喜其隣國之相好, 而余實未的遠涉異國, 所幹何事耶?" 余答之曰: "汝在家康宮裏, 何其曾不聞是奇耶? 曩者平秀吉之柄國權也, 妄恃强悍之勢, 不思交隣之義, 侵犯我邦, 屠戮我民, 實我國不共戴天之讐, 而今幸秀吉遄死, 源氏得國, 痛去前日之非, 欲修昔年之好, 至使對馬島主, 再懇信使, 信使之所以來此者也。" 允福默然良久, 又告於余曰: "家康管下之觀光使行者, 皆稱威儀之盛, 而只美下卒衣服之朴陋云。" 又答之曰: "我國禮法, 非汝國無識之比也。衣服之制, 亦以貴賤別之, 位高者, 惟着錦繡, 秩卑者, 着細絹, 而細民則着綿布而已故也。不然如此, 異國之行, 豈無華美之服色乎?" 允福然之, 一一稱服。

十八日。庚辰。晴。

是朝義智、景直、玄風來謁三使而告之曰：“昨日歷路獲拜，家康極喜使行之來到，而只恐道路支供之失謹，別使玄風專任檢飭。”云。是日自清見寺沿海岸，行至一長川，名曰：“藤川。”，川之源脈，發自富士山下，而一行徒涉者，寒澈其骨，或有不能忍涉者，乃是流澌故也。纔涉是川，路經所謂富士山前，而遙望其巔，白雪猶積，而聳出虛空，高不可量，雪積之處，不見一草一木，而但看瑞霧祥雲，橫帶其腰而已。山頂平坦，周回三十餘里，而中有大池，深不可量云。國人或登此山者，至其有雪寒不可近，而其高或云四百餘里，而偃蹇蹲峙，眩耀千里，眞一國之第一名山巨嶽也。山之半麓，東有一祠，名曰：“徐福。”，西有一寺名興福，北背陰山，南俯大洋。勢甚崒崒，屹然挺立，雖泰華嵩岱，不足以比肩，而地圖所謂四時有雪之說，今始目驗矣。然山在炎方，地近暘谷，而況此金流玉鑠之月，必無見雪之理，而是山堆積，怳若臘月之漫塞，何怪物理之難詰也。天風挾凉，太陰未解而然耶？或似湯泉火井之失其眞性而然耶？惟於每年七月，雪色暫消，而八月初間，如故還白云。山神亦靈，靈應甚靈，故舉國風俗，無貴賤崇祀云。是日午點于吉原村舍，投宿于伊豆川之三島。從使有詠富士三韻，余次其詩。

夏過雪滿山，山色露窮寰。屹立滄海上，高撐碧落間。有幸空悵望，無路可登攀。我欲驂鸞駕，歸朝玉帝顏。有山何崒崒，千仞挿靑天。每握風雲勢，常持雪月權。東南臨大海，西北帶長川。知是琳宮在，鐘聲下夕烟。崔嵬突兀更危崎，萬丈丹崖凜不追。出岫歸雲常靉靆，度岑飛翼更差池。臘雪每兼春雪積，天風長共海風吹。此身安得驂鸞去，試拂塵衣舊染緇。

十九日。辛巳。

留三島，爲明日踰嶺，休其員役故也。是日，余次從使偶題二韻。

屈指西歸路，沈吟耿不眠。亂峰知幾萬，弱水是三千。羈旅何須歎，行裝只可憐。爲憑樽酒凸，聊賦數行聯。受命遊南土，懷君望北辰。佳氣違一夏，良會負三春。雁陣愁邊對，龍顏夢裏親。海山千萬里，行役倍酸辛。

二十日。壬午。晴。

是朝有一官人，自稱淸正舊屬，脚下有槍痕，以支官來待從行。是乃家康得國之後，東西道變陣易居時，來在此地者也。渠之言內淸正島，山之窘，水道已絶，芻糧亦竭，至以馬。缺。救其飢渴，淸正方欲出。缺。之際，天兵暫退，救軍。缺。以此得以逃脫云。有一巨嶺，嶺巔有一巨村，一行午點于是村。村邊有大湖，湖水極瀾，其深無底。問于土人，則答曰："此湖別無源脈，而周回則至於四百里，橫流注下於西北之隅，而達于海口。"云。余甚奇之，繞堤觀望，則實是天作池淵也。鳧鷖鷗鷺之屬，遊泳其中，奇花異草，森列其岸，而第恨不能盡識其花草之名也。又至嶺腰，地名松山之處惟一城。問于土人，則昔日秀吉之欲犯我國時也，惟小田原太守北條阿直，不從其令，據險相拒，秀吉擧兵來功，始見大敗，而再擧大陣，水陸並進，終陷其城，而遂沒降兵，犯西之兇謀云。倘使是城終始不振，則秀吉慮其國中之患，而我國必免壬辰之變。庚寅使臣之來，因秀吉東戰未還，至留五月云者，實此時也。又至嶺下，見加釘浮石，積如丘陵，乃江戶新都築城之石也。各州將官率軍來役于此，而運以舟楫云。是夕投宿于小田原。傍海爲城邑，物色繁華，而人物之俊秀，到此益勝，盖想山川淸淑之氣也。余次從使，過箱根嶺韻。

爲返旆倪此路開，十年拘縶儘堪哀。使臣高義期拯濟，聖主深仁若己推。度棧旌旗光隱現，徹雲笳鼓響徘徊。方今利器逢盤錯，竣事何時拂袖來。

二十一日。癸未。

唐人葉公稱名者，來謁三使而言曰："以中朝南京之人，嘉靖末爲日

本草竊之賊, 被擄入關東者, 于今三十餘年, 而與同時被擄之人, 別居
一村, 有若籠禽, 不得脫身, 幸以醫術聊生, 而常切首丘之歎。"云。日人
以其所居之里, 謂唐人村云。自小田原, 午點于大磯, 投宿于相模州之
藤澤。是日再渡河水, 而皆有浮橋, 許多人馬, 如涉平地。但久旱之餘,
沙塵眯目, 目不能視物, 一行員役, 頗甚困惱之。午後雨作, 終夕淋漓。
擁簣行邁, 凉風拂面, 似有甦醒之氣。是日, 玄蘇以詠富士山一詩送呈,
余次其韻。

千仞崇巒秀更奇, 奇觀輸入老師詩。四時帶雪眞堪賞, 正是行人駐
馬時。

尖峰爭似夏雲奇, 勝狀難傳一首詩。欲知山上長留雪, 須見炎蒸六
月時。

山頭雪色白還奇, 過客停驂强賦詩。但看朝暮風風態, 不變金流玉
鑠時。

二十二日。甲申。

初雨作只浥輕塵。早朝發程, 沿海岸而行。挾路村落, 相望不絶, 或遠
或近, 頗似殘弊。是日無晝點, 而投宿于加野川, 乃武藏州[1]之界也。秀
忠委送食邑萬石者三人, 使之支候使行, 而兼使馳報行止。余次從使過
嶺, 又見富士山韻。

四時長帶雪, 天下一名山。行行三度嶺, 猶見聳雲端。

二十三日。乙酉。

留加野川。雨聲終日不止。三使命從行, 使之整頓衣服, 盖其明日進
向江戶新都故也。是日, 始聞國人貴賤中, 若有死事者, 則或其親信管
中與族屬中, 爲其死者。缺。或有必斬千人者, 號曰: "千人功。", 其俗如

---

1 藏 : 저본에는 '蔣'으로 되어 있으나 실제 지명에 의거하여 '藏'으로 수정하였다.

此, 則死者必歸於佛家所謂天堂, 而仍受後生之洪福云, 故雖國王莫之能禁云。近者爲其忠吉之喪, 有一惡少持劒, 橫行至於白晝, 或有恣斬行路者, 新將軍秀忠聞之, 欲除此弊, 立柱街上, 掛榜令之曰: "如有捕擒此人者, 必厚賞金銀。", 惡少見之, 遂去秀忠之榜, 而因掛其榜曰: "我以忠吉之管下, 尙用爲忠吉, 做此善事, 而將軍以忠吉之兄弟, 亦欲禁禦, 是誠何心哉!" 秀忠聞之, 遂寢捕擒之令云。可駭其俗乖戾也。是日, 余次從使憎轎上蒼蠅(파리승)路上紅塵二韻。

憎汝如今强賦詩, 詩人曾比玉生疵。胡爲萬里他鄕路, 轎上營營盡日隨。

路斷人實見未曾, 曾無相愛又無憎。如今日逐長途起, 汚我衣巾拂不勝。

二十四日。丙戌。

夕雨。自加野川整列啓行, 進向品川站。觀光男女, 遠近雲集, 塡咽路傍。是夕行上江戶, 閭閻之衆, 物色之盛, 與晴次倍勝, 新建宮城, 木石方擧。西北沃野, 東南大海, 又有一河橫帶宮城, 流過市巷, 達于海門。戰艦商船浮泊宮門, 而又見都中大小之人, 來往虹橋, 縹渺如雲漢之上。路左見一美人, 色貌不凡, 瞻望我行, 佇立以泣, 余於馬上問之曰: "汝是被擄朝鮮兒女耶?" 嗚咽不能言, 只自含聲答之曰: "余乃泰仁良家女子。" 云。是日歷遍都市, 徇南北轉投一巨刹, 名曰: "本誓寺。", 寺近海門, 時聽波聲, 洶湧門外。秀忠已令秩高官人來在寺中, 支候員役, 頗極情款。是昏招被擄人問之, 則男女之擄入日本者, 或恐親戚之盡亡, 或慮歸去之無托, 不肯還向故國者幾半云, 可惜, 渠輩之已變其本心也。是日, 余次從使到江戶韻。

膽量威名敵萬夫, 新都營建武藏隅。進兵居盆梟降賊, 運智關原受獻俘。六十雄州隨指嗾, 三千猛將許馳驅。盈城赫業今傳子, 遜臥褊方贊永圖。右指家康

嗣子英雄冠百夫, 盈城眙業保東隅。芟(벨삼)夷群醜誰來侮, 早晚孤雛自繫俘。霜雪威名常凜烈, 風電號令日馳驅。新都設險眞天府, 永世

宜傳是壯圖。

二十五日。丁亥。晴。

留本誓寺。秀忠又令食邑二萬石者二人來, 察員役以上支供等事, 委來之人, 亦甚恪勤。或問使臣嗜食之物, 或恐饌品之不精, 至於親嘗其味。若聞使臣好頓進饌, 則皆有喜色, 一一馳報秀忠, 秀忠又使管下年少食邑千餘石者十餘人來, 在員役眼前進饌之, 則親執奔走。此則欲學問朝鮮行止禮法, 而爲送者云, 於此可見其俗之推重我國禮法也。午後, 秀忠又使秩高者三人, 問安于使臣三使, 令盛張軍威, 迎坐胡床敍禮畢, 正使言之曰:"將軍之待使行, 極盡誠款, 感則感矣。但奉使萬里, 今旣到此, 而尙稽國命, 未卽傳致, 竊憫無任。"首坐之人, 答之曰:"吾將軍意以爲兩國交好之道, 此實莫重之禮也。故方欲擇吉受之, 願使臣姑且安歇, 以待將軍發落。"

二十六日。戊子。雨。

留本誓寺。缺。斗數有差, 如在京所給, 而盤皿柴炭, 亦入量進呈。

二十七日。己丑。晴。

留本誓寺。聞秀忠欲問接待使臣之禮於其父之處, 而送執政一人於駿河府中云。盖新創國都, 未識前規故也。又聞秀忠管下執權群官等, 聞使臣賫來禮物之甚略, 皆大笑云。

二十八日。庚寅。雨。

留本誓寺。始聞秀忠擇定今日於開月初六日云。又聞秀忠宮裏, 常日所設屛帳, 皆用大明、朝鮮等畵格, 而今爲接見使臣, 方以渠國畵格易之云。盖用誇渠國之物色也。

二十九日。辛卯。晴。
留本誓寺。聞秀忠宮女一人, 因奸私夫, 曾於數日前被斬。

六月初一日。壬辰。
留本誓寺。聞島主拜於秀忠, 秀忠以陪使臣遠來之意, 再三勞之云。

初二日。癸巳。
留本誓寺。余與呂僉使、鄭景恬, 暢飲私釀。

初三日。甲午。雨。
留本誓寺。聞家康送人於秀忠, 以保從速接見使臣。

初四日。乙未。雨。
留本誓寺。三使招集從行, 俾習傳命時拜坐節次。

初五日。丙申。晴。
留本誓寺。聞此國則閏朔進退, 不如我國, 今年亦以四月爲閏月。故以今日謂之端午, 或爲死者, 廣爲佛事, 或招集親黨, 讌飲以娛。又見城中萬軍, 一時張旗, 以促出戰之意。無數羣隊, 無貴賤齊會一原之上, 市井與軍兵, 分東西兩陣, 而市井爲東, 軍兵爲西, 各出勇敢若干人於兩陣之前, 揮旗投石, 無數挑戰。長槍大劍, 光輝如電, 踊躍賈勇, 稍稍近前, 始如角觚之狀, 而交兵數合。西兵一人失足顚仆, 東兵乘勝, 亂相爭斬, 斷手斷足, 箇箇擲地。然後各走本陣, 而東兵忻忻唾手, 西兵憤憤。挑戰交刃, 不數合佯爲北走, 東兵以爲摧挫, 其氣方乘勝, 追逐之際, 西兵卽回, 其陣極力逆戰, 戰勢方酣。有一人極其雄壯者, 手揮大劍, 衝突東兵, 逐斬前鋒一人。以此西兵乘勝, 且進且退, 而其一人所斬, 多至十餘級。如是訖, 東兵却挑再戰。有一老人年五十者, 飛身掉槍挺出先鋒,

直追西兵之先鋒者, 一刺以倒磔肉, 西兵被靡莫敢下手。問之乃其陣先
鋒首死者之父, 而慨然其子之無用致死, 而兼爲復讐也, 以此東兵還爲
乘勝, 追逐西兵, 至於盡潰, 或有走入人家, 返被其主之斬殺者, 此亦渠
國之俗也。大槪國俗以此事以爲一場奇戲, 必於是日擧國爲之, 或拔其
能殺人者大用云。六十六州之中, 惟對馬島, 被我國餘化, 不爲此事者,
于今七十餘年云, 而京都則但聚會街路, 以爲雜戲, 或飮酒娛樂而已。

初六日。丁酉。

秀忠送人于三使, 邀致其宮。三使整列徐進, 凡三入城門, 而到其宮
門之外, 則對馬島主與承兌、玄風、景直等, 引入三使。暫於別館安歇,
捧國書先入。俄者有一官, 自殿上忙出邀入使臣。傳命禮畢, 秀忠北壁
而跪坐, 使臣於東壁。先設一案於北壁之左, 以錦袱覆之奉置國書於其
上, 陳置禮物於其下坐定。秀忠向使臣而言曰：“謹奉國命, 跋涉遠投,
無任感悅。”小頃進饌, 極其精美, 先問使臣嗜食之物而爲之云。殿上只
有進饌官人若干, 而其餘大小諸員之護位者, 則整其官服, 會坐中廳而
已。使行從行, 亦禮於廳上楹外旣畢, 別於一舘, 分東西兩行而坐定。
進以酒饌, 亦甚精好。支持官人之勸進酒饌, 似有勤款之意。景直、玄
風等, 坐於西班之末席, 以待我行, 盖推重我行故也。撤饌之後, 三使告
退, 大長老執政等, 拜送門外。是日, 所見殿宇之宏壯, 垣墻之敞豁, 新
役纔畢, 而金銀之屛帳, 錦繡之帷帳, 綺纏可觀。外城城壕, 則築役方
擧, 耶呼震天, 又見無數大石積置路傍, 一石之運費, 銀三十餘兩云。

初七日。戊戌。

留本誓寺。三使令景直, 傳送禮曹書契于執政等處。聞昨日秀忠之接
待使臣時, 欲使承兌學校等進參席末, 玄風止之曰：“朝鮮儒士之排斥
異端有同, 氷炭之不相容, 今若遽使浮屠之人, 參在一席, 則必有敕使
之恥笑。”秀忠然之, 勿使進參云。又聞秀忠回答書契中, 欲書王字, 與

渠國年號, 而慮其使臣之以爲未安, 遂去王字與年號, 而只書姓名年月。
又戒執政長老等曰："措辭中務要甚恭, 愼勿朦朧云云。此則使臣之能
制君臣處也。允邁於陸賈之制, 尉佗去黃屋也。

　初八日。己亥。
　留本誓寺。缺。見愼忠善。缺。告曰："家康有盡還被擄之意, 渠則以。
缺。晚而尙許出送給行資。"云。

　初九日。庚子。
　留本誓寺。執政一人, 以扇柄、紙束, 答禮於使臣, 卽分與從行。

　初十日。辛丑。
　留本誓寺。允福憫我使行之遲還, 自駿河馳謁三使而言曰："一自家
康之出放渠身, 駿河以西, 大小諸人之率畜被擄旄倪者。聞風皆放許令
出去, 故擧皆裝束, 苦待使行回還者, 不知其幾。"云。

　十一日。壬寅。
　留本誓寺。秀忠爲遣執政佐渡守, 傳送回答書契。正使親受開坼以
見, 則辭甚婉遜, 正如嚮日。所聞兼以銀兩槍柄送呈使臣, 又以銀錢送
與員役。是日三使言及刷還於執政, 則似有不肯之色, 爲渠多率我國男
女故也。

　十二日。癸卯。
　留本誓寺。副使、從使出遊寺之東原, 以觀城邑形勢, 而正使則以有
薪憂不參。

十三日。甲辰。

留本誓寺。一行員役整治回程裝束。是日對馬島主管下一人, 以病臥痛有日, 苦其呻吟之支離, 且慮回程之艱楚, 遂以長劍刺腹自死。

十四日。乙巳。

自江戶始爲回程。點于品川, 投宿加野川。是朝有一被擄女人, 乃使行中, 使令從妹也。是日始見稻穗半黃。

十五日。丙午。

自加野川, 行五里許, 路轉海濱, 而幾四十里許, 有舊墟空壕, 草沒毀堞, 纍纍中有一刹, 殿宇宏麗, 松杉滿壑, 池沼漣漪。問之乃石錄所記, 源賴朝被逐於平清盛, 而來據此地, 起兵犯京之處也。地名鎌倉云。午點于鎌倉, 投宿藤澤。從使以詩書贈玄蘇, 玄蘇卽次以呈, 余亦和之。

由來無敵在無荒, 不在軍兵不在粮。力取封疆終莫久, 强呑基業果何長。頹城只作狐狸窟, 毀堞空爲雉兔場。遠客停驂成一弔, 夕陽天末却彷徨。

天涯今竣事, 寧恨路多岐。已別盤根刃, 能治難緒絲。蘇卿還北日, 陸賈返南時。願借東風便, 莫敎帆影遲。

從使又以憶子有詩, 余亦有兒者也, 遂次其韻。

膝下相離歲律遒, 髮髦頻入夢魂顯。天涯此日明衰鬢, 簷末幾時靑老眸。旌旆始回桑樹域, 歸心先達漢江州。在家尙念惟其疾, 何況如今萬里憂。

十六日。丁未。雨。

發程自藤澤, 午點于大磯, 投宿小田原。廚倭進以桃實、林禽等果。余次從使留江戶詩。

鬱鬱中宵耿不眠, 悄然危坐客窓邊。三旬行役如三歲, 十日留連似十年. 鳳詔無傳桑海外, 雁書難寄玉樓前. 多情却笑西歸路, 突兀箱根杏接天.

列子長風博望槎, 又隨征馬路岐多. 迢迢故國無消息, 擧目天涯感物華.

又次傳命日所述詩.

鳳詔開緘異國天, 天香如襲御爐烟. 一言能屈戎王勢, 三傑威名孰與肩.

十七日. 戊申. 晴.

自小田原, 午點于箱根村, 投宿于三島. 是朝有一倭子, 潛斷我行一人所佩囊子, 而終爲被捉, 卽聞代官聞而斬之. 余次從使所述二韻.

可笑當年蘇屬國, 十年虛老羯奴天. 如今半載能回棹, 何似驅羊渤海邊.

大纛高牙與白旄, 聖君恩寵輝宮袍. 胸中便覺丹心功, 頭上時看白日高. 到處題詩酬勝景, 有時呼酒破愁牢. 愚蒙幸忝平原客, 才短還慚穎脫毛.

十八日. 己酉.

自三島, 午點于吉原. 再過富士山, 投宿淸見寺. 寺在山腰, 北負富士山, 南臨大洋. 引泉爲瀑於寺後巖上, 而飛流直下於小亭之北, 千竿綠竹, 寒玉簫瑟, 萬樹琦花, 不記其名. 又見綠橘黃橙, 香臭擁鼻, 野桃山櫻, 味甚甘冽. 其中又有一花, 花如步仙, 葉似金藤, 而蔓延交架於古松之幹, 其名則凌宵花云. 又見引其瀑沛. 缺. 漣漪於北軒廉廡之下, 養金鯉其中, 而時見跳擲於. 缺. 又見蠱石爲山, 奇秀如眞, 松栢扶疎, 綠陰掩翳. 庭前又有盤梅, 高僅數尺, 而廣可五丈, 長至十餘丈也. 山川之淸秀, 洞壑之幽邃, 院宇之綺麗, 軒窓之敞豁, 眞一國第一名勝之地. 又望海中松樹森羅, 號謂之十里松云. 寺中有僧, 年至九十二歲, 韶光滿面, 筋力强健, 其壽不可量也. 余次從使再過富士山長篇韻.

去時初見山頭雪, 政似玉龍橫銀甲。來時再見山頭雪, 恰似蒼虯頭半白。去來山色兩奇絶, 却恨塵蹤難近觸。倘是山靈有所知, 應笑長途行邁客。山高可望不可到, 佇立山前凝遠目。山風吹送十分淸, 便覺胸中襟袍豁。瑞靄祥雲常靉靉, 日色山色■愛惜。世間民生苦炎熱, 雪中爲欲開民屋。嗟余若得高飛翼, 一上尖峰瞻帝闕。

十九日。庚戌。

朝雨暮晴。留淸見寺。爲其明日將見家康於駿河府, 而令從行整頓衣服故也。是日三使乘船遊賞於所謂十里松林, 兼見南蠻船制, 而余以采薪, 不得從往可歎。余次玄蘇過富士山韻。

歸心日夜繞昭陽, 五月炎方客路長。天公似解多煩惱, 富士山風晚送涼。

次正使懸板詩韻。

山寺疎鐘動客愁, 薄雲拖雨過長洲。夜來禪榻淸無寐, 濡筆題詩記勝遊。

又次副使懸板韻。

去時經過此時來, 路轉山腰碧樹迴。却向上房成小憩, 此身疑上鳳凰臺。

又此從使懸板韻。

寺在蓬萊方丈間, 竹林靈籟凜生寒。若非摩詰詩中見, 疑是龍眠畫裏看。

二十日。辛亥。

朝雨夕晴。自淸見寺早朝啓行, 來到駿河府。三使於宮城外, 執政上野守家, 暫刻安歇, 俄而義智、景直等, 引三使入宮門。三使肩輿, 從行步隨。渡二橋入三門, 三使下輿與上野守等, 引入殿上。三使與家康禮畢, 小頃卽還上野之家。進午點。點後家康委遣上野守, 以寶劍各一, 金甲各一送呈。三使聞關白下令, 諸道盡還, 願歸之人云。家康所居城牆屋宇, 新役未完, 而引水爲壕, 已成橋而已。是夕投宿藤枝。

二十一日。壬子。

自藤枝，午點于島田。過鈇屋，投宿懸川。

二十二日。癸丑。

自懸川投宿濱松。

二十三日。甲寅。

自濱松午點于白次河，投宿吉田。有日人四名，追其潛還被擄人而來，三使與玄風，以家康已爲下令之意，叱退其人。

二十四日。乙卯。

自吉田午點于五井，投宿岡崎。

二十五日。丙辰。

自岡崎午點于鳴海，投宿晴次。是日聞家康第四子五郎太，代忠吉之職，明日到任於晴次，代官率羣倭 出迎中路云。是日午點時，庶。缺。新稻米。

二十六日。丁巳。

自晴次午點于洲股，投宿大柿。聞被擄一人，今年三月初間，與日人相鬪，遂拔其佩劍斬其人，以此罪犯，其城主方欲殺之，代官惜其膽勇，措辭救之曰：“今與朝鮮要修舊好，使臣到境，被擄之人，不可以國法加之，莫如堅守，獄中姑令餓死。”，城主然其言而從之。渠有一友，自初迄今，盡心救養，而今見使行到此，將此意來訴三使，三使卽送人城主之處，以言放還之意，城主諱之曰：“今已殺之，悔之無及。”，三使又令言之曰：“渠是帶行一人之切族，故遍問國中，莫知所在，今幸聞之，囚在貴獄，尙延餘命。”城主不敢隱之，卽令出送。使臣爲其人知其國情，初欲

帶向關東, 而其友懇於使臣曰: "久囚獄中, 如彼其憔悴, 願授小人, 以
待使行回程出送。", 使臣以爲與其不許, 而見失不若快許之爲愈, 遂許
而行至, 是現於轎前, 仍請使臣好樣率去, 其友與其人, 臨別言之曰:
"今歸故國, 所着衣服, 如彼襤縷得無無顏乎。", 遂解其所着美衣一襲,
寶劍一柄而與之。 吁! 乃知蠻貊之鄕, 亦有忠信之人也。

二十七日。 戊午。
自大柿午點于居盆, 投宿佐和山。 佐和山舊主, 乃三城守也, 曾爲輝
元之羽翼, 及家康長驅西向之日, 終見殲滅。 康也夷其城池, 移置新鎭
於距佐和十里之地。

二十八日。 己未。
自佐和山過射場, 午點于關白信長舊墟, 投宿森山。

二十九日。 庚申。
自森山午點于世田, 來投倭京之天瑞寺。 留在通事及下人等, 出迎于
五里外。

三十日。 辛酉。
留天瑞寺。 板倉令管下, 問安三使。

閏六月 初一日。 壬戌。
留天瑞寺。

初二日。 癸亥。
留天瑞寺。

初三日。甲子。

留天瑞寺。被擄男女，雲集庭中。錄其姓名居住，兼授糧饌。

初四日。乙丑。

留天瑞寺。

初五日。丙寅。

留天瑞寺。以被擄男女，開諭刷還事，先送譯官梁大福、朴應夢等於大阪。

初六日。丁卯。

留天瑞寺。

初七日。戊辰。

留天瑞寺。先送一行行李及從行于大阪，只留陪行若干人員。是日玄風來謁三使，言及進貢一事，三使峻辭以拒曰：“將軍及老將軍之接見使臣時，別無一端言及，而汝獨何敢發此耶？汝等誠款審 若如是，則自有前規，自南京直可進貢，豈可求乞於吾國也。”玄風曰：“古今之勢不同，將軍之意如是，故敢達。”

初八日。己巳。

始自京都啓行，午點于伏見城。城西乘船之所，地名曰：“淀。”午點後，上下從行，分上諸船。順流而來，泊大阪之東。平秀賴已令管下，率夫馬迎候。投宿九品寺。

初九日。庚午。雨。

留九品寺。被擄男女，雲集庭中。錄其姓名，兼授料米。其中有康津尹天甲之子, 名哲性, 頗穎悟, 眉目淸秀。自言生年二歲, 幷其母擄入日本, 而我國言語無不詳知。余甚奇之, 問其所以, 則自學語之時, 其母誨之曰:"'汝父尹郎, 以三代獨子, 只有汝身, 而吾今拘異國, 存亡難的, 音問莫通, 汝父之心爲如何哉! 余雖不幸投身於此, 汝可以歸見汝父面目爲心云云。', 而凡言語之際, 必敎以朝鮮言語, 故如是。"云。其母亦以年少美貌, 終始不辱, 而專身保命云。噫! 審若如是, 則眞女中烈丈夫也。是日, 安府使熹之子, 亦以出去來錄姓名。三使令崔義吉, 送于午沙浦, 貿鳥銃五百餘柄而來。景直來謁三使, 三使與之言語之際, 以微意慰之曰:"汝父調信, 每以乞和爲事, 而功未及成, 身爲異物, 而至於汝身, 得遂和事, 汝之功, 愈於汝父也。"景直曰:"不然。凡功之成, 有若築室柱礎, 若固則其室不頹。"三使稱善。

初十日。辛未。
留九品寺。聞秀忠令管下, 無遺刷還被擄男女。

十一日。壬申。
早朝先送從行, 及被擄男女于海口船所, 而其中士族常人分船以載。是夕三使乘船, 順流而下, 宿于船上, 而令譯官載酒於伺候船隻, 勞饋刷還男女。

十二日。癸酉。
平明, 乘風掛布, 船往如飛, 早朝過兵庫來投室津, 日纔午矣。實來時數日程也。投舘午點後, 還宿舟中。被擄人等, 稍稍來集。

十三日。甲戌。
阻雨留室津。

十四日。乙亥。晴。

風勢甚順, 自室津掛席行船, 船往如箭。過生窓、交照(一名, 美女浦, 一名, 京丈長)、下津等處, 行道母浦, 日已昏矣。

十五日。丙子。

風勢亦順, 自道母浦乘曉行船, 過鎌刈、但海、小屋等處來泊上關, 鷄初鳴矣。月色流彩, 波光浩渺。上使招集從行於柁樓, 令擊鼓吹笙, 暫時以悟, 余賦一絶。

扁舟來泊上關西, 兩岸峰巒碧樹低。知有隔林漁店近, 半天殘月曉鷄啼。

十六日。丁丑。

是朝, 小倉主越中守, 委送管下以。缺。刷還之意於使臣之前。是日風勢甚逆, 自上關過愁古, 無僅至百里許, 渡泊無人之地, 以待退朝。

十七日。戊寅。

是日, 亦無風便, 終日役櫓, 來泊赤間關, 日已昏矣。仍宿舟中。

十八日。己卯。

以被攎人開諭事, 留赤間關。小倉主別送男女百餘名。呂僉使鄕軸, 以先歸持狀啓先送, 一行從行始修家書。被攎人羅大男, 而加刷還事往小倉。

十九日。庚辰。

自赤間關過小倉, 來泊藍島, 日已昏矣。仍筑前守代官, 俱饌待候, 不得已上副使, 明炬下陸, 而唯從使以微恙, 獨未下船。

二十日。辛巳。

是朝筑前守長正, 委遣管下, 呈以鐵甲各一於三使, 三使再三牢拒, 不得已受之, 以豹皮筆子等物答之。晚朝發船, 東過博多津, 島嶼縈廻, 巖石奇怪。是昏乘月役櫓, 來到郎姑夜。此地乃壬辰年, 犯我國時, 平秀吉領兵來據之元鎭云。又以被擄人開諭事, 送鄭大男、崔義吉等于博多津。

二十一日。壬午。

留郎姑夜。志摩守正成, 以使臣支候事來到, 近境指揮管下云。正成刷還送一百四十餘人, 又有自備舟楫而來到者, 一百六十餘名也。羅大男自小倉率七十餘名而還。

二十二日。癸未。

曉頭始得順風, 來泊一岐島, 日纔未未矣。島主平戶法印, 乘船迎使行, 求謁甚懇, 三使令入見。茶罷言及刷還則法印。缺。

二十三日。甲申。

是曉風勢甚順, 自一岐島掛帆行船, 船往如箭。浪若錦文, 而舟楫安閒, 未末泊于對馬島。島主卽邀三使於其家進酒饌。投宿于慶雲寺。鄭大男、崔義吉等, 自博多州率一百七十餘名而來。大洋中始見白魚。登舟又見長鯨, 橫過船前, 可謂奇觀也。

二十四日。乙酉。

留慶雲寺。都點被擄男女, 至於一千二十餘名, 而各給十日糧饌。

二十五日。丙戌。

留慶雲寺。島主與景直等, 請姑留數日, 以爲治船之暇, 三使許之。是

日聞被擄人等, 私備船隻, 逃至中洋, 主者怒之, 追捕其船, 尋數覆沒
云, 而不知某島之所爲也。

二十六日。丁亥。
留<u>慶雲寺</u>。被擄男女, 分船以載。

二十七日。戊子。
<u>景直</u>邀餞三使從行。

二十八日。己丑。
島主邀餞三使從行。余得癨亂, 氣塞胸膈, 頃刻之內, 四肢絶脈, 呼
吸未通。幸得<u>朴敎授仁荃</u>, 盡心救療, 艱得復甦, 殆哉殆哉! 幾爲海島
之鬼。

二十九日。庚寅。
是朝始爲擧碇, 方欲發船之際, 島主來拜使臣於船上, 而<u>景直</u>則陪行。
過船越都伊沙只等浦, 來泊于<u>㯖蘆浦</u>, 而始望我國太宗臺一隅, 各船載
人喜色可掬。

七月。初一日。辛卯。
無風便, 留<u>㯖蘆浦</u>。

初二日。壬辰。雨。
早朝役櫓, 移舟於<u>沙所浦</u>以候風便。

初三日。癸巳。晴。
曉頭始得順風, 船往甚穩, 未末到泊<u>釜山</u>。僉使<u>申景澄</u>、水使<u>崔垌</u>,

率諸戰船出迎于太宗臺左。是夕投宿釜山舘舍。

初四日。甲午。
留釜山。遵朝令，接置被擄男女於城下民家，以待存撫官之下來。水
使爲慰設酌於南樓，而從行不與。

初五日。乙未。
以夫馬不齊，留釜山。成冊刷還元數，傳掌於水使崔垌。

初六日。丙申。
正使與副使從使分路，而正使則向梁山直路，副使則與從使向左道，
事先文出送。是日夫馬幾半始至，正使先發。午點于東萊。余從正使，
歷訪柳駈讁居，馳到梁山郡，則太守李天秋，適已遞罷，方待交代，而乘
昏來拜正使。

初七日。丁酉。
自梁山平明發程，沿江行邁。午點于鵲院。熊川守李暘出待。是夕來
投密陽，則府使金令公億秋，以兼防禦來鎭是府，而陪正使，設酌於嶺
南樓。樓壓長川，川負栗原，遠近奇觀，森列眼底。是昏內禁將金義立，
賚旨馳到。大槪朝廷之意，欲奏聞事情於冬至使行，而催使臣上來事也。
(府使金公，乃余之同年也。與之達夜穩話)

初八日。戊戌。
自密陽晚朝發行，午點于中路，無人之境，溪谷之間。昌寧守李軫賓
出待。是夕投宿淸道郡。

初九日。己亥。

自淸道早朝發行。午點于梧桐院。暮投大邱，則府使鄭令公經世。缺。

初十日。庚子。

鄭令公別設小酌，與余敍舊，款洽之情，溢於辭表。晚朝發行，午點于星州。入莒縣牧使宋公英耆出待，仁同府使李令公賢出待。自仁同乘夕馳行，路逢存撫官鄭公默。正使與之叙話於馬上，大槪刷還事情也。二更投宿月波亭近處村舍。

十一日。辛丑。

平朝臨發，從正使步上月波亭，周覽形勝。一帶長江，源自西北流下東南，沙汀隱映，遠岫微茫，眞嶺南之第一江山也。是朝飯于善山府，府使張世哲，盡誠支候。午點于竹峙。金山郡守權景會出待。是夕投宿尙州。正使與副使從使，再會于此。自入淸道，旱魔尤甚，所過赤地百苗盡苦，草木燋死，雖大川深澤，亦皆乾涸。故驛卒之終日驅馳者，甚見喉渴，而一不得飮，明年餓殍之歎，目前可睹。

十二日。壬寅。

平明發行，午點于咸昌，再點于幽谷，投宿于聞慶縣。上下從行，幾半飢疲，此則使行倍道以進，故各官未及處置故也。

十三日。癸卯。

自聞慶踰鳥嶺，來到安保驛。站官槐山下卒，無一人來見，上下一行，皆見飢惱。是夕來到忠州，忠州識面之人，喜色可掬。

十四日。甲辰。

留忠州。使行欲向陸路，則夫馬未至，欲向水路，則船格不齊，是日狼狠不忍形言。

十五日。乙巳。雨。
是朝使行親督船格, 出向鏈川而余。缺。直向。缺。妻子於龍仁村舍。
缺。是午秣馬。缺。

十六日。丙午。雨。
自竹山秣馬于佐贊驛。午點于陽智。主倅則以病不出, 其子朴正字廷
吉出接, 探問渡海凡奇。是夕來到村舍, 則一家妻子, 擧洞親舊, 盡皆無
恙, 其喜可掬。

十七日。丁未。晴。
自龍仁村舍, 追及三使臣, 詣闕復命。使臣各陞品, 從行并高品付職。

國都
國在海中, 凡六十六州, 南北挾近, 東西廣遠。琉球在南, 女眞在北,
西隣我國, 東接扶桑。田野肥饒, 山川奇勝, 人民衆庶, 城郭壯高, 城上
必築砲樓, 或有三四層, 或有六七層, 仰觀縹渺。甲兵堅利, 宮室宏壯。

姓氏
國中只有平、源、藤、橘四姓, 而自開國以來平氏盛, 則源氏失權,
源氏盛則平氏失權, 或盛或衰, 勝敗無常。國王、關白之權, 常在平、
源二姓, 而藤、橘二姓, 則只爲民庶而已。關白者, 盖漢之大司馬之任,
而一國大事, 皆沒於關白, 而天皇云者, 盖徐氏之裔, 而自開國初稱, 以
天皇只享富貴, 不預國政, 尸位而已, 世襲尊號, 不失其位。關白者, 位
雖其臣, 任則其君, 而猶不敢稱國王, 初稱以待御所, 中間稱以關白, 今

則只稱將軍, 而權則如古。

人性

强剛慄悍, 躁急輕暴, 喜怒。缺。疾亦甚奸巧。有喜不吝其財, 有怒不顧其生, 小見羞辱, 以死必復恥, 死人手寧快自刎。處事簡率, 小無持重, 易惑荒誕之說, 深信無根之言。喜看花草, 務精居處, 雖僕隸之家, 必有雜植。

風俗

天皇之子, 娶于其族, 國王之子, 娶于諸大臣。大臣以下官職, 與諸州主守之任, 世襲其職, 各有代官, 以主其家, 其主之事務有同。關白之於天皇, 但代官則稟其主而處斷。尊崇老佛, 專尚異端, 若見緇徒, 則秩高者, 亦讓其上座, 尊稱僧人, 或謂之長老, 或謂之太長老, 太長老則雖關白, 推位上座。閭有神宮, 戶有佛像, 或有犯罪當死者, 走入神堂, 不敢追捕, 而僧徒之欲救當斬罪人者, 脫其袈裟, 以覆罪人之頭, 則亦不敢斬之。男子髡頂斷髮, 而束諸頂後。無貴賤老幼, 皆佩大少劍。婦人之尊貴者, 柒其齒, 而拔其眉。缺。其髮續之, 以髻其長曳地。男子之尊貴者, 亦柒其齒, 惟女子之未嫁者, 不拔眉柒齒。男雖稚少而佩劍, 女雖衰老而冶容。以强吞弱, 以剛制懦。工商力業, 兵農不惰, 兵不涉農, 農不涉兵, 但農者十人, 以奉兵者一人之食。凡有賞功必分地, 以與俾收其稅, 而從功輕重, 分地多少。俗善灌漑, 雖隆高之地, 必通溝洫, 欲田則田之, 欲畓則畓之, 又長於苗種, 春初反畓爲田。種车收穫, 而俾食受田之民, 收苗移種, 待其秋成, 盡奉其所屬之兵, 猶中國之封建, 而莫救其流, 國富而民貧, 莫非富國强兵之術也。國俗雖喜讀詩書論孟, 而不能深曉文義, 或有博覽諸家, 而短於製述。凡與人相遇, 以蹲坐爲禮道, 逢尊丈, 必脫鞋笠, 若見相知, 舉手相揖, 雖接卑下, 亦無慢也。人喜啜茶, 路傍必置茶店, 投錢一文, 飲茶一椀。富人取女子之無歸者, 給衣食容餘之資, 號爲傾城引過客, 留宿饋酒食, 而取直錢, 故行者不齎糧。國俗無男女, 皆習國文, 國文乃四十七字, 而號加多干羅, 唯僧人, 雖庸流稍解漢子。天皇以下貴人之喪, 則必擇吉, 燒尸收骨灰於金銀櫃中, 造室于山, 以藏其中, 渠國名日, 必祭於其室。士庶之喪, 燒尸亦然, 收骨灰於小櫃, 於其家後, 以板作室安之, 有若我國香亭子焉。其俗父母之喪, 則只。缺。三月之後, 每月死日, 齊不食肉。其俗貴賤。缺。死亡則親戚幕下中, 比其死者, 必橫行鄉野, 得斬千人然後, 所爲死者, 出於天堂福地云。故號其人謂之千功, 而得名千功者, 國人待之, 如泰山北斗, 可怪, 渠俗之無知也。今之渠國關白秀忠弟忠吉, 身死之後, 渠之管下, 一人所爲錄在日記, 亦其一證也。刑無笞杖, 罰不遷列, 輕則籍産, 重則斬首, 而太重則結縛四肢, 焚火焦乾。若犯盜賊, 雖儢細物, 人得以執斬, 國無禁制。渠國之俗, 莫不蠱惑佛法, 而或有崇奉妙法蓮花經者, 或有崇奉阿彌陀佛者, 以其所尙分爲兩宗, 各自詆訾有同仇敵, 而聞有一僧, 崇奉蓮花經者, 因其大醉, 忘其所尙, 偶然語及阿彌陀佛, 忽覺得罪於妙法, 就其佛座, 而誓其不二, 因服注藥, 而達夜下泄, 其終也, 有佛佛之聲, 渠也, 跪告於妙法之前曰:"阿彌陀三字, 已盡瀉泄, 而佛字之聲, 今已盡醉中, 狂誤之言, 佛所明鑑。"云。可怪。渠國之誕妄也。俗用手斗一斗, 准我國三升。

音樂

不和不哀, 聲律短促。鼓小如鼗, 笛長數寸, 琴箏略同華制。但體小絃澁而無宮商, 歌聲則高低長短, 似有音律, 聽甚淸澈尤喜。齊唱於相杵, 一曰共擣, 或至六七, 或至十餘, 隨杵高低聲有短長。

飲食

飯必炊後和水, 酒必釀時和灰, 或有一年酒, 或三四年酒。亦有五香酒, 味甚香冽, 出長門州。但食魚荣芻爹, 有箸而無匙。盤皿杯椀, 皆用紅黑漆器, 而以木爲質, 畵以物像。唯尊貴敬謹之處, 用粗燔土器, 一用則棄示不復用。塗以金銀, 凡於進饌, 極其繁華。食時用木箸, 間用花磁。

衣服

男女衣服, 皆班染雜畵, 靑質白文, 或紗或錦, 或繒或細, 領直而披胸, 袖短而露肘, 盡爲臨戰以便, 脫着故也。男子上衣, 則緩及其膝, 裙長曳地。女子上衣與裙齊而曳地。男女皆着襦與單袂, 未有納衣, 製要廣濶, 帶用靑紫, 綾段帨巾。

冠屨

俗本無冠, 而唯貴者, 或着烏帽, 以竹爲之, 頂平而前後銳績足掩髻。天皇及其親屬所着, 號立烏帽, 體直而頂圓銳, 其高半尺, 以絹爲之。賤者常居, 則或用靑紅巾, 以裹其頭, 而笠則或用蒲或竹皮, 或椶葉爲之。男女出行, 則皆着狀如我國農笠, 鞋則無貴賤, 皆以禾藁爲之, 狀如平屐, 而無齒製, 如我國藁鞋。足則無男女貴賤, 皆着鹿皮襪, 以纓繫足上, 第一二趾間, 分叉以縫, 以便着鞋。唯僧人冠, 如我國僧人所着, 襪如我國之製, 而以木綿爲之, 足着唐鞋。

第宅

唯天皇、國王所居, 及佛寺、神宮, 以瓦盖之, 人家及店舍, 則以板盖之。窓戶亦用木板, 垣墻則用土。處處閭巷, 開市殖貨, 用板大書, 懸於肆門, 名曰：“某某店。”, 以便交易。或恐失火, 預置水桶於屋上, 以備不虞。

計田

俗用町段法, 以中人平步兩足, 相距爲一步, 以六十五步爲一段, 以十段爲一町, 一段准我國五十員。自天皇至諸道將軍, 必分與町段, 而隨爵高下, 町有多少。

名日

每歲正月元日、三月三日、五月五日、六月六日·十五日、七月七
日·十五日、八月一日、九月九日、十月亥日, 謂之名日。人無大少, 各
會鄕黨, 族親宴飮爲樂, 相遺以物, 或於四輪大車上, 以板爲高樓, 滿載
娼流之美貌者, 轉曳爲喜, 而唯五月五日, 聚兵敎場, 以習戰鬪, 或有相
殺者, 如日記所錄。

刑罰

罪無笞杖, 或籍家産, 或流竄, 重則斬首懸街, 而最重則斷手足懸柱,
或衝刺其身, 剝剔(젹)其膚, 或縛置積。缺。故官無申令, 自不犯律。

習戰

缺。行軍之際, 兵或寡小, 則善爲回轉。缺。先揆, 賊情坐作, 進退奇
正虛實, 皆倣孫吳。缺。二服卒不騎戰, 戰罷摘其怠戰, 必加誅斬。缺。
必倍氣以戰亡爲榮, 病死爲辱, 勝不思敗, 敗不思復, 舞刀挺鎗, 不憚赴
難, 似有戰國風習, 而臨陣對壘, 各出敵手挑戰, 近於三國氣象焉。戰馬
則必刻剔毛鬣。缺。加鐵着以藁鞋。熟於舟楫, 又善水戰, 凡遇敵人, 運
船理楫, 捷疾如飛, 而但船制不大, 遇我戰船, 則必難抵敵。如或相戰見
屈, 將倭管下軍兵, 則以爲無勇人, 皆唾鄙而必使無所統屬, 故或多自
刎而死者。

海東記序

逷在穆陵之際, 故司評牙山蔣公, 奉命東征有記載一篇, 所謂海東記
是也。始自辭陛之日, 至復命之辰, 首尾凡七開朔矣。掛帆於鯨濤蛟窟
之中, 寄身於瘴霧蠻烟之墟, 而從容唱酬, 義氣橫蒼, 播王靈於萬里, 柔

遠人於四裔, 則使聖人而在者, 安知無使乎之歎歟! 至若東阿六十餘
州, 山川形勢之嶺秀, 人物風土之詭異, 與夫衣服之異制也。飮食之殊
嗜也。冠履第宅之不同也。音樂刑罰之不齊也。備擧而不錯詳錄而無
遺, 使見之者 一披在目燦然, 若圖畵之列前, 雖古之職方氏所載, 何以
加焉? 聖上屢加褒奬, 朝廷一辭稱許, 則公之專對之周詳見識之該博,
亦豈拘儒曲士之所可企及也哉! 嗚呼! 公之世遠矣, 桑海屢飜, 杞宋茫
然, 九世孫基洛, 懼其愈久而愈翳, 將欲鋟傳于世, 而跋涉數百里, 請余
一言于卷端, 余竊悲其志, 遂强疾而書之。公諱希春, 字仁敬, 誠齋其號
云。歲戊申驚蟄節, 前義禁府都事, 聞韶金道和序。

海東記 上·下

해동기 상·하

誠齋實紀卷之二

雜著

海東記上

皇明萬曆丙子秋對馬島主平義智使其管下橘智

正賷書納欵於　朝廷曰往昔龍蛇之歲關白平秀

吉素是村野鄙夫卒得重權恃其富強之勢不思交

鄰之義敢逞射天之計妄肆蜂蠆之毒驅脅諸將窮

兵黷武樹怨於鄰國貽禍於　大邦至於　七廟蒙

塵萬姓塗炭此實　大邦萬世難雪之讐也固知不

可與同天地共日月者而郞今天殄遠及平賊逬死

1

因厥子稚孺而源家康代受其職極非平賊前日之
罪失欲與　大邦而朝聘止此綱書　熙而島夷叵測變詐
無窮情僞難辨端倪莫究　廊廟畫策帷幄獻籌遂
令禮曹修書答之曰貴國關白之意若如是則竣神
人之憤則於許和之道何有錢　命工曹參議竣刊
書正郎臣蔣希春充從事官翌年丁未正月渡海郡
至倭都轉向關東八千里而竣事言歸眞壯遊也一
行往返擧止則詳在日記而耳目所覩風土所尙及
凡百事情則以申叔舟海東記參商增刪別爲條列
如左

2

丁未正月十五日己卯　陸辭從三信使叢行

十六日庚辰毀

十七日辛巳毀

十八日壬午毀八夜始罷余與明叔永叔毀

十九日癸未晴早朝臨毀毀

二十日甲申晴自水櫃早朝啓行踰烏嶺嶺高參天

關路危險行至龍湫瀑聲窄吼淵深無底兩峰相對

巖石奇怪站宮梁思行饋以酒果三使鼎坐臨水閣

纂宛老盡圖中暮到聞慶縣十室蕭殘可見兵燹之

蕩敗也○備邊司馳送差官來傳松雲書札及送物

三

夜余與永叔明叔同寢正使使慎忠善來開舍舘好
否○是夕三使會坐招從行中善飲者飲以巨觥金
僉知孝辯至飲十三觥○余和鄭景恬過勇嶺賞龍
湫二詩
一鞭催拂上層巓斷麓懸崖馬不前舉手欲攀雲際
日回頭如撫嶺邊天飄飄正似驂鸞客杳杳還同駕
鶴仙却望帝闕依斗立遠遊愁緒此時牽
掀天驚瀑響如雷流下澄淵鏡面開雲雨神蹤何處
蟄風烟傑句此時裁蹔留車馬窺巖窟便把杯觴坐
石臺濯盡塵纓幽興裳人間一念自成灰

二十一日乙酉晴早發聞慶縣行到虎溪站正使反
從使與副使分路而正使從使向左道副使向右道
期於永川站相會暮宿龍宮縣正使從使同寢上房
余與明叔宿別軒軒在水岸形勢頗高石柱上尙有
水痕余怪問之乃乙巳水患之所浸者也遂和鄭景
恬詩
巍然樓閣枕山根形壓長江勢自尊昔年汎濫今來
識柱上分明水浸痕
二十二日丙戌晴使行臨發龍宮倅李廷赫爲設餞
酌暮宿醴泉郡

二十三日丁亥晴使行將發主倅金公涌爲設帳幕

於衙門外立勸別杯於正使乘轎之處執手慇懃情

誼可見千黯于安東府之豐山倉秉昏明炬直抵本

府則庭燎照耀紅粉羅拜正使與從使小設夜酌縣

管率卜無不備具兵燹之餘猶尚如此平時文物雅

此可想

二十四日戊子晴仍留府使金令公玏以瓜滿遞仕

移住村舍是夕來見使臣仍設酌慰行

二十五日己丑晴信宿與宋明叔終日打話遂和鄭

景恬次友人贈別詩

相逢嶺外又相分日暮郵亭酒一樽惻惻悲傷兒女

別暫時違于不須云

二十六日庚寅兩使行臨嶺主令再設餞酌于南樓

情甚勤欵千黚于一直乘霽冒雨直抵義城縣宿夢

見德娘乃十年前兵亂分離者也遂占一絶

壹是香山放柳枝十年相失蕙蘭姿依稀記得前宵

夢綠鬢韶顏似舊時

是曉又與嚴明甫金汝遠鼎坐痛飲遂覺而悟之乃

一南柯也仍再用前韻

曾向南郊別柳枝幸憑蝴蝶接風姿鼎對樽前多少

話不堪驚罷曉鍾時頭故詩中并及之

二十七日辛卯滯雨留義城正使與從使晝枕上房

或圍棊消日

二十八日壬辰晴自義城早朝啓行直抵義興縣正

使戲贈從使有絶句詩意專指花山別蛾余次其韻

戀主愁膓日九回異鄉懷抱苦難開客窓何物能消

恨賴有花山一樹栽

二十九日癸巳晴自義興抵新寧縣客舘則臨流構

軒軒對音巖巖上有數義烏竹竹下有盤石可坐十

餘人極其蕭灑與宋明叔從正使攀樹緣崖以上班

荊而坐小頃正使忽起泉石之思潑歎行役之苦是

日聞副使已向永川

二月初一日甲午晴自新寧到永川郡正使從便與

副使相會道伯柳相公來到正使舘于明遠樓令從

行候會各官妓樂爲設大宴八夜而罷

初二日乙未陰

初三日丙申馳到慶州府府尹與鄰邑倅設宴迎

接人物風流儘嶺南第一雄都也翌日從三使登鳳

凰臺從行俱往琴歌鼓笛亦隨余於醉中遂和鄭景

恬詩·

五一

月城天府是雄州羅代衣冠土一丘興廢但省雲影

暗鑾華空遶水聲流瑤琴正撥離人恨玉笛還挑遠

客愁千里帝鄉消息斷夕陽惆悵幾回頭

初四日丁酉

初五日戊戌晴自慶州早朝啟行千黙于新院直抵

蔚山府兵使鄭令公起龍通判宋公光廷爲使行夜

設餞酌五更而罷○是夕余與鄭景恬宋明叔同往

島山城頭周覽旣畢追感天將之失捷清正之逃脫

遂奮然口占一詩

一上城頭思轉悠夜深寃鬼鬧啾啾賊首未懸襄闕

10

下謾教行旅渶橫流

初六日己亥晴三使欲避兵使之再餞促行早發于

點于龍塘直抵東萊○是曉清河倅朴亨俊佩酒訪

余兼贐行資金監察大寬以妻子刷還補念求來訪

○馬島倭人蘇信尙奉書契渡來盖摧行使臣故也

宋明叔往宿柳監察諿舍故始與分寢○宋公㝎贊

曾宰此府壬辰初變義死賊鋒土人慕其精忠立祠

於南門之外塑像以享余謁其祠仍和鄭景恬詩

橋謁先生廟英風烈烈吹丹心堅似鐵素節涅河緇

晉覩龜龍像淚瞻齋鳳姿九原難可作吊罷賦新詩

六

初七日庚子 錢

初八日辛丑晴始到釜山遙望馬島風濤洶湧可瞻

故國雲樹蒼茫此時懷抱如何

初九日壬寅晴留釜山聞三使屈訪食使衙內余與

同行諸友共陟城上炮樓和鄭景恬詩 錢

三面滄溟一面山城池形勢鎮夷蠻轅門日暖旌旗

動油幕風清鼓角閑宜把壯猷能禦侮莫教光酩傄

生奸東樣遠客今投宿半宵瀾聲贊欲班

初十日癸卯晴留釜山明叔還往東萊余因眼疾自

是日試鍼灸

十一日甲辰晴留釜山三使會於上房別設小酌

十二日乙巳晴留釜山整飭渡海裝束

十三日丙午晴宋明叔還自東萊柳監察因其便賖

余以夏冠

十四日丁未晴留釜山余因鍼灸閉戶不出與明叔

終日閒話聞三使鼓樂歡謔之際僉使申景澄率其

畓來謁

十五日戊申晴留釜山是日水使崔令公堈大饗一

行歌舞庭中是昏三使又與接慰官金正男東萊府

使李德溫設酌西軒八夜乃罷

十六日己酉晴留釜山開從使再訪釜山僉使

十七日庚戌晴正使以齒痛委臥只與副使從使遊

太宗臺絃歌鼓笛隨載柂樓懸帆沿岸進向東南薄

晚筵及臺下則二道三道酒已半酣而層崖千丈凜

不可攀維舟巖畔左右觀望危巒絶壁怪樹奇花真

畫圖中風物也余舉醉眼東望馬島彈丸一點縹緲

在滄溟

得一絶

十八日辛亥晴留釜山余再陟城上砲樓北望洛城

人間離合水流空萬事寧忘一醉中玉笛數聲塊欲

斷不堪聞首洛城東

正使贈從使二絕謹次其韻

只恨龍顔千里違丈夫安得念閨閫頼有客窓蝴蝶

夢每懸殘月向西歸

消埃無補荷恩多涉險何須更憶家千里海山春欲

暮壯遊聊復賞烟花

十九日壬子晴從三使遊没雲臺紅裳粉黛錦瑟瑤

琴各呈其音西堂我境則浦淑屈曲白沙隱映東塋

海口有巖斗起峭立雲表恐是所謂砥柱而真平生

壯觀世

二十日癸丑兩宋明叔告別三使將還京洛一行錢

于西樓鄭景恬贈別有詩余和其韻繼贈

南來同作客底事獨歸忙惆悵千緒慇懃酒一觴

孤帆蓬島外匹馬洛橋傍幾日重青眼佳期在渺茫

宋明叔吟呈正使余亦擬宋君繼成宋乃正使之女

婿

遠將舅氏往分袂瘴江湄東去孤帆疾西歸匹馬遲

慇懃情萬緒珍重酒三卮戀闕三千里思親十二時

可能存信義何必念妻兒白髮心猶壯丹忱釼獨和

旌旗驅海若鼓角震馮夷納款從今切桿藩指日期

私恩那顧惜國脉顆狀持別後相思處殊方月一宵

二十一日甲寅晴留釜山正使副使出宿舡上試見

坐臥余告正使得秋露小許追訪明叔於東萊仍與

謁玉生自慶州來到

二十二日乙卯晴三使共出海口上水使戰舡柁樓

令渡海各舡理楫行運以觀疾鈍完否統制使李令

公雲龍以宴享事來見三使是日余與明叔柳濟孺

叙別乘夕還釜山。是夜有所思遂占一絕

香橼殘欲滅離恨夜俱淒坐到三更漏幽懷寄一吟

正使有一絕曰余和其韻

17

南來日日醉釀釀更促征帆過海門千里　龍顏頻

八夢夜溪長笛不堪聞

二十三日丙辰雨留釜山統制使大饗使行紅粉成

行衆樂方張因雨大作一行陪三使竟夕圍棊是夜

余與從使從統使步碧妓樂而邀致正使副使寢所

仍設小酌更四皷而罷

二十四日丁巳晴留釜山三使共訪統使舍舘仍設

小酌接慰官亦泰是日方欲上船未有風便事且未

完錢載小物而從使出坐船上搜禁私挾

二十五日戊午晴留釜山副使請八余及呂僉使讀

以酒餅醉飽而還

二十六日己未晴三使與水使及接慰官登城上礟

樓令各舩從行調習坐作行列於其下而觀之仍設

小雨午後始乘各舩是夕水使俞使接慰官等求慰

舩上

二十七日庚申晴始裝舩到泊戲臺浦以候順風

二十八日辛酉兩留戲臺浦接慰官俞使等佩酒弊

妓來拜三使

二十九日壬戌曉頭以牲幣祭海神從使製文平明

始得順風掛布帆行舩由太宗臺左古向馬島橘智

十一

正以其卒送于各艇使之撞碎指路而渠則乘小艇
陪行我艇行到水宗逆風大作波浪掀天椗橋檣頹危
舟中洶懼篙師無策方欲落帆回艇而風波枸轉進
退狼狽只信舍達之如何幸頼 · 聖上洪恩皇天陰
柘千後風息瀾定到泊於馬島豊基郡之泉浦馬島
主已令管下伺候其處十餘艘庵艦我艇陪八浦內
仍宿晃浦而三使棄約從行不使下艇日人之進糧
餽自是夕爲始橘則隨風漂去不知所向或以爲直
到日本或以爲還洶我境而實未的知也上艇破折
水八沒膝而慌惄裨輯艱得免榎渡海之初舟檣必

未完如此可歎一行幾半水疾或至眩昏顛仆斃不

付體而唯從使凜然獨坐枻樓猶據胡床而嚴侵檣

役終始不懈

三十日癸亥晴阻風留泉浦豐基人馳報使臣到泊

此奇於島主島主卽令中軍平景直乘捷艇來候使

臣而水路甚遠乘昏始到三使辭以夜渙令明日來

見

三月初一日甲子兩平景直令管下告以風順三使

令侵檣沿岸以無數諸艇引纜先導卒遇大風風浪

大作不得己種泊西泊浦浦上閭有西福寺三使連

天城耗合己卷之二　　十一

輶余亦同往暫憩寺中左右觀望則春柏掩映落紅

爛熳奇禽怪鳥枝上相呼真佛家所謂西天梅地也

盖取其義而名其寺也三使始招見平景直於寺中

島主又令其姪持橙橘酒餅來呈余得拙句以呈

蓬山何處問通津西梅寺前始覓春身逐片帆歸馬

島夢隨殘月到　楓宸烟横岱嶠千重嶂日落滄波

萬頃銀夷艙只憑忠與信定着殊俗化吾仁

滄波萬里月孤懸故國蒼茫思杳然莫道詞人無膽

氣知君袖裏秘龍泉

從使賦詩二首余敬步其韻以呈

風牽錦纜海烟開洶湧波光白雪堆尼夢遠尋天北

去孤帆遲向日邊來文章護寶詩千首愁思聊寬酒

一盃壽滿故山身在客暮雲何處是東萊

行裝恰似泛槎張東望扶桑鸝路長最是客愁無限

處緯濤浩浩又洋洋

初二日乙丑晴自西泊浦早朝裝艇艇前指路倭艇

幾七十餘隻景直亦乘綵艇隨後陪護首尾十餘里

旌旗耀日鼓角喧天余與正使坐在柁樓左右顧瞻

則波濤洶湧有若萬馬爭奔蒼茫接天上下一色而

又見丹崖蒼壁松栢森羅巖花吐紅岸柳抽綠悅然

十三

畫圖中風物而始知一般春光無彼此也是夕島主
平義智乘舡出近于舡越浦口而鄰使管下以達其
名三使命先還其府以待使臣之下舡而來謁云云
島主則應命鄰歸而我行則仍其日暮渡泊梅林寺
前三使八憇于寺中還宿舡上。是日寺中見梅己
結子麥穗半黃又見棕櫚葉如青蒲高不過數丈而
必剥去其皮方可茇盛初夏開花花甚奇好其材輕
且甚堅最合於槍栖云又見枇杷。言其所經舡越
浦形勢則沿岸一處兩峰相挾舡由其間僅容一棹
又見巖石奇絕浦內有一神祠舡過其下者必致齋

祭神煦後便獲利吉云

初三日丙寅情未末渡泊於海岸寺北流芳院前乃

島主所居府也島主己令謌義人馬迎候渡口三使

令整列下艇盛張兵威連次乘轎共八一舘而遂拜

授禮書書契于景直之處小項譯官誤傳玄蘇及義

智景直等為其要謁己在門外三使正冠服坐堂上

令其拓八則惟玄蘇景直來在門外島主則末及要

到云聞關白源家康為其刱設新都去年冬初住在

山東。景直請進夕飯許之進饌之規略似華制飯

訖進酒床撤進茶果盤用白色器用紅黑色皆用初

十三

造

初四日丁卯晴留府中三使因島主懇邀進向其家

觀光男女挾路騈塡遂及其門則義智景直等迎拜

階下仍揖上軒屛宇屛障綺麗可觀從行進向西廂

撤床之後始見孔雀雌雄翔翔庭除長頸利嘴翠衣

烏足極其羨麗又見鸚鵡班衣丹嘴頦甚可愛真物

外仙禽也三使乘夕還館從使詠鸚鵡有詩余次其

韻

翠衣丹嘴瓏西身久閉雕籠羨粱塵利口招无無物

我對君淡謷最靈人

初五日戊辰發留府中島主饋以酒餅仍來謁三使

命茶二巡而罷

初六日己巳晴留府中三使步出西門遊覽八幡宮

此盡圖人物皆像其國故跡島主以村橘送呈薄晚

三使出坐堂中招集一行之解文者出四韻題限刻

催賢有若塲屋之爲以爲消日之資而余適居魁賞

以墨筆以助歡謔是千景直懇邀三使進以酒饌義

智玄燕亦來會罷後仍遊流芳院乃平調信之願堂

也又進國分寺乃爲朝鮮祠梘之寺也嚴實清泉引

八窓戶之內枇杷松柏掩映門外又見數株橘樹○

是朝命題則危坐望北辰其詩曰 小詩并用此題

承綸來作海東遊萬里星樓一葉浮 聖上龍顔邈

征夢孤臣蟻命憎澒愁心懸故國餘丹恂迹滯殊邦

盡白頭北極迢迢瞻不極夜澒從倚仲宣樓

登臨常帝戀君愁萬里孤然地盡頭北極迢迢長八

北望難堪去國愁東遊不覺霻頭巓花滿袖無人

望五雲何處是龍樓

寄夜夜空憑百尺樓

初七日庚午晴留滯中三使歷覽賑行別章各以厚

楮排列爲一軸。余以賞花告于正使而與呂愈使

28

鄭士遇及若干同行佣酒果帶簫笛遊龍女院院負

青山軒臨碧海花卉繞砌蔬菜盈畦主僧善麟忻照

迎接饋以茶饌又以我國隆慶庚午司馬牓目出示

與之談話稍解文字者也又有被擄一人名權立者

自稱晉州士人之子聞笛聲追到問其被擄之由則

晉州城陷之時俘八日本轉輾被賣周流諸島而欲

還故國脫身逃來自去秋間倭使行於是島島主給

糧留接一聞笛聲悲不勝禁吞聲嗚咽余亦爲之悽

嗟。是夕乘醉步行吹笛還館之時路傍高樓有一

女人年可二十二三歞貌色頗姘始聞笛聲佇立以

海槎錄卷○二二

十五

泣不覺失聲大哭忽爲主者呵叱爭八不得再見是
必我國被擄之女而不知某土某人之女也。橘智
正漂接長門州今始八府府中諸人無不喜躍是昏
來候三使辭以夜澳命以明日來見
初八日辛未雨留府中早朝橘智正來見三使是夼
島主又邀三使由蒙後小院八自挾門引坐曲欄欄
之左右焚沉香香臭擁臭欄前架上蔓有剪綵葛花
新活如真又至一院篁竹蕭森卉木蔥鬱石泉淺淺
池水清澈前日所見鸚鵡孔雀及常時所馴梟鴟鸚
鵡之屬翺翔游泳於其中遂進酒饌極其精美又出

30

兩兒禮拜於座前其一乃島主之子也其一乃取養
良家子將作島主之女壻者也皆頻頗悟骨相殊凡
三使還館以錦段送與兩兒島主卽令管下致謝。
是夜三使會坐中堂招集各貞小設夜酌或聽簫笛
或輪次唱歌又使林檜呈戲以助歡謔更二點而罷
歸作述懷十三韻
天涯遊子鬢雲若堂上偏親陟岵頻肯惜微身投異
域只緣　明主重交鄰常時白髮搔猶短許國丹心
涅不磷險涉鯨波輕性命窮探虎穴任咨詢曾無男
子猶宗社誰識朝廷有縉紳不是　聖明踈薄岑欲

十六

31

教殊俗化吾仁撻撻大蠹三山外眇眇孤形萬死濱

和好知是憐赤子安危聊仗恃蒼旻春風己老身猶

客佳鄰空催志未伸觸物傷心難制淚對花惆悵獨

添巾沉淪肯作池中物歸去當爲席上珍日暮羈愁新

和不盡接天波浪瀾無津何時蒇事還京國吟罷

詩更暢神

初九日壬申晴留府中三使聞下卒出八人家請余

摘奸嚴禁○是昏月色如晝寢不能寐方與同行設

小酌於館舍簷廊之外三使聞之許以吹簫唱歌席

罷又與若干同志出門步月

初十日癸酉晴留府中三使以各艑加釘處着審事
出行艑所仍再遊流芳院島主聞之以酒饌櫂橘送
呈〇是日三使各製道中郎事又與從行皆和其韻
次列坐竟夕團欒乘肴帶月而還雖余所和詩
景怡居魁余泝第二三使令各艑櫃房進以酒饌以
萬里孤帆只信風五雲官闕夢魂空憑欄縱目東瀕
外愁殺烟波木路通
小軒端坐送春風枝上殘花一半空終知殊俗歸吾
化海外如今信使通
十一日甲戌晴留府中三使略備我國酒饌邀島主

及玄蘇景直景直以病不進島主及玄蘇應命郍進

酒酣玄蘇欣照有喜色而請于三使曰古今二國將

作一家宿貴國關東山水奇勝願借一區巖穴以

爲終老之地三使答之曰貴國若終始戴天之誠不

失和好之義則一天之下莫非王土何往不可哉島

主玄蘇皆悅服

十二日乙亥晴留商中三使步出西門臨水鼎坐呼

韻令從行各賦余亦應呼

孤城遠近暮雲昏澗水湲湲帶小村一聲長笛東風

晚待取銀蟾倒玉樽

他鄉烟月醉昏昏玉節淹留海上村吹笙伐鼓蹲蹲

舞熊虎三千酒百樽

鄭景恬有詩贈余和其韻

客行隨處掩丹扉頭上光陰疾若飛異域烟花情黯

黯故園松月思依依身固憂國霜添鬢眼爲懷鄉淚

濕衣賴有枕邉多少夢每憑蝴蝶拜庭闈

十三日丙子晴留府中格卒二人因其私鬪被杖罰

十四日丁丑晴留府中三使圍棊消日是昏余與若

干同行步出溪橋吹笛賞月八夜還舘口號一絕

長安西望浚難攷千里他鄉作斐囙政是東風明月

花好吹長笛過江頭

十五日戊寅晴留府中曉頭行望　闕檀島主爲設

大饗請三使迎拜階下引坐東壁西壁之首坐者玄

蘓也其次僧人宿蘆也又其次島主與景直也所謂

宿蘆者以日本高僧將代玄蘓之職守者而歲冠通

服眉目清秀年齡最少而猶居島主之上坐可見其

俗之尊崇佛法也堂之右圍以畫屏蔓以剪綵九數

謹之檀可玩之物有若我國之好華使照庭前別構

一軒以茅苫蓋覆以各色紋錦繞簷以紅氊裹柱極

其橋麗酒半島主請以其國之舞呈戲於其軒之下

第一隊頭暴青紅彩帕垂下至膝身著各綠紋錦長
裾曳地飄拂陸離約其十餘人出自東廂小鼓短笛
先導其隊臨其軒下各執金扇森髮長鬅遂登軒上
分行列立撓身亂舞舞手踏足一遵其譜譜末屢回
笛以止舞舞隊前行鼓笛在後整列徐步還八東廂
其第二隊頭上所著有若我國女人之青笠剪綠花
鬐交雜其纓舞腰屈身一依前隊如是者至扵六隊
更出更八而衣服之飾裹頭之色不甚相殊觀光男
女服色班斕有若虎豹難以形容
十六日己卯晴留扵中三使共議痼禁一行挾私再

大東韻會乙巻之二　十九

三申飭日人源信安與橘智正同漂今始來到未知

其由而其人吉內我國湖南興販人十三名漂泊長

門州則周防州守輝元待之極厚一邊報家康云長

門守則弓歲元而輝元之故長門亦屬於周防云

十七日庚辰晴留商中余因國分寺首僧萬室之邀

與鄭景恬楊理一全不孤等雙手同赴而各自步行

行至其寺有一兒童慇懃報萬室萬室出迎門外引入

後軒欣然叙話數若平昔却呼小兒進以茶蔬求詩

甚懇遂次壁上韻以贈

萬松嶺上開禪室絶粒休糧海鶴形相對小窓山語

罷吟笻罷處暮烟青

海上罷笻尋丈老東南儒釋共忘形進棹明朝成遠

別一樽何日眼重青

十八日辛巳晴留府中一行行李還載各舡三使共

坐浦口病禁私挾仍宿芳院以候東風之便擇幹

事之人譏察將杜舡中奸細之獎余與鄭景恬楊理

一辛震元陪宿院中從使賦一絶余次其韻

尋真來陟羽人家密下清泉艦外波日暮長安何處

是莫鄉愁思此時多

是夜月色窺簾波聲擾耳寢不能寐推枕更衣而坐

二十一

再用前韻

星樓繫此宿禪家枕上遙聞碧海波今宵難做鄉關

夢離鰲千峯月色多

十九日壬午晴留流芳院三使乘島主戰船棹出浦

口乃棹諸人齋蓑棹歌沿浦回船有一奇巖巖高千

丈削立雲表形其奇怪名曰立龜巖楊理一詠其巖

百詩余次其韻

怡似雙龜共舉頭客來耽翫泛舟遊千尋影蘸蛟螭

審鰲丈光搓鷗鷺洲江河納錫知何日洛水呈祥在

曦疇世閭虛應終難占空把音形海上留

二十日癸未晴留流芳院三使步出院門涉細泉田

西麓轉涉海岾三光寺寺甚蒲灑竹木昭森花草挓

映余次鄭景恬韻

菉竹昭森礒日輝芝蘭交翠盧芳菲南來覓着蓬萊

界千仞岡頭一振衣

是寄三使有詩相和請余次韻辭不覆遂忘拙以呈

快駕長風涉大洋鳳樓回首沒淋浪竣事西還知幾

日夢中頻接　褒寵光

二十一日甲申晴曉頭義智景直等告以風勢甚順

三使令從行促裝共上柁樓進棹掛帆日舡三十餘

隻以綵幰布帆或先行指路或左右陪護是日風勢

雖順而舡到水宗波浪洶湧舡上板屋葉葉相戰各

舡從行幾半眩眚或顚卧不省或倒竪嘔吐哺量艱

得到泊于一岐島本浦之聖聞寺前三使命以麋

酒教療從行并下舡乘轎八舍館。本島島主平戶

法印以病不進以其弟代送閾候而進以牛酒米菜

三使辭不受

二十二日乙酉晴風勢亦順掛帆直渡扵筑前州之

藍島浦口八舘安歇凡供帳支候之禮極致誠欵雖

菜蔬之饋至以金銀亂瀲盤中一噐亦盡以野悬澤

形瀧金有若翔翔飛進之狀問諸土人則渠俗極敬

之處如是云昇障中無數畵像皆是中朝孝子之顯

於靑史者也可見其風俗之尚慕孝行也

二十三日丙戌晴風勢亦順三使方欲上舡之際筑

前守黑田長政令其管下委致問安熏以寶鈕各一

銀子各三十兩猪五頭酒十樽送呈三使令各

受酒一樽餘皆辭不受遂令各舡纜出浦口而西顧

一處沙汀隱映樹木叅差問諸土人則此是博多津

一界西琉球南蠻商舶所集之處也土地之肥饒通

其國最上云本島舡三十餘隻前舡後隨護以行

人□□□己長之二

二十二

此亦敦待使行之禮也浦口有奇巖巖高三十餘丈

中有大寶波光穿漏亦一奇觀也左右島嶼縈回不

絶促檣掛帆船往如箭西南望赤松鎮過豐前州之

小倉堡閭閻稠密樓閣聳翠將及赤間關因其退潮

甚慈駐船依峀待其稍恬進八浦口渡泊於是關之

八幡宮下則觀光男女峀上如堵而或有乘小船近

前來見者三使連轎投宿阿彌陀寺乃長門州之初

界也褊裸則乘馬投寺而馬皆肥駿鞍用金銀至以

錦繡為韉此則其國之俗也。是夕余與鄭景恬告

于三使馳見八幡宮宮在高阜俯臨滄波波光透漏

松樹木慈爵之中宮之四有無數畫像宮前小樓縹

渺雲表其西不知幾丈而宮之西南各有七十層皆

余自西堦而上由南堦而下真奇勝之地也被擄男

女處處有之而皆以主者禁喝不得任意接語或有

只自掩泣者次景恠韻

東風連泛木蘭舟簫鼓哀鳴棹謳起趂清波遊汗

漫又隨明月宿芳洲賞遍秦髮千莖短眼成進山一

黯浮故國逡巡消息斷一聲羌笛使人愁

二十四日丁亥以雨後石无滴赤閒關從三使再遊

八幡宮循宮東廡見一被擄女人年可三十色頗妍

二十三

好閒其居住姓名淚法秋波徐徐近前乍動朱唇曰
女是昌原妓名玉鏡而往在丁酉被擄八日本本都
轉輾相賣來在小倉而今聞使臣之行借乘賈舶尋
兒故國之人而蔿閒父母親戚之存亡消息言罷嗚
咽澘泣淚下如雨余慰以回程刷去之意○是日三
使與對馬島主商確而戒禁一行未及傳 命之前
勿羨刷還一說盖以我多率我人之故慮其權貴之
及閒於家康故世又聞被擄獲倪四五艘自遠來到
蔿守者禁退各自痛哭而歸長閒守森麾元委送僉
下支候又以五㫋酒送呈味甚甘冽此酒惟産此州

云是夕三使命招漂泊之人而問其居住則弓羅州

人十三名也問其漂泊之由則往在上年冬初以販

魚向于慶尚左道猝遇大風檣摧帆裂束手無何住

艇乃向西而九死艱泊此地輝元之厚待如前而聽云

次楊學官韻

懷音丹闕承　綸日霞醺微醺出禁城耿耿孤忠懇

日月推挽大壽向蓬瀛偷生肯辱君王命父死當留

男子名好把龍泉揮萬里邦家輕重係吾行

二十五日戊子　亦以石无留赤閒關聞昔有安德

天皇年纔八歲八承其統其臣平清盛專權攝職放

二十四一

47

逐源賴朝於山東賴朝快快起兵犯關清盛見兵敗
出走西海師次赤間關又見大敗遂負安德投海以
死安德之祖母白河皇后與數十宮女繼而盡溺故
後人哀之塑像是寺至今享之今日弔其死日故寺
僧等爲設齋事○是夕與鄭景悟登赤間關後西峰
囬瞻故國雲海奎茫山紅己謝此綠漸稍寄身殊土
情思何如
二十六日己丑仍風雨大作留赤間關是日對馬島
主以牧丹一朶插瓶漿送呈從使首題二句正使副
使皆和其韻請余繼作辭不覆己構拙以呈

離根那復有姸姿半是衰容半瘦肌怡似美人傷遠

別舍罇愁倚玉樓時

一年花信轉頭空九十韶光瞥眼中多謝主人情剪

璺折來相贈殿春紅

二十七日庚寅時始得順風掛布行舡舡往如箭浪

若錦紋自是日左右沿島而行毋移浦口見一山城

城在尖峰周遭懸崖雜墻粉堞層閣飛甍繚渺於靄

漠之上弓彗元備眞之所過元山箕島巖屋向山泊

於愁玄武弓輝元所屬周防州之初界也日己昏黑

此無閣舍戎行各舡及護行諸舡皆宿浦中惟我國

二十五

三舩以其檣鈍最為落後暗夜之中難卞上副舩所

泊之處意必直向前洋

二十八日辛卯晴是日因其風帖馳帆促檣行到宮

渚維舟浦口方汲水之際始遇三舩對馬島主怒其

離伍之失欲斬指路日人三使聞之送人止之到泊

上關投宿館舍〇輝光別送管下支候從行而兼以

鞍子三十部及魚酒送呈三使命只捧魚酒若干以

饋從行而鞍子則辭不受薰修帖文以謝漂流人厚

待之事

二十九日壬辰晴無風而役檣行舩過小室到小森

以潮勢甚急暫泊曲浦浦上有若干塩舍駕牛耕場

有若我國之爲薄晚西風乍起波浪稍恬促懸兩帆

又過津泊于鑛刻弓安藝州必初界也日已暮矣

閭舍甚遠一行野宿於錫懸浦中是昏正使與從使

訪副使于舡上伐皷吹笙皷戱歡戱而各歸本舡副

使只寧編碑八夜皷吹以澆從使之興從使卧在舵

薄强招皷笛而副使戱不許送余從從使之令替乘

小舡以詐掇取跳下小舡邵吹一盅副使令辛春男

韓士逸等追之不及從使有題二韻正使副使皆和

其韻余亦繼吟以呈

二十六

迢迢難聽漏丁東　宣化殊方路未窮　一抹烟雲跡雨

外數聲鷗鷺夕陽中　懷君但覺心如熨　把酒惟肴氣

似虹此去長安知幾許　不堪搔首立西風

東海之東復有東　東歸何日壯遊窮　三山縹渺青天

外九島微茫白浪中　鬢上衰毛明似雪　腰間長劍凜

如虹傍人莫恨王程遠　傅堂仙槎列子風

春風理輯木蘭舟　舟上布帆急似流　快駕蛟龍遊汗

漫好隨明月泛滄洲　楓宸杳杳難徑迩　玉節揺揺

不暫留此去穩過蓬島下　安期真誥可相求

四月初一日癸巳兩是日平明發船過但海三元行

六十餘里仍其兩作泊艇於曲浦無人之境余與鄭

景怡同從便乘小艇載酒與鼓笛往觀海中奇巖巖

高百文狀若夏雲奇峰遂繫纜其下攀緣以登周覽

景直近候歸路夕後雨勢乍晴風浪大作乘睛促櫓

到泊田島乃備後州之初界而梅島太輔名正則所

管之地也太輔以活雜五十首及供廚雜物送呈〇

是日從使佀昨夕餘戲謔致辛春男指以生擒譏困

半日又令放還辛歸到本船以一律送呈詩中頻有

欺侮之辭從使請余次韻以復其戲應聲以吟

二十七

憐汝思歸切遺還解汝愁包容吾有度反側爾無傷

烹魚雖暫戲逃佛定還囚莫俟勞三箭早宜自獻頭

初二日甲午晴平明啓船行至一處有一奇巖其高

不知其幾丈其上有一僧舍極其精灑緇徒四五倍

任欄檻之邊縹渺若雲漢之上艇過其下者必以米

麵鹽稻薫以柴木投於渚邊有僧數人以長杠拘取

問于土人則土俗如此此寺僧徒賴以聊生云千後

到泊道母浦亦備後地界也三使整列投館太輔遣

管下元支供之物伺候之禮皆極其誠。是昏三使

共下庭除散步徘徊繞砌羣芳不能盡記其名有一

異卉名蘇鐵葉如鳳尾高可丈餘滿幹鐵釘怪石間

之是卉之性必沃水而況其鐵釘照後方可茂盛云

余始知是卉之奇品其名之有自也。是日辛春男

以送春吟一闋視余余和其韻歌以侑酒曰

春歸去春歸去閒汝胡爲背我滄溟濱長吟吟吟正

苦白頭虛負靑春歎韶華苒苒不留一盃酤酒與逝

南來虛負佣花節九十韶光蕩宛溟我心爭似鬱香

愁怨驚葬底餘殘春束君去留不得擧盃相送空

逡巡

楊理一以舟中詠牧丹一絕贈余余和其韻

二十八

一年烟景轉悠悠軟綠殘紅揔是愁誰把花王聊寄

贈殷春穠艷載仙舟

初三日乙未晴是日風勢甚迸檣役頗苦又令指路

日艅繫纜牟刕行過下津望見東屼闔閭甚殷城鄣

頹壯五曆將閣屹立中央四處砲樓列往周道沿迆

斗起之處又有一城化右城差小是皆備前州太守

池田熙政管下而主之城也池田丐磨州太守三

左衙門之子世三左衙門丐家康之女壻云又沿島

嶼之間到治交縣露筩于舟中亦備前州之地也左

右兩屼峯峕周回可以藏舡之處而但絶無人烟是

浦一名京長老長老者國俗美女之稱而昔有一美
女京中將過此浦卒遇大風澟死浦中故取以名浦
云
初四日丙申阻雨留長老浦此浦則本非站所故無
支供近接之事而景直送以十石米三使鄭命分給
從行
初五日丁酉晴曉頭促櫓趁其進潮行至一處天色
瞥明遙望東峽有巖斗起宛若蹲狗之狀船上日人
爲余言之曰昔有一將領兵過此將襲敵鎮有一狗
隨在船上嫌其吠聲投岸上望主哀鳴父坐不食仍

二十九

57

化是巖故後人謂之犬巖余甚怪之意以為荒誕無

極之說石而忽一思之則中朝亦有望夫石以此方之

則感應一理無間人畜也平明到泊牛窓壓海開軒

瀟灑無塵三使步下柁樓緣梯八軒備前守己送管

下進饌從行極其精潔食後方候風便停櫓掛帆進

向前途觀光男女或倚欄檻或登岸阜沿浦十里加

顏如堵而其中幾半被擄毫倪也備前供官乘小艇

追來饋以鷄酒生猪洋中列島或遠或近而不能盡

記其名也暮到室津弓幡磨州初界也間里頗盛商

船賈舶無數繫泊矣三使步下柁樓緣梯八謁則圍

以雲母孔雀彩鳳等屏極其精灑三使衛門已令管
下供候於此人物之穎悟禮法之敬謹比前稍勝又
選年少美貌之人進饌行酒而亦佩大小好鈎可見
土俗之嗜戰也身上所着或青或白或紅或黃背有
班班文彩而其製則有領有袖略似我國小兒所着
袴衣而自項抵足所盤尺許行動之時步步曳地此
則其俗尊敬之禮云始於此地見麥穗已黃可想東
方節序之最早也是夜夢見荊布有採薪之憂又見
仕兒惡腹呻嚶夢境之事發卧旅關情思何如
初六日戊戌晴自室津平朝裝挺得順風掛席驪過

三十一

高砂明石寺堡城郭頗壯民戶甚衆沙汀一帶極目
無涯村落人烟連絡不絕平原廣野所經初觀此亦
幡磨初界也昔有一將以吹笛名於一國師次高砂
奄見兵敗棄笛波心單身脫走忿起自思曰大丈夫
寧爲淨死而流亡宣可棄其平日之所好徒自取子
於敵人馳馬赴水取笛沿岸爲敵人殺死敵人哀之
取其笛藏置於高砂一刹至今笛在而其笛一節綠
色猶存宛若新斫云而辭甚浮誕虛的難辨也西有
一島亘在洋中謂之淡露島一隅也
初七日己亥晴自兵庫早朝叢般行過和川之一界

閭閻撲地垂柳掩映松竹扶踈宛若畫圖中形勝又
至一處距大阪十餘里許沙灘甚淺潮水又退不能
運任舟楫從行各貪乘小舡沿洄水而下陸因整飭
行李日雖未暮投宿商店○見漁樵日舡或歸或泛
不許其數又見被擄數人乘舡來到見我威儀宛在
波中仔立以泣是夕余次從使所咏二疊
憶曾兒醜恣驅兵　龍馭蒼茫出塞行諸葛有心扶
漢室田單無策復齋城唐宗丕績憑推轂楚霸神功
賴絕纓國耻至今猶未雪堪憐虛負丈夫名
威隣何必以戎兵修好如今有我行鼓角遏喧斾虎

三十二

穴雄旗遠拂犬羊城使臣義氣憑孤釣　聖主恩光

耀綠纓從此神州無外警華夷千載仰高名

初八日庚子晴平朝一行整其威儀各乘小艇旗幟

節鉞以次先導三使共艇鼓角遡水而行觀光男女

雲擁兩岸其中被擄人義半而爲其禁喝或默或言

該歡取淚渠輩悽愧之色懷不忍見艇到大阪城外

有橋卧波高不可量艇由橋下依岸繫纜整列徐行

投八舘舍秀頼又令管下片桐主膳主其支供等事

而頼極盡誠。○藥論大阪形勢則雄城萬堞處處柹

樓巨室豪家百里連甍背陰三面前臨大洋而淺波

揭涉必處幾至十里脫有敲舷難以接著可想前人

據此天塹而設其窟世○是夕乃燈夕也拈用古韻

以賦一詩

節序頻催滄海東客懷惆悵更無窮楊花已謝紛紛

雨麥浪初翻暖暖風異鄉華髮添千種故國山川隔

萬重想得去年燈夕會蒲城明月鬧歌鍾

初九日辛丑晴甚大阪聞殿擾男女填咽門外願見

故國面目著不計其數而為其禁喝或有號哭大痛

而歸者其中若干人修簡送呈書辭哀愴憀不忍見

三使亦為之嗟切

三十二

初十日壬寅晴留大阪安商使憙之子道則願謁使
臣來在門外三使聞之郎命招八則己為守者所喝
退三使怒責通官不郎周旋之失且杖旗掃不郎求
告之罪而一避兇問守者於對馬島守
十一日癸卯晴自大阪平朝啓行三使乘轎從行騎
馬整列徐行東指洪干傾城男女雲擁波奔平夸賴
亦率官文登七層樓遙望行色云被擄耄倪攔道悲
泣行十餘里到江頭三使共乘畫舸從行亦乘樓艇
沿江沂流水村漁店鳴吠相聞沙汀兩岸如額如堵
又有持絨索軍卒不知其數而繫纜引舡而進灘之

淺處或有揭衣徒涉之處此河本非天公之水而乃
秀頼刳伏見城水至大阪幾七十里許疏鑿以開達
于海門以通舟楫者也其源乃湖而在於京都東距
三十里許近江州之初界也周迴幾至三百里云沿
江左右楊柳成行竹木扶踈或有人家莊在其中樓
臺簷箔窺瞰甚衆水之東岯則平郊堤堰緜蕪無際
農作之塲灌漑之西歷歷可見菰浦遠近水曲聞轉
但見前舩後舫帆影出没而已干後到泊平方乃山
城州之地界也主供之人簽設帳幕以待使行一行
依岸繫纜進食舟中掛帆便行暎水樓臺綺麗可觀

日東記遊己巳之二

三十三

是夕到泊於伏見城西園山橋下而始見水章設在
波心大藥略同車制有輪有輻輻頭各有受水小桶
又設薄板水激板而自令回轉自上桶能受水
自上轉下桶水自傾於預設水槽之中仍之流入牆
頭瀉下甕甆而不待汲取用且常澄其制極妙又見
兩處虹橋卧在波心其一四十餘間其一三十餘間
柱頭皆以青銅鑄飾又見大艖藏在浦口板屋欄檻
金光照耀乃平將生時所乘之艖也三使下艖投宿
一舘叢篁繞牆卉木滿庭乃平將舊妾之家也妾已
適他而今為管家康舟楫者之所寓云○追次從使

燈夕韻

東滇千里外燈夕是良辰細雨梨花盡薰風草色新

鄕魂多舊悒客味倍醲辛樽酒聊相勸論襟夜向晨

十二日壬辰雨自伏見平朝啓行惟三使宥興從行

終日執轡控馭甚難東望伏見雜堞甕立烟戶櫛比

專捨舟楫始乘鞍馬馬性善驚小或有聲必自橫奔

東負泰山西接平郊自伏見至其都幾三十里許道

之兩傍人家接簷班衣綵服之老少男女或坐或立

處處塡咽行至峨都之南有一大院名曰興臨門外

有兩箇人像極其雄壯東廂之內又有七層飛閣舟

青照耀上有銅塔挿空其高不可量也自八都內重
樓複閣椽瓦相接觀光男女貴者居樓賤者在下簾
內窓前并藤交肩遠近波奔傾城雲集瞬息經過錦
繡千羣或有商長停轎佳檐處處來觀都城延袤二
十里許朱翠輝煌金璧玲瓏民物之富廢貨寶之綺
麗步步如畫難以形容歷盡西投一寺名曰天瑞松
杉落陰竹木蕭森門闥澳邃院宇宏敞一行上下各
自安歇有板倉伊賀寺者專掌國中事務而一邊支
供皆極勤欵一邊報知使臣八京之商於家康家康
時在山東駿河州故也是日酉初雨作至三更始止

卧聞簷溜寢不能寐

十三日乙巳晴留天瑞寺闖被擄男女或騎或歩求
集門外而僑對馬守者喝退號哭以還○板倉以酒
餅送呈又送一行糧米而以斗數分等使臣一百二
十九斗堂上驛五十斗從行三十斗格六斗役十五
斗罷哑柴炭八量進排其國一斗我國三升

十四日丙午蕟留寺中板倉及玄風景直等來謁三
使三使命坐胡床茶二巡而送之玄風乃家康之親
信罷容也三使言於玄風曰我等奉 命來此關白
將軍適在關東兹末能郎傳 國命私憫無任玄風

答曰使臣八都之商已令馳報旬日之内必有裒落
主僧來言都内五山之中有天龍相國東福建仁萬
壽等寺辰初雨作達夜不止簷溜亂滴燭影明滅與
若干同行欷歔輾轉耿耿無夢情思可想
十五日丁未雨留天瑞寺景直來告曰都中老幼相
與致虜云自春至夏絕無涓塵之雨赤地燋土望雲
方切一自使行之八京時雨沛然枯苗勃然賴此一
行庶有西成之望余以微意答其言而實之曰昔有
御史雨今有使臣兩事雖前後而其應則一理也景
直照之補歟而歸

十六日戊申晴留天瑞寺三使步出門外遊金龍大

光寺院松竹繞軒蹣蹜滿塔金光粲然頗極幽靜是

日關白問我國所尚之物松景時方多造槍釼等

物云又聞筏擴人填咽門外令守門旗牌措辭慰必

十七日己酉餕留天瑞寺副使以焰酒與乾獐題惠

與呂兪使鄭景恬暢飲金龍院僧輈中有庚寅使臣

詩韻余次其韻以紀雜述

征軺遠向梵中畠堅北時憑百尺樓滄溟香香歸程

遠一夜傷心鬢欲秋

藁殷沉沉洞堅溟飄煎身世臥雲林尋師試問食霞

三十六

法半日清譚直萬金

琳宮高掛五雲濕石逕斜穿翠竹林靈籟每生陰籟墜

裏不知人世正流金

永 綸一別亂城官三傑聲名罕世雄風彩人補潘

杜比文章自許馬韓同連和不責羈縻計制勝神機

造化工仍見戎庭專對日右贊能屈乞言公

十八日庚戌錢罰天瑞寺太長老者家康之麾下罷

僧世其芧子艮首左者欲觀我國衣冠之儀納名於

三使許令八謁所帶童子皆頸語對馬軍一人

言內令聞被擄男女之言則皆欲預得艇隻先往馬

島以待使行之還而惟綾羅將一人利其衣食之足

不肯歸去云又因羅州會守聞其被擄時所見之言

則南原李涅州妾女一人名不知者自初至終以死

自誓不肯受厚於外人云其節之高可謂女中男子

曲

十九日辛亥發留天瑞寺聞家康潛遣親信管下三

人來撼使臣動靜而去又聞丁酉被擄人前縣令李

曄終始不屈自刎以死

二十日壬子發留天瑞寺板倉送呈猿戲日人十餘

名以索紲率七猿八庭猿也耳目口臭手足臂腳彷

三十七

佛人形而但有毛有尾而己起立則如小兒蹲臥則
如狗子以衣服加其身巾幗着其頭而皆用各色絲
絞其製極妙而頸極適軆主者手擘小皷口裝長誕
則遂搖頭蹈足揮扇進退跳踉盤舞皆中樂節舞罷
必伏地蹴舞而退且以兩手執長鈎口含小刀跳身
仰面挺身踊跼躍以石手受刀左手擲地刀下如
直翻捷疾如神主者又將小刀十餘高擲丈餘猿也
南而箇箇不錯神速如電又以長索橫繫庭中猿也
跳登索上或垂或掛如履平地又有一大猿身着男
子義服腰佩長釖手執畫扇徘徊散步狀如醉客又

有一小猿身著女人衣服頭暴青紅綠帕而端坐酒
肆之床文也懷春男贈以扇其狀怳如真男女之相
戲見之極怪又有一猿抱子不捨或獵虱或摩挲而
子亦兩手璧抱母腹亦見母子之情春也三使命以
柏子一盤投與其前眾猿爭取數數吞口而劈食頻
敏又以清酒一器酌置其前亦皆爭飲亂相跳踉戲
罷有一人亦請呈技三使許之以長鈎倒豎唇上挫
頭散步小不傾仄又以鐵索長四寸許攢入臬孔而
出之牛後又有官六箇人請以蹴踘呈戲扵庭前三
使又許之儀表英豪眉目清秀真渠俗所謂拔徒者

海槎日録 三十八一

也先以四竿之竹植立於庭心四隔而渠輩皆着冠
整履或着青黃有紋紗或被赤皂綾段袍光彩奪目
以次徐八拜於庭心分東西兩行以坐坐定有頂東
行末坐者持一蹴子捧置於四竿之中西行首坐者
出跪於西竹之下東行首坐者出跪於東竹之下而
其以下鱗次以出如晃訖最後八跪者持蹴先立五
人亦一時繼立持蹴者擧足先蹴高不過丈餘蹴之
不已不如其弊蹴時或大蹴者杳入雲霄先蹴欲止
蹴及他足左右南北縱橫送蹴而皆務不外四竹之
外高低上下惟意所欲其中黃袍者最能此技蹴勢

安閒百不一誤如有神助焉時或踘末下來回身數
度踘子將下以肩受之著左則左傾踘之著右則右
傾踘之或誤踘跳出竹竿之外則飛身就踘轉轉八
竹內終也有黑袍一人自竹竿中踘出其此循東南
而轉西凡百踘真奇巧之才也踘子以皮章爲之大
如西瓜白質而空其中也踘罷三使賞以細席石六
箇人乃天皇宮裏掌六部之任者云三使坐於廳上
胡床而渠輩於庭中樓藪甚恭於此无見其極敬便
臣也余仍賦踘踘及猿戲二詩
風彩英豪六箇身人人跳踘妙如神瞻前忽後趨蹌

三十九

疾轉北回西顧瞻頻脚逐流星低復擧腰隨飛電屈

遝伸頺吏戲罷出門去恰似莊周夢蝶辰

楚山雲樹舊爲隣一綱能羅萬水身絨索引來驚顧

疾鼓歌催動步趨著冠被服槃非戰執扇橫刀怳

似人便向庭前呈百戲儡偶奇巧較誰眞

二十一日癸丑跋留天瑞寺因土人聞修治關東道

路舘舍舟楫可和邀致使臣於關東也○三使以唐

制改肩輿

二十二日甲寅　留天瑞寺被擄人梁夢麟補名者

自淡露州致書於一行大槩願還故國之意而辭甚

78

激功間之馬羅州梁松川之從孫而鄭景恬之親戚

也

二十三日乙卯段留天瑞寺三使令從行治關東裝

束慎志善以船中餉物持來事往于太阪大德寺僧

軺中有庚寅使臣詩韻余次其韻

王節淹留古寺門異邦眠食亦　君恩遠遊艱苦何

須恨尊對惟憑信義敦

丞　綸來作沇樓遊日夜歸心繞鳳樓客裏風光催

白髮鏡中贏得鬢邊秋

地僻塵囂絶村溪爽欲留　轡懷長髻酹離思轉悠悠

四十一

月色窺窗隙松聲八枕頭夜闌清不寐濡毫記東遊

二十四日丙辰餞三使以板倉之要遊觀早叢寺門

行過都市東渡大橋轉向東南至一巨刹名曰東福

廳有三軀佛像極其高壯金光燦然佛像兩傍有佛

家兩謂西天王狀甚奇怪寺南有二層高樓而東南

有樑緣橋以上則八窓敞豁眼界頻廣又至一寺名

清水境界甚邃松篁森立橫架一甍構一高閣俯瞰

其下悦若憑虛閣後有一小齋祿宗軒壁皆用金銀

又見一巍層樓傑閣極其宏壯而僧云秀吉之願堂

故三使命以過去不肯八覧又至一刹名三十三間

是刹廊廡三十三間皆取以名之云廳上有佛像三
萬三千三百三十有三而一佛之頭或戴小佛四五
軀又至一處名曰柢園門有女子若干當壚賣酒廳
有佛像庭羅卉植又至一刹名曰元山庭開雜花院
宇清瀟西有小樓淨無塵想三使圍碁從行暫憩景
直預到此寺以備午點點後進茶酒酒味頗奇又至
一院名曰和恩乃家康之願堂也構以別制宏麗無
此中廳卓上有佛座佛座之右別設一座乃家康之
母像也欄檻俱以金銀爲之又見其院柱黑如犀角
院之東麓又有小菴名曰東山軒窓戶閫閾甚精灑

成事書己未□二

四十二

81

乃家康枕宿之處也北有小樓樓窻四達眼底間闊

歷歷可數又有麥穗已熟黃雲遍野三使因日暮整

列還寺路左櫃下見其梟示三首乃土人之犯賊者

世歸路余為大馬所蹄三使以酒瓶與藥鑽之間傷

否

二十五日丁巳餕留天瑞寺家康時在關東駿河州

因板倉之所報聞使臣之八京委送管下本田和泉

守問安三使令盛張軍威招八以見行茶二巡

送之。板倉送呈牧丹一朶

二十六日戊午餞留天瑞寺三使抄定關東帶行從

行慎忠善還自大阪惠以燒酒與同行暢飲

二十七日己未雨留天瑞寺金監察大寬妻以諺書
送來寄余以其母夫人書札

二十八日庚申雨留天瑞寺始聞家康邀使臣於關
東

二十九日辛酉晴留天瑞寺僧人太長老及學校與
玄藹景直等來拜使臣三使命茶二巡送之所謂學
校者名元吉而掌文教崇奉孔子率其管僧塑像而
享之職秩頗高者云此真墨名儒行者而亦見風俗
之尚蔡聖學也正使言于長老曰貴國之待使命極

四十二

83

歡且辱照第因關白遠在關東八境累朔尚未傳命

是昆道理長老答曰昨者始有關白之令奉邀使臣

於關東而僧亦被招再明啓行願東裝行李隨後八

來云兔與學校住明國寺

其子秀忠己給朱邱而劍新都於武藏州江戸故西

海將以賀禮連八去云

三十日壬戌竢留天瑞寺三使共議狀啓之草大槩

校擧關東進去事及漂泊十三名先送緣由事也

誠齋實紀卷之二

誠齋雜記卷之三

雜著

海東記下

五月初
一日癸亥鋒留天瑞寺三使肩輿上都城後
山周覽形勢山脈自愛宕山南奔至都城斗起愛宕
山乃都城之主山也俯見都中自大阪至伏見三十
里許閭巷道路傍通四達三面蒂山南臨大野真西
謂汶野也三使問天皇宮而在則在東南隅周以壽
垣者乃是其宮而大鬭之外軍士數百常把守國王
以下諸臣以其管下兵輪番替守凡過門者皆下馬

言苟帝記卷之三

宮中支用別有二州牧其稅供進云家康之宮則在
天皇宮西南高樓粉壁乃是其宮西板倉常把守云
三使下山方向一處神宮中路遭雨投路傍精舍乃
板倉之管下供官欲進酒飾三使以為非便方欲却
退景直親舉盤前進甚懇三使不得己許之從行裸
篆還寺
初二日甲子留天瑞寺三使始封狀　啓令源信安
陪送釜山各貢亦修家書付送
初三日乙丑留天瑞寺余修錄時俗所尚風土事情
初四日丙寅留天瑞寺

初五日丁卯留天瑞寺三使命結裹禮物點檢人馬

初六日戊辰雨自都城將向關東裝行幾至十里許

雨大作不得已從行被叢啓程傾城男女少奔走觀

光者或著屐捧傘或冒雨徒跣塡街滿階不計其數

行至近江州之世田湖則有城宏壯在波心高駕虹

橋以通往來湖乃前日所謂流下大阪之湖水也其

水無源而茫照廣濶雖洞達不足以過也點點漁舟

泛泛其中午後行到近江州之森山仍宿一刹頗甚

幽靜。是日見其掘地劚出黑土狀如牛犬之乾者

閒諸土人質其何物則答之曰惟此近江州之地出

言○喞叟紀卷之三

此邑土名曰土薪土民用以炊飯不用柴薪所資極

多云從使有詩余次其韻

一八他邦遍八都但春經夏作征夫千株碧樹陰長

路萬疊青山擁大湖撲地閭閻真巨鎮滿城兵馬是

雜閩客愁何處聊相解土俗猶能勸酒壺

初七日己巳自森山行到 城堞頼起立瀧崎壐間
鐵

于土人則昔有關白信長者都居此地為其下平秀

吉弑滅云千黥于躬場投宿于近江州之佐和山自

啓東路路坦如砥不見匕石而但人馬雜踏之處塵

沙撲面不得啓目視物是憫。從使有詩余次其韻

4

江山迢遞隔千重東渡三洋又轉東地不盡時愁不

盡路無窮嶺恨無窮一年故國音書斷萬里他邦信

使通夜夜　龍顏頻夢侍片帆何日駕西風

初八日庚午自佐和山嵗向東路經醒谷一帶清溪

源自谷中潺湲洞藏一灣足以解醒故取以名谷云

至關原空壙草没古壘纍纍乃是西海諸將之起兵

東嚮與家康遇戰兵敗之所也投宿于美濃州之大

柿閣閣撲地城堞甚固引水爲池池頗濶廣關原之

戰平秀可來據此城而關家康擧兵來近退遁關原

云

初九日辛未自大柿早朝發程細雨只泡塵而至夕
不止于點于州股尾長州之晴次。是日凡四渉江
水勢皆結船為橋如過坦途青蕪白沙處處縈迴平
原極目個樹微花被擄男女攔路號哭各訴其情慘
不忍聽邑居之禂密人物之富盛與京師頗勝便一
雄府也是州主城者弓家康之第三子薩摩守忠吉
云以其父相見事上年臘月往于駿河今年三月初
五旅死關東今之是賊代官乃和泉吉次也曾養忠
吉以為己子故忠吉生時猶攝其職而今則始專州
務為其忠吉之喪吉次以下親信之男女皆剪髮為

僧而殉死以從者至於五人云吉次之親<small>鍐倒</small>傾産結
友不事家業錢而極其相愛關原將戰之時兩陣相
對雌雄未凌忠吉挺槍賈勇出陣大叫曰我乃家康
第三子忠吉也有能敵我者出戰輝元郎出一將交
忍數合忠吉斬首投地而仍橫行敵陣一釖殺傷
不和幾級以此西兵姓氣東兵乘勝遂致大捷而此
時鑒物亦與忠吉同往戰功極大一國之人咸歎兩
人之膽勇嚴後忠吉與其奴與人相鬪之罪方欲殺
之監物刀洄曰奴是君父所賜而吾且止闘顧勿殺
之忠吉姑使遠走勿得近前云而適有他奴引送其

入成身實記卷之二　四

奴者忠吉怒其引送之奴又欲殺之監物亦怒其本

聽己言恨其不合己意拂鈃遠避東適一城家奴願

從者至於四百而遠近羣庶執物雲集蓋渠俗之眠

其如此血氣故也忠吉亦悔己過懇招不得至嚼於

其父家康之處使之招來而終莫能致蓋亦索其高

慣世至是聞忠吉之死二月之程廿日馳到引酒先

飲又以醉尸以其家實分與諸友曰吾與忠吉雖有

上下之名實有光茅之義向以細事相離將欲更同

生死立名於人世今乃棄我豈獨生且與其父吉

次永證曰凡人死生縱有遲速死則一也顧勿悼傷

以貽人笑父亦一笑只言好樣快死云而但見殺溪

滿眶翌日清朝遂沐浴其身上馬出街向日三揖以

翁撑之仍盡去其所著衣裳照後乃以長鉤日轟左

臂橫剚其腹膓胃流出而猶且挺立嚼人斷頭監物

將死之時其友人清九郎者亦願徇從監物諭之日

我雖死汝若生則書告父親待汝極辱矣余困故擄

人羅大男詳聞是事而姤記其略羅生自補羅州士

子而今爲吉次之親信軍官性頗聰敏備悉首末

景惕贈羅生有詩余次其韻

憐汝頗聰敏猶爲戀土人待余西首日歸覓故鄉親

高麗□□□卷之三

是日余聞家康悍傷忠吉之喪次從使韻

膽量聲名一代雄雄圖樓閣聲蒼穹關原大捷人稱

勇居益長驅敵畏風西擄孤雛何日斃東侵萬甲辰

時空可憐天奪今還速讓使將軍恨不窮

初十日壬申雨留晴次玄風亦陪使行隨到而玄蘇

景直義智等同坐招堂上驛官閒其進貢 天朝通

貨等事三使聞之峻辭以絶不使更言玄風曰往年

孫文或之來曾有許之之意而且多相約之事今何

不來耶三使答之曰孫文或不過一庶官耳豈知本

國大事也○是日持扇請書法者門外塡咽渠俗喜

扇面書法故世國中或有稍解書法者賴以資富云

十一日癸酉晴自晴次早朝裝程行到一處見路左

有一佛寺名曰明神每年五月五日國中之人無貴

賤雲集于此寺析祝吉福云廳有佛像庭裁雜卉三

使得輾暫觀卽出寺門門南又有新構極其宏壯巧

爲監物忠吉等柸柷之處也午憇于鳴海又過平原

無際沃野彌莖之中渡一長橋投宿于三河州之岡

崎蓋此地形勢天塹長江橫帶兩此據險設城城壘

頻壯溪溝高壘以備不虞亦巨鎭世邑居之富盛錐

不及晴次而物色之繁華與晴次無異也余次從使

路上雨後韻

平郊草色夜來多客渡江流潦緻沒雲捲喜看天上

小塵攻忻趣路中車炎蒸下逐清輝散炱嶺猶從露

縈跨逶迤遍漢山行漸遠異邦愁緒此時加

十二日甲戌自岡崎千黙于五井投宿于三河州之

吉田田野肥饒人民富盛終日坦路路夾長松南臨

大海西繞長江江心結舡以便過涉涉水未羊舡橋

忽毀津上舟師頗倒補輯而幸得利涉形勢之壯固

城池之溪險間开之禂密物色之綺麗比岡崎倍勝

家康委遣管下以候三使三使行茶送之。是日聞

家康關原之戰責其長子之無功以為無用遂令自

殺云

十三日乙亥自吉田平朝叢行千點于白次河村舍

南臨大洋極目無際又至一河名曰今絶昔無此河

而近數年之前没岸成河故因以為名云主官數人

艤舩米候津頭兩岸有文如雲或乘肩輿或冒綵服

床翠照耀緋綽約可觀是日投宿遠江州之濱松男女

顏戚加額盈跬余次從使聞女樂夜唱詩嶺

落梅折柳何須間長短清聲八耳同似識離人愁緒

若病滯倐唱月明中

13

十四日丙子留濱松玄風以傳命使處士先往駿河
州余次從便路上郭事韻
東遊遍處盡名區不是仙山是綠圖別有奇觀無限
處處烟和雨暗長河
暮天微雨正蕭蕭掋蓧翻嶺出遠郊隔水烟霞迷去
路披滄松檜拂征轎金鼇每向愁邊凸玉闕時憑夢
裏朝去國孤臣寬抱處巖廊調鼎宋蕭姚
十五日丁丑自濱松渡二河一日大天流一日小天
流亦皆結舡為橋民家店舍夾路不絕个黔于見付
村舍閭里甚盛有同邑居終日行邁道路坦夷但見

14

己經之山隱現天際昱夕投宿遠江州之懸川關家

康新設城池扵駿河府中役卒遞代者連及曉上○

自八遠江被據之男女稍稀而只有自西轉八有盖

壬辰起兵此時不爲調發關東兵馬故也是城之主

乃家康之弟隱岐守也家康傳位之後遞居駿河府

中而使館下一一馳報關東一路鈒使臣等孛

十六日戊寅自懸川平朝裝程至一山路有時簷燈

名左野中山嶺上有小刹肉外諸山峇在眼底北望

富士山隱現雲表嶺下有村村北又有大野野遍沙

磧不見田畆草木但見無數長川分派散流如練横

鋪淺不可揭淺不可艙瀾不可橋甚不可涉小有雨

水路阻不通舉官率軍護涉涉凡十餘川名曰大井

其源自信濃州木層山派合于駿河州島田之下而

湊成一河可容舟楫駿河之人引流灌漑家利焉多

而其水東入于海于黠于島田投宿于駿河州芝藤

枝村洞雲寺○是日聞家康送人于義智景直等處

使之傳報使臣曰今己傳位於秀忠而直受黃國之

命事體未安顧直向江戶傳命之後使行四時切欲

出拜云○是夕始聞蟋蟀又見兩鄰南花方盛開鄭

景恬詠菊有詩余次其韻

開向秋風尚未逢花權不必競先持一歳再華何足

羨東籬惟愛傲霜枝

十七日己卯自藤枝踰一高峴名曰宇津屋富士山

一脉南奔為嶺嶺頗峻險樹木森密千黙于鞠郷三

使使從行整頓衣冠將過家康府中故也始見左右

路傍積石如山人輸車運石建絡路上云是駿河新

城之役也又至府中新創城池町段纔定閭閻頗罕

物役甚稀佪見無數役夫或舉工匠或興土木充塞

城中而已城之一隅有一舊里而中有層樓傑閣是

丐家康所居之地康世率官女上其樓以觀使行威

九二

儀云。論其府中形勢則東有大海西帶長川南臨
沃野此走富士山脉真天府之土而可知家康之能
相其地也但地褊一隅四方之道里不均是則未知
家康之意向而盖脱有西邊保守關東之故也日本
此州惟多產駿馬故每年八月十五日例出塲市六
十六州之人雲集府中買馬以去云。是夕投宿于
清見寺村店店在海岸竹木森密庭有數株真松狀
如青盖亦一奇觀也是夜月色如畫波聲攪耳被襟
起坐耿不能寐。窓者李元穦者乃同行愼忠善之
奴也壬辰被擄轉八是州今爲家康宮中親信内竪

兩府申路左瞥見愼公兩歸告家康追到宿處至萊

荷興從者頒衆勤問舊事而聞余申禮後以其意問

之曰家康今見使臣之來頻極喜幸想必喜其隣國

之相好而余實來的遠涉異國兩韓徇事耶余答之

日汝在家康官裏何其曾不聞是奇耶襄者平秀吉

之柄國權也姿悖強悍之勢不思交隣之義侵犯我

邦屠戮我民實我國不共戴天之讎而今幸秀吉遜

死源氏得國痛去前日之非欲修昔年之好至使對

馬島主再想信使儻使之所以來此者也允福黙然

良久又告於余曰家康管下之觀光使行者皆補威

南□□□□卷之三

儀之盛而只羨下卒衣服之朴陋云余又答之曰我
國禮法非汝國無識之比也衣服之制亦以貴賤別
之位高者惟著錦繡秩卑者著細綃而細民則著綿
布而已故也不然如此異國之行宣無華美之服包
孚允福熙之一一補服
十八日庚辰晴是朝義智景直玄鳳來謁三使而告
之日昨日歷路獲拜家康極喜使行之來到而只恐
道路支供之失謹別使玄鳳專任偸筋云。是日自
清見寺沿海岸行至一長川名曰藤川川之源脈發
自富士山下而一行徒涉者寒澈其骨或有不能忍

涉者乃是流澌故世繼涉是川路經所謂富士山前
而遙望其巓白雪猶積而聲出虛空高不可量雪積
之處不見一草一木而但者瑞霧祥雲橫帶其腰而
已山頂平坦周囘三十餘里而中有大池澳不可量
云國人或登此山者至其有雪寒不可近而其高或
云四百餘里而僵蹇蹲峙眩耀千里真一國之第一
名山巨嶽也山之半麓東有一桐名曰徐福西有一
寺名興福北當陰山南俯大洋勢甚卒崔屹煕挺立
雖泰華嵩岱不足以此有而地圖所謂四時有雪之
說今始目驗矣照山在炎方地近暘谷而況此金流

十二

王鑠之月必無見雪之理而是山堆積悅若·朧月必

漫塞可怪物理之難詰也天風挾凉太陰未斛而照

耶或似湯泉火井之失其真性而照耶惟於每年七

月雪色暫消而八月初間如故還白云山神亦靈靈

應甚靈故舉國風俗無貴賤崇祀云。是日千默于

吉原村舍投宿于伊豆川之三島從使有詠富士三

韻余次其詩

夏過雪滿山山色露窮巖屹立滄海上高撐碧落間

有筆空帳望無路可登攀我欲騰驤駕歸朝玉帝顔

有山何森崒千仞揷青天每攜風雲勢常詩雪月權

東南臨大海西北帶長川知是琳宮在鍾聲下夕烟

崔嵬突兀更危嶮萬丈丹崖凜不迫出岀歸雲常靉

歸度岑飛翼更差池朦朧每薰春雪積天風長共海

風吹此身安得騰鸞去試拂塵衣舊染緇

十九日辛巳留三島為明日踰嶺休其貞役故也。

是日余次從便偶題二韻

屈指西歸路沉吟耿不眠亂峰知幾萬翁水是三千

覊旅何須歎行裝只可憐為憑樽酒凵聊賦數行聯

受命遊南土懷君坐北辰佳氣遠一夏良會負三

春鴈陣愁邊對　龍顏夢裏親海山千萬里行役倍

十二

酸辛

○高▢▢▢和卷之三

二十日壬午晴是朝有一官人自稱淸正舊屬脚下

有槍痕以支官來待從行是乃家康得國之後東西

道㷊陣易居時來在此地者也渠之言內淸正島山

之窟水道已絶芻糧亦竭至以馬殺救其飢渴淸正

方欲出竅之際天兵蹔退救軍駭以此得以逃脱云

有一巨嶺嶺巔有一巨村一行千黠于是村村邊有

犬湖湖水極濶其澳無底問于土人則答曰此湖別

無源脈而周回則至於四百里橫流注下於西北之

隔而達于海口云余甚奇之統堞觀望則實是天作

池淵也鳧鷖鸕鶿之屬游泳其中奇花異草森列其
岸而篤恨不能盡識其花草之名也又至嶺腰地名
松山之處有一城閣于土人則昔日秀吉之欲犯我
國時也惟小田原太守北條阿直不從其令據險相
拒秀吉舉兵來攻始見大敗而再舉大陣水陸幷進
終陷其城而遂漫舉兵犯西之兇謀云偹便是城終
始不援則秀吉患其國中之惡而我國必免壬辰之
慶庚寅健臣之來因秀吉東戰未遑至留五月云者
實此時也又至嶺下見加釘浮石積如丘陵乃江戶
新都築城之石也各州將官率軍來役于此而運以

十三

母稻云是夕投宿于小田原傍海為城邑物色繁華
而人物之俊秀到此益勝蓋想山川清淑之氣也○
余次徙健過箱根嶺韻
僑迂挽倪此路開十年拘縶儘堪哀使臣高義期拯
濟聖主澳仁若己推度棧旌旗光隱現徹雲箭鼓
響徘徊方今利器逢盤錯竣事何時拂袖來
二十一日癸未唐人葉公補名者來謁三使而言曰
以中朝南京之人嘉靖末為日本草竊之賊被擄八
關東者于今三十餘年而與同時被擄之人別居一
村有若籠禽不得脫身幸以醫術聊生而常功首立

之歟云日人以其所居之里謂唐人村云自小田原
午黠于大磯投宿于相模州之藤澤是日再渡河水
而皆有浮橋計多人馬如涉平地但久旱之餘沙塵
眩目目不能視物一行貞役頗甚困惱之午後雨作
終夕淋漓擁衾行邁涼風拂面似有甦醒之氣〇是
日玄蘇以詠富士山一詩送呈余次其韻
千仞崇嶐秀更竒竒觀輸八老師詩四時靄雲真堪
賞正是行人駐馬時
尖峰爭似夏雲竒勝狀難傳一首詩欲知山上長留
雪頃見炎蒸六月時

十四

山頭雪色白還奇過客傳驛強賦詩但看朝暮風風
態不變金流玉鑠時

二十二日甲申辰初雨作只泡輕塵早朝發程沿海
岸而行挾路村落相望不絕或遠或近頻似殘弊處
日無盡點而投宿于加野川乃武蔣州之界也李忠

委送食邑萬石者三人使之支候便行西萊使馳報
行止。余次從使過嶺又見富士山頭

四時長帶雪天下一名山行行三度嶺猶見聲雲端
二十三日乙酉留加野川兩聲終日不止三使命從
行使之整頓衣服蓋爲其明日進與江戸新都故也

28

是日始聞國人貴賤中若有死事者則或其親信管
中與族當中為其死者發或有必斬千人者號曰千
人功其俗如此則死者必歸於佛家所謂天堂而仍
受後生之洪福云故雖國王莫之能禁云近者為其
忠吉之袞有一惡少持釰橫行至於白晝或有恣斬
行路者新將軍秀忠聞之欲除此弊立柱街上掛榜
令之曰如有捕擒此人者必厚賞金銀惡少見之遂
去秀忠之榜而因掛其榜曰我以忠吉之管下尚用
為惡吉做此善事而將軍以忠吉之兄弟亦欲禁禦
是誠何心哉秀忠聞之遂寢捕擒之令云可駭其俗

十五

之平戻也○是日余次從使憎轎上蒼蠅路上紅塵

二韻

憎汝如今強賦詩詩人曾此玉生疵胡爲萬里他鄕

轎上營營盡日隨

跡斷人寰見未曾曾無相愛又無憎如今日逐長途

起污我衣巾拂不勝

二十四日丙戌夕雨自加野川整列啓行進向品川

站觀光男女遠近雲集塡咽路傍是夕行上江戸閣

閣之衆物色之盛與晴次倍勝新建官城木石方擧

西北沃野東南大海又有一河橫帶宮城流過市巷

達于海門戰艦商舺浮泊宮門而又見都中大小之
人來往虹橋縹渺如雲漢之上。路左見一美人色
貌不凡瞻望我行佇立以泣余於馬上問之曰汝是
倭擄朝鮮妃女耶嗚咽不能言又自金聲答之曰余
乃泰仁良家女子云是日歷遍都市徇南北轉投一
巨刹名日本普寺寺近海門時聽波聲涵潒門外秀
忠己令秩高官人來在寺中支倭貪役頗極情㓗
是昏抱被擄人間之則男女之擄八日本者或恐親
戚之盡亡或慮歸去之無托不肯還向故國者幾半
云可惜渠輩之已變其本心也。是日余次從使到

江戶韻

膽量威名敵萬夫新都營建武藏隅　進兵居益梟降

賊運智關原受獻俘六十雄州隨指嗾三十猛將許〔家康〕

馳驅盈城赫業今傳子遜卧褊方贊永圖〔石指〕

嗣子英雄冠百夫盈城貽業保東隅葵夷聲醜誰來

每早晚孤雛自繫俘霜雪威名常凜烈風電號令日

馳驅新都設險真天府永世宜傳是壯圖

二十五日丁亥晴留本誓寺秀忠又令食邑二萬石

者二人來察貪役以上支侯等事委來之人亦甚怡

勤或間使臣嗜食之物或恐餽品之不精至於親嘗

其味若聞使臣好頻進饌則皆有喜色一一馳報秀

忠秀忠又使管下年必食邑千餘石者十餘人來在

貢役眼前進饌之則親執爭走此則欲學問朝鮮行

止檀法而為送者云於此可見其俗之推重我國檀

法也千後秀忠又使秩高者三人問安于使臣三使

令威張軍威迎坐胡床叙禮畢正使言之曰將軍之

待使行極盡誠款感則感矣但奉使萬里今既到此

西尚稽國　命未卽傳致籲憫無任首坐之人答之

日吾將軍意以為兩國交好之道此實莫重之檀也

故方欲擇吉受之顧使臣姑且安歇以待將軍叢落

十二

海東記絲卷之三

二十六日戊子雨留本誓寺鐃斗數有差如在京所
給而盤皿柴炭亦八量進呈

二十七日己丑晴留本誓寺聞秀忠欲問接待使臣
之禮於其父之處而送執政一人於駿河府中云蓋
新創國都未識前規故也又聞秀忠管下執權羣官
等聞便臣賫來禮物之甚略皆大笑云

二十八日庚寅雨留本誓寺始聞秀忠擇定令日於
開月初六日云又聞秀忠官裏常日所設屏幛皆用
大明朝鮮等畵格而今爲接見使臣方以渠國畵格
易之云蓋用誇渠國之物色也

二十九日辛卯晴留本誓寺聞秀忠宮女一人因奸
私夫曾於數日前殺斬

六月初一日壬辰留本誓寺聞島主拜於秀忠秀忠
以陪使臣遠來之意再三勞之云

初二日癸巳留本誓寺余與呂僉使鄭景恬暢飲私
釀

初三日甲午雨留本誓寺聞家康送人於秀忠以保

從速接見使臣

初四日乙未雨留本誓寺三使招集從行俾習傳

命時拜坐節次

十八

初五日丙申晴留本誓寺聞此國則閏朔進退不如
我國今年亦以四月為閏月故以今日謂之端午或
為死者廣為佛事或招集親黨讌飲以娛又見城中
萬軍一時張旗以促出戰之意無數軍隊無貴賤群
會一原之上市井與軍兵分東西兩市井為東
軍兵齋西各出勇敢若干人於兩陣之前揮旗投石
無數挑戰長槍大釖光輝如電踊躍賈勇稍稍近前
始如角觝之狀而交兵數合西兵一人失足顛仆東
兵乘勝亂相爭斬斷手斷足簡簡擲地然後各走本
陣而東兵斬忻忻唾手西兵憤憤挑戰交刃不數合佯

為北走東兵以為摧挫其氣方乘勝追逐之際西兵
卽囬其陣極刀逆戰戰勢方酣有一人極其雄壯者
手揮大釰衝突東兵逐斬前鋒一人以此西兵乘勝
且進且退而其一人所斬多至十餘級如是記東兵
却挑再戰有一老人年可五十者飛身掉槍挺出先
鋒直追西兵之先鋒者一刺以倒磔肉西兵被靡莫
敢下手間之乃其陣先鋒首死者之父而慨然其子
之無用致死而羞為復讎也以此東兵還為乘勝追
逐西兵至於盡潰或有走八人家迤被其主之斬殺
者此亦渠國之俗也大槩國俗以此事以為一場奇

十九

戲必於是日舉國為之而或扳其能殺人者大用云

六十六州之中惟對馬島被我國餘化不為此事者

于今七十餘年云而京都則但聚會街路以為雜戲

或飲酒娛樂而已

初六日丁酉秀忠送人于三使邀致其宮三使整列

徐進凡三八城門而到其宮門之外則對馬島主與

泳兒玄風景直等引八三使暫於別舘安歇捧國書

先八俄者有一官自殺上壯出邀八使臣傳 命禮

畢秀忠北壁而跪坐使臣於東壁先設一案於北壁

之左而以錦袱覆之奉置國書於其上陳置禮物於

其下坐定秀忠向使臣而言曰謹奉國　命跋涉遠
投無任感悅小頃進饌極其精美先間使臣嗜食之
物而爲之云殿上只有進饌官人若干而其餘大小
諸員之護位者則整其官服會坐中廳而已使行從
行亦禮於廳上櫃外旣畢別於一鋪分東西兩行而
坐坐定進以酒饌亦甚精好支待官人之勸進酒饌
似有勤款之意景直玄風等坐於西班之末席以待
我行蓋推重我行故也撤饌之後三使告退大長老
親政等拜送門外心是日所見殿宇之宏壯垣墻之
敞谿新役纔畢而金銀之屛障錦繡之帷帳綺繩可

觀外城城壞則築役方舉邪呼震天又見無數大石

積置路傍一石之運費銀三十餘兩云

于執政等處。聞昨日秀忠之接待使臣時欲使承

初七日戊戌留本誓寺三使令景直傳送禮書書契

免學校等進參席末玄風止之曰朝鮮儒士之排斥

異端有同氷炭之不相容今若遣使浮屠之人參在

一席則必有敕使之恥笑秀忠熙之勿使進參云又

聞秀忠囙答書契中欲書王字與渠國年號而慮其

使臣之以爲未安遂去王字與年號而只書姓名與

年月又戒執政長老等曰措辭中務要甚恭慎勿懷

瞻云云此則使臣之能制君臣處也允邁於陸賈之

制尉佗去黃屋也

初八日己亥留本誓寺鐐見愼忠善敢告曰家康有

盡還稜擄之意渠則以筱晚而尚許出送給行資云

初九日庚子留本誓寺執政一人以扇柄紙束答禮

於使臣郎分與從行

初十日辛丑留本誓寺允福僩我使行之遲還自號

河馳謁三使而言曰一自家康之出放渠身駿河次

西大小諸人之率畜稜擄旌倪者聞風省放許令出

去故舉省蒙束苦待使行迴還者不知其幾云

二十二

十一日壬寅留本誓寺秀忠為遺執政佐渡守傳送

回答書契正使親受開坼以見則辭甚媿遜正如繒

日而聞薰以銀兩槍柄送呈使臣又以銀錢送與員

役是日三使言及刷還於執政則似有不肯之色為

渠家多率我國男女故也

十二日癸卯留本誓寺副使從使出遊寺之東原以

觀城邑形勢而正使則以有薪憂不參

十三日甲辰留本誓寺一行員役整治回程裝束是

日對馬爲主管下一人以病卧痛有日若其呻吟之

支離正慮回程之艱楚遂以長釖刺腹自死

十四日乙巳自江戶始爲四程黜于品川投宿加野

川是朝有一被擄女人乃使行中使令從妹也是日

始見稻穗羊黃

十五日雨午自加野川行五里許路轉海濱而幾四

十里許有舊堰塹壞草沒斷堞壘壘中有一剎殿宇

宏麗松杉滿壑池沼漣漪問之乃石錄所記源賴朝

被逐於平淸盛而來攄此地起兵犯京之處也地名

鎌倉云千黜于鎌倉投宿藤澤從使以詩書贈玄蕴

玄蕴郞次以呈余亦和之

由來無敵在無荒不在軍兵不在粮刀取封彊終莫

二十三

又強吞基業果何長頼城只作孤狸窟毀壞空蕭雜

兔場遠客得騁成一吊夕陽天末却彷徉

又次從使離江戸所述韻

天涯今竣事寧恨路多岐已別盤根刃能治難緒緜

燕卿還北日陸賈迢南時頼借東風便莫教吶影遅

從使又以憶子有詩余亦有兒者也遂次其韻

膝下相離歲律遒駸駸頓八夢塊頭天涯此日明哀

勞勞舊末幾時青老眸旌旆始回桑樹域歸心先遠漢

江洲在家尚念惟其疾何况如今萬里憂

十六日丁未雨冒程自藤澤千縣于大磯投宿小田

原爾倭進以桃實林禽等果余次從使館江戸詩

爵謁中宵耿不眠悄煎危坐客愁過三旬行役如三

歲丁日罡運似十年　鳳詔無傳桑海外鴈書難寄

玉樓前多情都篾西歸路突兀箱根杳接天

列子長風傳望樓又隨征馬路歧多迢迢國無涓

恩舉曰天涯感物華

又次傳　命日雨述詩

鳳詔開緘異國天天香如襲御爐烟一言能屈戎王

勢三傑感名氣與肩

十七日戊申晴自小田原午黙于箱根村投宿于三

二十三

45

島○是朝有一倭子潛斷我行一人所佩囊子而終

爲校捉卽聞代官聞而斬之余次從使而述二韻

而矣當年蕪屬國十年虗老羯雙天如今半載罷囬

詩何似驅羊渤海邊

太纛高牙與白旄　聖君恩寵耀宮袍膂中便覽丹

心功頭上時睿白日高到處題詩酬勝景有時呼酒

破愁窄愚蒙幸忝平原客才短還慙頴脫毛

十八日己酉自三島千騎于吉原再過富士山投宿

清見寺寺在山腰北負富士山南臨大洋引泉搞瀑

於寺後巖上而飛流直下於小亭之北千竿綠竹寒

王蕭珙萬樹琦花不記其名又見綠橘黃橙香臭撲

臬野桃山櫻味甚甘剝其中又有一花花如步仙葉

似金籐而蔓延交架於左松枝幹其名則凌霄花云

又見引其瀑沛跂逶游於北軒屬焉之下養金鯽其

中而時見引其跳擲於後又見蟲石為山寄虜如真松栢

扶踈綠陰掩翳庭前又有盤梅高僅數尺而廣可五

丈長至十餘丈也山川之清秀洞壑之幽邃院宇之

綺麗軒怱之敞豁真一國第一名勝之地又望海中

松樹森羅號謂之十里松云寺中有僧年至九十二

歲韶光滿面筋力強健其壽不可量也余次從使再

二十四

海東紀卷之三

過富士山長篇韻

去時初見山頭雪政似玉龍橫銀甲來時再見山頭
雪恰似蒼虬頭半白去來山色兩奇絕却恨塵緣難
近觸倘是山靈有所知應笑長途行邁客山高可望
不可到行立山前凝遠目山風吹送十分清
甲槺抱豁瑞靄祥雲常靉靆日色山色□□慇惜世間
民生若炎熱雪中為欲開民屋嗟余若得高飛翼一
上尖峰瞻帝闕

十九日庚戌朝雨暮晴留清見寺為其明日將見家
康於駿河府而今從行整頓衣服故也是日三使座

舡遊賞於岏謂十里松林蕭見南臺舡制而余必采

薪不得從往可歎。余次玄蓀過富士山韻

歸心日夜繞昭陽五月炎方客路長天公似解多煩

惱富士山風晚送涼

次正使懸板詩韻

山寺跫鍾動客愁薄雲拖雨過長洲夜來樺榻清無

寐濡筆題詩記勝遊

又次副使懸板韻.

去時經過此時來路轉山腰碧樹迴却向上層成小

憩此身殘上鳳凰臺

二十五

又次從使懸板韻

寺在蓬萊方丈間竹林靈籟凜生寒若非摩詰詩中

見殺是龍眠畫裏者

二十日辛亥朝雨夕晴自清見寺早朝啓行來到駿

河而三使於宮城外執政上野守家暫刻安歇戲而

義咨景直等刮三使八宮門三使肩輿從行步隨渡

二橋八三問三使下輿上野守等引八殿上三使與

家康禮畢小頃卽還上野之家進千點點後家康委

遣上野守以寶釰各一金甲各一送呈三使開閤白

下令諸道盡還願歸之人云家康所居城墻屋宇新

50

役未完而引水爲塲已成橋而己是夕投宿藤枝

二十一日壬子自藤枝午點于島田過鋏屋投宿懸
川

二十二日癸丑自懸川投宿濱松

二十三日甲寅自濱松午點于白次河投宿吉田有
日人四名追其潛遲被擄人而來三使與玄風以家

康己爲下令之意叱退其人

二十四日乙卯自吉田午點于五井投宿岡崎

二十五日丙辰自岡崎午點于鳴海投宿晴次是日
聞家康第四子五郞太代忠吉之職明日到任於晴

次晴次代官率羣倭出迎中路云是日千默時廣　　錢

新稻米

二十六日丁巳自晴次千默于洲股投宿大杮開設

據一人今年三月初間與日人相鬪遂拔其佩鈎斬

其人以此罪犯其城主方欲殺之代官惜其膽勇措

辭救之曰今與朝鮮要修舊好使臣到境殺擄之人

不可以國法加之莫如堅守獄中姑令餓死城主照

其言而從之渠有一友自初造今盡心救養而今見

使行到此將此意來訴三使三使郞送人城主之處

以言放還之意城主諱之曰今已殺之悔之無及三

使又令言之曰渠是帶行一人之切族故遣問國中
莫知所在今幸聞之因在貴獄尚延餘命城主不敢
隱之卽令出送使臣爲其人知其國情初欲帶向闕
東西其友懇於使臣曰久囚獄中如彼其憔悴願授
小人以待使行回程出送使臣以爲與其不許而見
尖不若快許之爲愈遠許而行至是現於轎前仍請
使臣好樣率去其友與其人臨別言之曰令歸故國
所着衣服如役襤褸得無無顏子遂解其所著美衣
一襲寶釖一柄而與之吁弓知蠻貊之鄉亦有忠信
之人也

二十七日戊午自大柿午黠于尾盏投宿佐和山庄

和山舊主乃三城守也曾為輝元之弼翼及家康長

驅西向之日終見薇滅康也雇其城池移置新鎮在

距佐和十里之地

二十八日己未自佐和山過射塲午黠于關白信長

舊墟投宿森山

二十九日庚申自森山午黠于世四來投倭京之天

瑞寺留在通事及下人等出迎于五里外

三十日辛酉留天瑞寺板倉令管下問安三使

閏六月初一日壬戌留天瑞寺

初二日癸亥留天瑞寺

初三日甲子留天瑞寺被擄男女雲集庭甲錄其姓
名居住薰授糧饌

初四日乙丑留天瑞寺

初五日丙寅留天瑞寺以被擄男女開諭刷還事先

送譯官梁大樸朴應夢等於大阪

初六日丁卯留天瑞寺

初七日戊辰留天瑞寺先送一行行李及從行于大
阪只留陪行若干人貢是日玄風來謁三使言及進
貢一事三使峻辭以拒日將軍及老將軍之接見使

臣時別無一端言及而汝獨何敢裁此耶汝等誠款

審若如是則自有前規自南京直可進貢豈可來乞

於吾國也玄風曰古今之勢不同將軍之意如是故

敢達

初八日己巳始自京都啓行千駛于伏見城西乘船

之所地名曰淀千駛後上下從行分上諸船順流而

來泊大阪之東平彥賴己令管下率夫馬迎候投宿

九品寺

初九日庚午兩留九品寺彼據男女雲集庭中錄其

姓名熏授料米其中有康津尹天甲之子名哲性顚

潁悟眉目清秀自言生年二歲幷其母擄八日本而
我國言語無不詳知余甚喜之間其所以則自學語
之時其母誨之曰汝父尹郎以三代獨子只有汝身
而吾今拘異國存亡難的音問莫通汝父之心爲如
何武余雖不幸歿身於此汝可以歸見汝父面目爲
心云而兀語言之際必教以朝鮮言語故如是云
其母亦以年少美貌終始不辱而專身保命云噫審
若如是則真女中烈丈夫也。是日安府使嘉之子
亦以出去來錄姓名。三使令崔義吉送于牛沙浦
貿鳥銃五百餘柄而來。景直來謁三使三使與之

二十九

言語之際以微意慰之曰汝父調信每以乞和爲事

而功未及成身爲異物而至於汝身得遂和事汝之

功愈於汝父也景直曰不然九功之成有若築室柱

礎若固則其室不頹三使補善

初十日辛未部九品寺聞秀忠令管下無遺刷還被

擄男女

十一日壬申早朝先送從行及被擄男女于海口艇

而而其中士族常人分艇以載是夕三使乘艇順流

而下寓于艇上而令譯官載酒於伺候艇隻勞饋刷

還男女

高麗圖經卷之三

十二日癸酉平明乘風掛布帆往如飛早朝過兵庫

來投室津日纔午矣實來時裏日程也投韜午黑後

還宿舟中被擄人等稍稍來集

十三日甲戌阻雨留室津

十四日乙亥晴風勢其順自室津掛席行舡舡往如

箭過牛窓交照一名美女浦一名京丈長下津等處行道毋浦日

己昏矣

十五日丙子風勢亦順目道毋浦乘曉行舡過鎌刈

徑海小屋等處來泊上關鷄初鳴矣月色流彩波光

浩渺上使招集從行於柁樓令擊鼓吹笙暫時以愰

海行總載巳〇之三

三十一

余賦一絕

扁舟來泊上關兩兩岸峰巒碧樹依和有隔林漁店
近半天殘月曉鷄啼

十六日丁丑是朝小倉主越中守委送管下以筏刷
還之意於使臣之前是日風勢甚逆自上關過愁石
無僅至百里許渡泊無人之地以待退潮

十七日戊寅是日亦無風便終日役艖來泊赤間關
日己昏炎仍宿舟中

十八日己卯以筏據人開諭事留赤間關○小倉主
刷送男女百餘名○呂僉使鄉軸以先歸持狀啟先

送一行從行始修家書被擄人羅大男以加刷還事

往小倉

十九日庚辰自赤間關過小倉來泊藍島日己昏矣

仍筑前守代官俱饋待候不得已上副使明炬下艍

而唯從使以微恙獨未下艍

二十日辛巳是朝筑前守長正委遣管下呈以鐵甲

各一杙三便再三牢拒不得已受之以豹皮筆

子等物荅之晚朝裝艍束過博多津島嶼縈回巖石

奇怪是昏乘月役櫓來到朗姑夜此地乃壬辰年犯

我國時平秀吉領兵來據之元鎮云又以被擄人開

諭事送鄭大男崔義吉等于博多津

二十一日壬午留朗姑夜志摩守正成以使臣支候

事來到近境指揮管下云正成刷還送一百四十餘

人又有自備舟楫而來到者一百六十餘名也羅大

男自小倉率七十餘名而還

二十二日癸未曉頭始得順風求泊一岐島日纔未

未矢島主平户法印乘船迎使行求謁甚懇三使令

八見茶罷言及刷還則法印發

二十三日甲申是曉風勢甚順自一岐島掛帆行船

船往如箭浪若錦文而舟楫安閒未末泊于對馬島

島主郎邀三使於其家進酒饌投宿于慶雲寺鄭大

男崔義吉等自博多州率一百七十餘名而求□大

洋中始見白魚登舟又見長鯨橫過舡前可謂奇觀

也

二十四日乙酉至慶雲寺都點殺擄男女至於一千

二十餘名而各給十日糧饌

二十五日丙戌留慶雲寺島主與景百等請姑留數

日以爲治舡之暇許之是日聞被擄人等私備

舡隻逃至中洋主者怒之追捕其舡專數覆沒云而

不知某島之所爲也

言□□□新卷之三

二十六日丁亥留慶雲寺被擄男女分艕以載

二十七日戊子景直邀餞三使從行

二十八日己丑島主邀餞三使從行余得霍亂氣塞

膏膈頃刻之内四肢絶脉呼吸未通幸得朴教授仁

荃盡心救療艱得復甦始我弪我幾爲海島之鬼

二十九日庚寅是朝始爲擧碇方欲發艕之際島主

來拜使臣於艓上而景直則陪行過艕越都伊沙只

等浦來泊于褶蘆浦而始望我國太宗臺一隅各艕

載入喜色可掬

七月初一日辛卯仍無風便留褶蘆浦

初二日壬辰雨早朝役櫓移舟於沙町浦以候風便

初三日癸巳晴曉頭始得順風舡徃甚穩未末到泊

釜山僉使申景澄水使崔坰率諸戰艦出迎于太宗

臺左是夕投宿釜山舘舍

初四日甲午留釜山遵 朝令接置被擄男女於城

下民家而以待存撫官之下來○水使爲慰設酌於

南樓而從行不與

初五日乙未以夫馬不齊留釜山○成冊刷還元數

傳掌於水使崔坰

初六日丙申正使與副使從使分路而正使則向梁

言宿□綠卷之三

山直路副使則與從使向左道事先文出送是日夫

馬幾半始至正使先裁千黙于東萊余從正使歷訪

柳駟謫居馳到梁山郡則太守李天秋適已遞罷方

待交代而乘昏來拜正使

初七日丁酉自梁山平明裁程沿江行邁千黙于鵲

院熊川守李暘出待是夕來投密陽則府使金令公

憶秋以薪防禦來鎮是府而陪正使設酌於嶺南樓

樓壓長川川負栗原遠近奇觀森列眼底是昏因禁

將金義立賷旨馳到大槩 朝廷之意欲奏聞事情

於冬至使行西催使臣上來事也 府使金公乃余之同年也與之達夜

跕穗

初八日戊戌自密陽晚朝叢行午點于中路無人之

境溪谷之間昌寧守李軫賓出待是夕投宿清道郡

初九日己亥自清道早朝叢行午點于梧桐院暮投

大丘則府使鄭令公經世銓

初十日庚子鄭令公別設小酌與余叙舊歡洽之情

澄竹辭表晚朝叢行午點于星州八莒縣牧使宋公

英耆出待仁同府使李令公贇出待日仁同乘夕馳

行路逢存撫官鄭公黙正使與之叙話於馬上大槩

刷還事情也夜二更投宿月波亭近處村舍

三十四

十一日辛丑平朝臨曉從正使步上日沒厚周覽形
勝一帶長江源自西北流下東南沙汀隱映遠岕微
茫真嶺南之第一江山也是朝飯于善山府府使張
世哲盡誠支候千黙于竹峙金山郡守權景會出待
是夕投宿尚州正使與副使從使再會于此○自八
清道旱魔尤甚所過赤地百苗盡苦草木焦死雖大
川溪澤亦皆乾涸故驛卒之終日驅馳者甚見喉渴
而一不得飲明年饑荒之歎目前可觀
十二日壬寅平明裝行午黙于咸昌再黙于幽谷投
宿于聞慶縣上下從行幾半飢疲此剝使行倍道以

68

進故各官未及處置故也

十三日癸卯自聞慶踰鳥嶺來到安保驛站官槐山

下卒無一人來見上下一行省見飢惱是夕來到忠

州忠州識面之人喜色可掬

十四日甲辰鄱忠州便行欲向陸路則夫馬未至欲

向水路則般格不齊是必狼狽不忍形言

十五日乙巳雨是朝使行親督般格出向撻川而余

鈠直向鈠妻子疔寵仁村舍鈠是千祿馬鈠

十六日丙午雨自竹山祿馬于佐贊驛千軶于陽智

主倅則以病不出其子朴正宇廷吉出接攪間渡海

三十五

允奇是夕來到村舍則一家妻子擧洞親舊盡皆無

蟋其喜可掬

十七日丁未晴自龍仁村舍追及三使臣詣　闕復

命因　命使臣各陞品從行并高品付職

　　國都

國在海中九六十六州南北狹遠東西廣遠琉球在

南女真在北西隣我國東接扶桑田野肥饒山川音

勝人民衆庶城郭壯高城上必築砲樓或有三四層

或有六七層仰觀縹渺甲兵堅利宮室宏壯

　　姓氏

國中只有平源藤橘四姓而自開國以來平氏盛則
源氏失權源氏盛則平氏失權或盛或衰勝敗無常
國王關白之權常在平源二姓而藤橘二姓則只為
民廢而已關白者蓋漢之大司馬之任而一國大事
皆決於關白而天皇只云者蓋徐氏之裔而自開國初
禪以天皇只享富貴不預國政尸位而已世襲尊號
不失其位關白者位雖其臣任則其君而猶不敢稱
王國初稱以待御所中間補以關白今則只稱將軍
而權則如古

人性

強剛慓悍躁急輕暴喜怒疾亦甚奸巧有喜不容

其財有怒不顧其生小見善辱以死必復耻死人手

寧快自刖處事簡率小無持重昜惑荒誕之說溪信

無根之言喜肯花草務精居處雖僕隸之家必有雜

植

風俗

天皇之子娶于其族國王之子娶于諸大臣。大臣

以下官職與諸州主守之任世襲其職各有代官以

主其家其主之事務有同關白之於天皇但代官則

稟其主而處斷。尊崇老佛專尚異端若見緇徒則

稱富者亦讓其上座尊稱僧人或謂之長老或謂之
太長老太長老則雖闊白推位上座閻有神宮尸有
佛像或有犯罪當死者走八神堂不敢追捕而僧徒
之欲救當斬罪人者脫其袈裟以覆罪人之頭則亦
不敢斬之男子髡頂斷髮而束諸頂後無貴賤老幼
皆佩大少釰婦人之尊貴者茶其齒而拔其眉鏡其
髮績之以髢其長曳地男子之尊貴者亦茶其齒惟
女子之未嫁者不拔眉茶齒男雖稚少而佩釰女雖
哀老而冶容。以強吞弱以剛制懦工商力業兵農
不惰兵不涉農農不涉兵但農者十人以奉兵者一

海東記卷之三

三十七

言耦叩□私卷之三

人之食凡有賞功必分地以與俾收其稅而從功輕
重分地多小俗善灌溉雖隆高之地必通溝洫欲田
則田之欲畓則畓之又長於苗種春初及畓為田種
牟收穫而俾食受田之民收苗移埴待其秋成盡奉
其所屬之兵猶中國之封建而莫救其流國富而民
貧莫非富國強兵之術也。國俗雖喜讀詩書論孟
而不能淺曉文義或有博覽諸家而穩於製述。凡
與人相遇以蹲坐為檀道逢尊丈必脫鞋笠岩見相
和舉手相揖雖接卑下亦無慢也。人喜啜茶路傍
必置茶店投錢一文飲茶一椀。富人取女子之無

歸者給衣食容歸之資號為傾城引過客留宿饋酒

食而取直錢故行者不齎粮○國俗無男女皆習國

文國文乃四十七字而號加多于羅唯僧人雖庸流

稍解漢字○天皇以下貴人之喪則必擇吉燒尸投

骨灰於金銀櫃中造室于山以藏其中渠國名曰必

繫於其室士庶之喪燒尸亦然收骨灰於小櫃於其

家後以板作室安之有若我國香孝子焉其俗父母

之喪則只錢三月之後每月死日齋不食肉○其俗

貴賤故死亡則親戚幕下中心其死者必椁行娜野

得瘞于人然後所為死者出於天堂福地云故號其

三十八

人謂之千功而得名千功者國人待之如泰山北斗

可怪渠俗之無知也今之渠國關白秀忠弟忠吉身

死之後渠之營下一人所為錄在日記亦其一證也

而私無笞杖罰不遷列輕則籍產重則斬首而太重

則縛縛四肢焚火焦乾著犯盜賊雖偷細物人得以

執所國無禁制渠國之俗莫不蠱惑佛法而或有崇

奉妙法蓮花經者或有崇奉阿彌陀佛者以其所尚

分為兩派各自誠誓有同仇敵而閭有一僧崇奉蓮

花經者因其大醉忘其所尚偶然語及阿彌陀佛忽

覽得罪於妙法就其佛座而誓其不二因服注藥而

言行宗覺經卷之三

達應下洩其終也有佛佛之聲桀也跪告於妙法之

前日阿彌陀三字已盡瀉洩而佛字必聲今已盡醉

甲狂誤之言佛而明鑑云可怪渠國之誕妄也　俗

用手斗一斗准我國三升

音樂

不和不京聲律短促瑟小如鼙笛長數寸琴箏略同

華制但軆小絃澀而無宮商歌聲則高低長短似有

音律聽甚清澈无喜療唱於相枡一曰共情或至六

亡或至十餘隨枡高低聲有短長

飲食

飯必炊後和水酒必釀時和灰或有一年酒或三四

年酒亦有五香酒味甚香列出長門州但食魚菜不

用匙箸有箸而無匙盤皿杯椀皆用紅黑柒瓷而以

永爲寶盡以物像唯尊貴敬謹之處用粗燔土器而

一用則棄示不復用塗以金銀丸於進饌極其繁華

食時用木箸間用花磁

衣服

男女衣服皆班染雜畫青實白文或紗或錦或繪或

細領直垂接肯袖短而露肘盖爲臨戰以便脫著故

世男子上衣則綾反其膝裙長曳地女子上衣與袴

78

黑而曳地男女皆着襦與單袂未有納衣製要廣潤

帶用青紫綾緞悅巾

冠屨

俗本無冠而唯貴者或着烏帽以竹爲之頂平而前

後銳綏足俺譽天皇及其親屬而着號立烏帽體直

而頂圓銳其高半尺以綃爲之賤者常居則或用青

紅巾以暴其頭而笠則或用蒲或竹皮或棕葉爲之

男女出行則皆着狀如我國農笠則無貴賤皆以

禾藁爲之狀如平屐而無齒製如我國藁鞋足則無

男女貴賤皆着鹿皮鞾以纓繫足上第一二趾間分

四十

義以縫以便著鞋唯僧人冠如我國僧人所著襪如

我國之製而以木綿爲之足著唐鞋

第宅

唯天皇國王所居及佛寺神宫以瓦盖之人家及店

舍則以板盖之密户亦用木板垣墻則用土處處閭

巷開市殖貨用板大書懸於肆門名曰某某店以便

交易或恐失火預置水桶於屋上以備不虞

計田

俗用町畹法以中人平步兩足相距爲一步以六十

五步爲一畹以十畹爲一町一畹准我國五十負目

天皇至諸道將軍必分與町暇而隨爵高下町有多

少

名日

每歲正月元日三月三日五月五日六月十五

日七月七日十五日八月一日九月九日十月亥日

謂之名日人無大少各會鄉黨族親宴飲為樂相遺

以物或於四輪大車上以板為高樓漏載媶流之美

貌者轉曳為喜而唯五月五日聚兵教摅以習戰闘

或有相殺者如日記所錄

刑罰

罪無笞杖或籍家產或流竄罪重則斬首懸街而最重

則斷手足懸柱或衝刺其身刲剮其膚或縛置積笜

故官無申令自不犯律

習戰

笜行軍之際兵或寡小則善爲回轉笜先揆賊情坐

作進退奇正虛實皆倣孫吳笜二服卒不騎戰戰罷

摘其急戰必加誅斬笜必倍氣以戰亡爲榮病死爲

屢勝不思敗敗不思復舞刀挍鎗不憚赴難似有戰

國風習而臨陣對壘各出敵手挑戰逸於三國氣象

喬戰馬則必刹剔毛鬣皴加鐵著以藁鞋熟於舟楫

又善水戰凡遇敵人運船理楫捷如飛而但艦制

不大遇我戰艦則必難抵敵○如或相戰見虽將倭

管下軍兵則以為無勇人皆唾鄙而必使無所統屬

故或多自刎而死者

海東記序

逆在　穆陵之際故司評牙山蔣公奉命東征有記

載一篇所謂海東記是也始自辭陛之日至復命之

辰首尾凡七閱朔矣掛帆於鯨濤駭窟之中寄身於

瘴霧蠻烟之墟而從容唱酬義氣横蒼播　王靈於

萬里柔遠人於四裔則使聖人而在者安知無使乎

四十三

言行眞寶錄卷之三

之歎歟至若東阿六十餘州山川形勢之靈秀人物

風土之詭異與夫衣服之異制也飲食之殊嗜也冠

屨簟宅之不同也音樂刑罰之不殽也備舉而不錯

詳錄而無遺使見之者一披在目燦然若圖畵之列

前雖古之職方氏所載何以加焉　聖上屢加褒獎

朝廷一辭補許則公之專對之周詳見識之該博亦

宣拘儒曲士之所可企及也裁嗚呼公之世遠矣柔

海屢翻杞宋茫然九世孫基洛懼其愈遠將

欲鋟傳于世而跋涉數百里請余一言于卷端余竊

悲其志遂強疾而書之公諱希春字仁敬諡爲其號

云歲戊申驚蟄節前義禁府都事聞韶金道和序

【영인자료】

海東記 上·下

해동기 상·하

여기서부터 영인본을 인쇄한 부분입니다. 이 부분부터 보시기 바랍니다.

┃윤현숙

목원대학교와 연세대학교에서 한문학을 전공하였으며 같은 학교에서 강의를 하였다.
지금은 연세대 한국기독교문화연구소 전문연구원이다.
한국연구재단 토대연구(과제명: 수신사 및 조사시찰단 자료 DB 구축) 전임연구원으로
참여하였으며, 「1881년 조사시찰단의 보고서 작성 방식과 그 의미」(2017), 「1881년 조
사시찰단(朝士視察團) 문견 기록의 글쓰기 양상」(2018) 등의 논문이 있다.

통신사 사행록 번역총서 5

해동기

2020년 8월 31일 초판 1쇄 펴냄

지은이 장희춘
옮긴이 윤현숙
기 획 허경진
펴낸이 김흥국
펴낸곳 보고사

책임편집 이순민
표지디자인 손정자

등록 1990년 12월 13일 제6-0429호
주소 경기도 파주시 회동길 337-15 보고사 2층
전화 031-955-9797(대표), 02-922-5120~1(편집), 02-922-2246(영업)
팩스 02-922-6990
메일 kanapub3@naver.com / bogosabooks@naver.com
http://www.bogosabooks.co.kr

ISBN 979-11-6587-074-4 94910
      979-11-5516-715-1 세트
ⓒ 윤현숙, 2020

정가 30,000원